中國學術思想 _{研究輯刊}

研究輯刊

九 編

林 慶 彰 主編

第 3 冊

出土與今本《周易》六十四卦經文考釋（二）

鄭 玉 姍 著

花木蘭文化出版社

國家圖書館出版品預行編目資料

出土與今本《周易》六十四卦經文考釋（二）／鄭玉姍 著——
初版 —— 台北縣永和市：花木蘭文化出版社，2010〔民 99〕
目 4+242 面；19×26 公分
（中國學術思想研究輯刊 九編；第 3 冊）
ISBN：978-986-254-267-5（精裝）
1. 易經　2. 研究考訂
121.17　　　　　　　　　　　　　　　　　　99014261

ISBN - 978-986-254-267-5

9 789862 542675

中國學術思想研究輯刊
九 編 第 三 冊　　　　　　　ISBN：978-986-254-267-5

出土與今本《周易》六十四卦經文考釋（二）

作　　者	鄭玉姍
主　　編	林慶彰
總 編 輯	杜潔祥
出　　版	花木蘭文化出版社
發 行 所	花木蘭文化出版社
發 行 人	高小娟
聯 絡 地 址	台北縣永和市中正路五九五號七樓之三
	電話：02-2923-1455 ／傳眞：02-2923-1452
網　　址	http://www.huamulan.tw 信箱 sut81518@ms59.hinet.net
印　　刷	普羅文化出版廣告事業
封面設計	劉開工作室
初　　版	2010 年 9 月
定　　價	九編 20 冊（精裝）新台幣 33,000 元

出土與今本《周易》六十四卦經文考釋(二)

鄭玉姍　著

第九節　小畜卦

一、卦名釋義

《說文》：「畜，田畜也。」段注：「田畜謂力田之蓄積也。」（頁 704）又《說文》：「蓄，積也。从艸畜聲。」（頁 48）玉姍案：畜，甲骨文作🐚，季師以爲：「甲骨文從🐚（胃之象形），中有草穀蓄積（亦所以蓄養），幺聲。」，〔註 420〕故有蓄積的意思。與「大畜」相對而言。孔穎達《正義》：「唯能畜止九三，所畜狹小，故名『小畜』。」（頁 38）朱熹《易本義》：「上巽下乾，以陰畜陽。又以陰畜陽，能係而不能固，亦爲所畜者小之象。」（頁 65）「小畜」即「小的畜積」。

〈序卦〉曰：「比必有所畜，故受之以小畜，物畜然後有禮，故受之以履。」（頁 187）《周易集解》引崔覲云：「下順從而上下應之。則有所畜矣。」〔註 421〕凡物有所親比後，而稍有蓄積。故小畜卦在比卦之後。

小畜卦今本卦畫作「☴」，上巽風，下乾天。〈象〉曰：「風行天上，小畜。君子以懿文德。」（頁 38）孔穎達《正義》：「君子以懿文德者。懿，美也。以於其時，施末得行，喻君子之人，但修美文德，待時而發。風爲號令，若風行天下，則施附於物，不得云『施末行』也。今風在天上，去物既遠，無所施及，故曰『風行天上』。」（頁 38）玉姍案：小畜卦象上巽風，下乾天，象風在天上流動，造成氣流變動，有所蓄積形成雲雨。君子觀之而體悟此時當修美文德，待時而發。

二、卦爻辭考釋

（一）卦辭考釋

1. 上博《周易》：【缺簡】

2. 阜陽《周易》：小畜：亨，密雲不雨，自我西鄙。卜……得也。

3. 帛書《周易》：少𦮼。亨，密雲不雨，自我西茭。

4. 今本《周易》：小畜：亨，密雲不雨，自我西郊。

〔註 420〕季師旭昇：《說文新證・下》（台北：藝文印書館，2004 年 11 月），頁 238。
〔註 421〕（清）李道平撰，潘雨廷點校：《周易集解纂疏》（北京：中華書局，2004 年 4 月），頁 147。

【文字考釋】

阜陽本卦辭殘，據今本補。

（一）今本「小畜」之「畜」，帛書本作「薽」。

玉姍案：《說文》中未見「薽」，然「薽」應爲从艸、孰聲之字。「孰」古音禪紐覺部，「畜」古音曉紐覺部，二字韻同，聲紐分屬齒、喉音，但仍有通假之例，如《帛書老子・甲・道經》：「將欲拾之，必固張之。」今本「拾」（禪紐緝部）作「歙」（曉紐緝部）。

（二）今本「自我西郊」之「郊」，阜陽本作「鄗」，帛書本作「茭」。

韓自強《阜陽漢簡《周易》研究》：

韓按：「鄗」，今本作「郊」，帛書作「茭」。「鄗」古作「郊」，《史記・秦本記》：「取王官及鄗」，《左傳・文公三年》作「郊」。「茭」音與「郊」同，帛書借「茭」爲「郊」。〔註422〕

玉姍案：「郊」、「茭」古音皆爲見紐宵母，聲韻皆同可以通假。「鄗」古音匣紐宵母，與「郊」韻同，聲紐分屬喉、牙音，但有相通之例，如帛書《老子》乙本卷前古佚書《經法・道法》：「虛無有，秋稿成之，必有刑（形）名。」「稿」（見紐）讀爲「毫」（匣紐）。又如《史記・秦本記》：「取王官及鄗」，《左傳・文公三年》作「郊」。《戰國策・魏策三》：「而以與趙兵決戰於邯鄲之郊。」漢帛書本「郊」作「鄗」。

【卦辭釋讀】

〈彖〉曰：

小畜，柔得位而上下應之，曰小畜。健而巽，剛中而志行，乃亨。
密雲不雨，尚往也。自我西郊，施未行也。（頁38）

《周易集解》引崔覲曰：

案：雲雨者，陰之氣也。今小畜五陽而一陰，既微少，才作密雲，故未能爲雨。四互居兌，西郊之象也。（頁148）

孔穎達《正義》：

但小有所畜，唯畜九三而已。初九、九二猶剛健得行，是以剛志，上得亨通，故云「小畜：亨」也。若大畜、乾在於下、艮在於上，

〔註422〕韓自強：《阜陽漢簡《周易》研究》（上海：上海古籍出版社，2004年7月），頁106。

艮是陽卦，又能止物，能止此乾之剛健。所畜者大，故稱大畜。此
卦則巽在於上、乾在於下，巽是陰，柔性，又和順，不能止畜在下
之乾，唯能畜止九三，所畜狹小故名「小畜」。「密雲不雨」者，若
陽之上升，陰能畜止，兩氣相薄則爲雨也。今唯能畜止九三，其氣
被畜，但爲密雲，初九、九二猶自上通，所以不能爲雨也。「自我西
郊」者，所聚密雲，由在我之西郊，去我既遠，潤澤不能行也，但
聚在西郊而已。（頁 38）

朱熹《易本義》：

小，陰也。畜，止之之義也。上巽下乾，以陰畜陽。又卦爲六四一
陰，上下五陽皆爲所蓄，故爲「小畜」。又以陰畜陽，能係而不能固，
亦爲所畜者小之象。內健外巽，二、五皆陽，各居一卦之中而用事，
有剛而能中，其志得行之象，故其占當得亨通。然畜未極而施未行，
故有「密雲不雨，自我西郊」之象。蓋密雲，陰物；西郊，陰方。
我者，文王自我也。文王演易於姜里，視岐周爲西方，正小畜之時
也。筮者得之，則占亦如其象也。（頁 65）

南懷瑾、徐芹庭《周易今註今譯》：

小畜卦，有亨通的德性。但它有只見密雲滿佈而不下雨，從我西面
的郊外開始的現象。（頁 81）

　　玉姍案：小畜五陽爻而一陰爻，有剛而能中，其志得行之象，故當得亨
通。但陰氣微少，施澤未通，僅稍微畜積而已，故只能作密雲，故未能爲雨
雲。如不雨，積我西郊，朱熹以爲「西郊」爲陰方之義。此從之。

　　今本作「小畜：亨，密雲不雨，自我西郊。」意思是：小畜卦剛而能中，
當得亨通。但陰氣微少，稍微畜積而已，故未能雨，只作密雲聚在西郊。

　　帛書本作「少𫞩：亨，密雲不雨，自我西茭。」其義均與今本同。

（二）爻辭考釋

1. 上博《周易》：【缺簡】

2. 阜陽《周易》：初九：復自道。何其咎？吉。有□……

3. 帛書《周易》：初九：復自道。何其咎？吉。

4. 今本《周易》：初九：復自道。何其咎？吉。

【文字考釋】

（一）阜陽本較其他版本多出「有□□□」異文。

　　玉姍案：阜陽《周易》在「卦、爻辭的後邊，保存了許多卜問具體事項的卜辭。」但因缺損嚴重，僅存「有□□□」，不知原本所卜為何事。

【爻辭釋讀】

〈象〉曰：

　　復自道，其義吉也。（頁38）

王弼《注》：

　　處乾之始，以升巽初，四爲已應，不距己者也，以陽升陰，復自其道，順而无違，何所犯咎，得義之吉。（頁38）

孔穎達《正義》：

　　處乾之始以升巽，初四爲已應，以陽升陰，反復於上，自用己道，四則順而无違，於已无咎。故云「復自道，何其咎？吉」。（頁38）

朱熹《易本義》：

　　下卦乾體，本皆在上之物，志欲上進，而爲陰所蓄。然初九體乾，居下得正，前遠於陰，雖與四爲正應，而能自守於正，不爲所蓄，故有進復自道之象。占者如是，則無咎而吉也。（頁66）

南懷瑾、徐芹庭《周易今註今譯》：

　　小畜卦的第一爻（初九），是乾卦本身自反其初爻的現象，那裡會有災咎？當然是吉的。（頁83）

　　玉姍案：初九處小畜卦之初，下卦爲乾，乾天本爲在上之物，故其志欲上進也。初九體乾，居下而能自守於正，故有進復自道之象。占者如是，則能無咎而吉。學者多由此立說，此亦從之。

　　今本作「初九：復自道。何其咎？吉。」意思是：初九處小畜卦之初，居下而能自守於剛正，有進復乾道之象，故能無咎而吉。

　　阜陽本作「初九：復自道。何其咎？吉。有□□□」帛書本作「初九：復自道。何其咎？吉。」其義皆與今本同。

　　1. 上博《周易》：【缺簡】

　　2. 阜陽《周易》：九二：牽復，吉。

　　3. 帛書《周易》：九二，堅復，吉。

4. 今本《周易》：九二：牽復，吉。

【文字考釋】

阜陽本九二爻辭殘，據今本補。

（一）今本「牽復」之「牽」，帛書本作「堅」。

張立文《周易帛書今註今譯》：

> 「堅」假借爲「牽」。公羊傳定公十四年：「公會齊侯、魏侯於堅。」
> 釋文：「堅，如字。本又作掔，音牽。左氏作牽。」左傳定公十四年
> 作「公會齊侯、魏侯於堅。」「堅」、「牽」音近而相通之證。〔註423〕

玉姍案：今本「牽復」之「牽」，帛書本作「堅」。「牽」上古音溪紐眞部，
「堅」上古音見紐眞部，二字聲近韻同，故可通假。如《郭店楚簡・忠信之
道》：「忠之爲衍（道），百工不古」，影本裘錫圭案語以爲「古」（見紐魚部）
當讀爲「楛」（溪紐魚部），《荀子・王霸》：「如是則百工莫不忠信而不楛矣。」

【爻辭釋讀】

〈象〉曰：

> 牽復在中，亦不自失也。（頁39）

《周易集解》引崔覲曰：

> 四柔得位，群剛所應，二以中和牽復自守，不失于行也。（頁150）

王弼《注》：

> 處乾之中，以升巽五，五非畜極，非固已者也。雖不能若陰之不違，
> 可牽以獲復，是以吉也。（頁39）

孔穎達《正義》：

> 「牽」謂牽連，「復」謂反復，二欲往五，五非止畜之極，不閉固於
> 已，可自牽連，反復於上，而得吉也。（頁39）

朱熹《易本義》：

> 三陽志同，而九二驅近於陰，以其剛中，故能與初九牽連而復，亦
> 吉道也。占者如是，則吉矣。（頁67）

南懷瑾、徐芹庭《周易今註今譯》：

> 小畜卦的第二爻（九二）的現象，雖然有所牽連，但結果還是吉的。

〔註423〕張立文（張憲江）：《周易帛書今注今譯》（台北：臺灣學生書局，1991年）
頁677。

（頁 83）

玉姍案：九二處下卦〈乾〉體之中，欲上往九五，不閉固於己，可自牽連，反復於上，而得吉也。學者多由此立說，此亦從之。

今本作「九二：牽復，吉。」意思是：九二處下卦〈乾〉體之中，欲上往九五，彼此牽連不自閉固，所以能得吉。

帛書本作「九二，堅復，吉。」其義與今本同。

1. 上博《周易》：【缺簡】

2. 阜陽《周易》：九三：輿說輻，夫妻反目。

3. 帛書《周易》：九三，車說緮，夫妻反目。

4. 今本《周易》：九三：輿說輻，夫妻反目。

【文字考釋】

阜陽本九三爻辭殘，據今本補。

（一）今本「輿說輻」，帛書本作「車說緮」。

張立文《周易帛書今註今譯》：

> 王弼本、通行本皆作「輿說輻」。釋文：「輻，音福。本亦作輹。」
>
> 阮元校勘記：「石經、岳本、閩、監、毛本同。釋文：輻，本亦作輹。」
>
> 「車」，周易正義本作「輿」，周易程氏傳、周易正義同。周易集解本作「車」「車」假借爲「輿」。……大略：「出車彭彭。」史記匈奴傳作「出輿彭彭。」車與輿互訓通用。……
>
> 「緮」假借爲「輹」。說文：「輹，車軸縛也。從車复聲。易曰：『輿說輹』。」段玉裁注：若以革若絲之類纏束於軸以固軸也。縛者，束也。古者束軸曰棐，曰歷錄。束軸爲輹，亦曰軬。」段注是也。束軸以固軸之物，以革或絲之類。以革則曰軬，以絲則曰緮。古緮假借爲輹。〔註424〕

玉姍案：今本「輿說輻」，帛書本作「車說緮」。《說文》：「輿，車輿也。」（頁 728）《說文》：「車，輿輪之總名也。」（頁 727）故「車」、「輿」二字義同可通。

〔註424〕張立文（張憲江）：《周易帛書今注今譯》（台北：臺灣學生書局，1991 年）頁 679。

「輻」上古音幫紐職部，「緮」上古音幫紐覺部，二字聲同，職、覺二韻旁轉，故可通假。

【爻辭釋讀】

〈象〉曰：

> 夫妻反目，不能正室也。（頁39）

王弼《注》：

> 上爲畜盛，不可牽征，以斯而進，故必「說輻」也。已爲陽極，上爲陰長，畜於陰長，不能自復。方之「夫妻反目」之義也。（頁39）

孔穎達《正義》：

> 九三欲復而進，上九固而止之，不可以行，故「車輿說其輻」。「夫妻反目」者，上九體巽爲長女之陰，今九三之陽，被長女閉固，不能自復，夫妻乖戾，故反目相視。（頁39）

朱熹《易本義》：

> 九三意欲上進，然剛而不中，迫近於陰，而又非正應，但以陰陽相說，而爲所繫，不能自進，故有「輿說輻」之象。然以志剛，故又不能平而與之爭，故又爲「夫婦反目」之象。戒占者如是，則不得進而有所爭也。（頁67）

南懷瑾、徐芹庭《周易今註今譯》：

> 小畜卦的第三爻（九三），有車輪互相爭吵而鬧脫離的現象，猶如夫妻反目相背的象徵。（頁83）

玉姍案：九三欲進，而遭上九固而止之，不可以行，故如車輿的輻軸脫落，不能前行。上九體巽爲長女之陰，今九三之陽，被長女閉固，不能自復，以人事而言，象徵夫妻乖戾，反目相視。王弼以下學者多由此立說，此亦從之。

今本作「九三：輿說輻，夫妻反目。」意思是：九三欲進而遭上九止之，有如車輿的輻軸脫落，不能前行。如以人事而言，象徵夫妻乖戾，反目相視。

帛書本作「九三，車說緮，夫妻反目。」其義與今本同。

1. 上博《周易》：【缺簡】

2. 阜陽《周易》：六四，有復。血去易出，无咎。

3. 帛書《周易》：六四，有復。血去湯出，无咎。

4. 今本《周易》：六四：有孚。血去惕出，无咎。

【文字考釋】

阜陽本六四爻辭殘，據今本補。

（一）今本「血去惕出」之「惕」，阜陽本作「易」，帛書本作「湯」。

玉姍案：請見本論文第二章第七節‧師卦九二爻文字考釋（二）

【爻辭釋讀】

〈象〉曰：

有孚惕出，上合志也。（頁 39）

王弼《注》：

夫言血者，陽犯陰也。四乘於三，近不相得，三務於進，而已隔之，將懼侵克者也。上亦惡三，而能制焉，志與上合，共同斯誠，三雖逼己，而不能犯，故得血去懼除，保无咎也。（頁 39）

孔穎達《正義》：

六四居九三之上，乘陵於三，三既務進，而已固之，懼三害己，故有血也。畏三侵陵，故惕懼也。但上九亦憎惡九三，六四與上九同志，共惡於三，三不害己，己故得其血去除，其惕出散，信能血去懼除，乃得无咎。（頁 39）

朱熹《易本義》：

以一陰畜眾陽，本有傷害憂懼，以其柔順得正，虛中巽體，二陽助之，是有孚而血去、惕出之象也。無咎宜矣。故戒占者亦有其德，則無咎也。（頁 67）

南懷瑾、徐芹庭《周易今註今譯》：

小畜卦的第四爻（六四）的象徵，雖有孚信，但會流一些血。只要警惕的出去，還沒有大的災害。象辭說：雖然有孚信，但須要警惕而出。那是說：上面還有志同道合的關係。（頁 85）

玉姍案：六四居九三之上，乘陵於九三。九三欲務進於上九，而遭六四固之，故相爭而有血也。六四亦畏九三侵陵，故心生惕懼也。但六四以陰居柔，柔順得正能得其位，九三不能害己，故其血去除，其惕出散，乃得无咎。學者多由此立說，此亦從之。

今本作「六四：有孚。血去惕出，无咎。」意思是：九三欲進於上九，

而遭六四阻擋之，相爭而有血也。六四亦畏九三侵陵，故心生惕懼。但六四柔順得正而有孚信，九三不能害己，故其血去除，其惕出散，乃得无咎。

　　阜陽本作「六四，有復。血去易出，无咎。」帛書本作「六四，有復。血去湯出，无咎。」其義皆與今本同。

1. 上博《周易》：【缺簡】
2. 阜陽《周易》：九五，有復攣如，不富以其鄰，卜家……。
3. 帛書《周易》：九五，有復戀如，富以其鄰。
4. 今本《周易》：九五：有孚攣如，富以其鄰。

【文字考釋】

　　阜陽本九五爻辭殘，據今本補。

（一）今本「有孚攣如」之「攣」，帛書本作「戀」。

　　玉姍案：今本「有孚攣如」之「攣」，帛書本作「戀」。「攣」從「戀」得聲，古音皆來母元部，故可通假。

（二）帛書本、今本作「富以其鄰」，阜陽本作「不富以其鄰」。

　　韓自強《阜陽漢簡《周易》研究》：

> 家人和小畜的外卦皆爲巽，巽，入也。入而不出故爲富。小畜九五〈象〉曰：「有孚攣如，不獨富也。」尚秉和曰：「五天子位，巽爲利。五乘之故富。伏震爲鄰，富以其鄰，言五之所以富，以臨於四也。九家謂五以四陰作財，與下三陽共之，故曰不獨富。」阜易作「不富以其鄰」與象義「不獨富也」相背。「不」字或爲衍字，或則因阜易採取伏巽爲震的卦象而作「不富以其鄰」。〔註425〕

　　玉姍案：帛書本、今本皆作「富以其鄰」，阜陽本作「不富以其鄰」，兩版本意思正好相反。韓自強以爲「不」字或爲衍字。賴師貴三則提出「不富以其鄰」之「不」可讀爲「丕」，釋爲大。〔註426〕《書經‧大禹謨》：「嘉乃丕績。」《傳》：「丕，大也。」〔註427〕「不（丕）富以其鄰」即「大富以其鄰」，

〔註425〕韓自強：《阜陽漢簡《周易》研究》（上海：上海古籍出版社，2004年7月），頁107。
〔註426〕賴師貴三於2009年12月17日博士論文發表會中提出。
〔註427〕（漢）孔安國傳，（唐）孔穎達正義：《尚書正義》（台北：藝文印書館，1989年），頁55。

義與今本更近，賴師之說可從。

【爻辭釋讀】

〈象〉曰：

　　有孚攣如，不獨富也。（頁 39）

王弼《注》：

　　處得尊位，不疑於二，來而不距，二牽已攣，不爲專固，「有孚攣如」
　　之謂也。以陽居陽，處實者也，居盛處實，而不專固，富以其鄰者
　　也。（頁 39）

孔穎達《正義》：

　　「有孚攣如」者，五居尊位，不疑於二，來而不距，二既牽挽而來，
　　已又攀攣而迎接，志意合同，不有專固相逼，是有信而相牽攣也。
　　「如」，語辭，非義類。「富以其鄰」者，五是陽爻，即必富實，心
　　不專固，故能用富以與其鄰，鄰謂二也。（頁 39）

朱熹《易本義》：

　　巽體三爻，同力畜乾，鄰之象也。而九五居中處尊，誓能有爲，以
　　兼乎上下，故爲有孚攣固，用富厚之力而以其鄰之象。「以」，猶《春
　　秋》「以某師」之「以」，言能左右之也。占者有孚，則能如是也。（頁
　　68）

南懷瑾、徐芹庭《周易今註今譯》：

　　小畜卦的第五爻（九五）的象徵，有牽連關係的孚信，猶如學生的
　　互相連帶一樣。不但它本身會有致富的可能，而且也連帶地使鄰居
　　們也會富有。（頁 85）

　　玉姍案：九五居尊位，與九二相應，志意合同，有孚信而相牽攣。九五
陽爻，能用富以與其鄰（九二）。學者多由此立說，此亦從之。

　　今本「九五：有孚攣如，富以其鄰。」意思是：九五居尊位，與九二相
應，志意合同，有孚信而相牽攣。九五陽爻能用富以與其九二鄰人。

　　阜陽本「九五，有復攣如，不富以其鄰，卜家……。」帛書本「九五，
有復㣻如，富以其鄰。」其義皆與今本同。

　　1. 上博《周易》：【缺簡】

　　2. 阜陽《周易》：尚九，既雨既處，尚得戴。婦貞厲，月幾朢，君子

　　　 正兇。

3. **帛書《周易》**：尚九，既雨既處，尚得載。女貞厲，月幾朢，君子
　　正兇。

4. **今本《周易》**：上九：既雨既處，尚德載。婦貞厲，月幾望，君子
　　征凶。

【文字考釋】

　　阜陽本上九爻辭殘，據今本補。

（一）今本「尚德載」之「德」，阜陽本、帛書本作「得」。

　　玉姍案：今本「尚德載」之「德」，阜陽本、帛書本作「得」。「德」、「得」
古音皆爲端紐職部，故可通假。

【爻辭釋讀】

〈象〉曰：

　　既雨既處，德積載也。君子征凶，有所疑也。（頁40）

王弼《注》：

　　處小畜之極，能畜者也。陽不獲亨，故「既雨」也，剛不能侵，故
　　「既處」也。體巽處上，剛不敢犯，「尚德」者也。爲陰之長，能畜
　　剛健，德積載者也。婦制其夫，臣制其君，雖貞近危，故曰「婦貞
　　厲」也。陰之盈盛，莫盛於此，故曰「月幾望」也。滿而又進，必
　　失其道，陰疑於陽，必見戰伐，雖復君子，以征必凶，故曰「君子
　　征凶」。（頁39～40）

孔穎達《正義》：

　　九三欲進，已能固之，陰陽不通，故已得其雨也。三不能侵，不憂
　　危害，故已得其處也。體巽處上，剛不敢犯，爲陰之長，能畜正剛
　　健，慕尚此德之積聚而運載也，故云「尚德載」也。言慕尚此道德
　　之積載也。上九制九三，是婦制其夫，臣制其君，雖復貞正，而近
　　危厲也。婦人之制夫，猶如月在望時，盛極以敵日也。「幾」，辭也。
　　已從上釋，故於此不復言也。「君子征凶」者，陰疑於陽，必見戰伐，
　　雖復君子之行而亦凶也。（頁40）

朱熹《易本義》：

　　畜極而成，陰陽和矣，故爲「既雨既處」之象。蓋崇尚陰德，至於

積滿而然也。陰加於陽，故雖正亦厲。然陰既盛而亢陽，則君子亦不可以有行矣。其占如此，為戒深也。（頁 68）

南懷瑾、徐芹庭《周易今註今譯》：

> 小畜卦的第六爻的象徵，需要的雨水已經恰到好處的現象。應當重視積德載物，但又有婦女在危厲的環境中而守貞的情況。在時間上說，又有到了中旬月圓的時候，有人如果再要前往而有所爭取，便有凶險。（頁 85）

玉姍案：上九處小畜之極，九三不能侵，象徵陰陽諧和，已得其雨且已得其處也。上九於外卦〈巽〉之上，為陰之長而能畜正剛健，慕尚此德之積聚而運載也。上九制九三，有如婦制其夫，臣制其君，其志雖貞正，而其行近於危厲。以陰制陽，猶如月在十五望日之時，其光盛極而能敵日。然陰既盛而亢陽，雖君子亦不可以有行，行之則有凶。學者多由此立說，此亦從之。

今本作「上九：既雨既處，尚德載。婦貞厲，月幾望，君子征凶。」意思是：上九處小畜之極，象徵陰陽諧和而蓄積成雨，雨也下在有需要的地方。上九尚慕蓄載陰德，以陰柔克制九三陽剛，有如婦制其夫，又如十五望日的月光盛極而能敵日。但以陰制陽，雖貞正而危厲，雖君子亦不可以有行，行之則有凶。

阜陽本作「尚九，既雨既處，尚得載。婦貞厲，月幾望，君子正兇。」帛書本作「尚九，既雨既處，尚得載。女貞厲，月幾望，君子正兇。」其義皆與今本同。

第十節　履　卦

一、卦名釋義

《說文》：「履，足所依也。從尸，服履者也。從彳、夂。從舟，象履形。一曰尸聲。」（頁 407）季師《說文新證·履》：「本義：踐履。《毛詩·魏風·葛履》：『糾糾葛屨，可以履霜，摻摻女手，可以縫裳。要之襋之，好人服之。』釋形：……五祀衛鼎『履（𩡧）』字從『頁』，下加『足』形，強調履勘需要用腳；上加『眉』形，可能是聲符。『眉』、『履』二字上古音都屬脂部，聲母則來母與明母關係密切。如命/令、卯/聊柳留、謬/繆蓼。篆文『履（𩰚）』

字上半部的『尸』旁也許就是由『眉』形訛變而成。……人形下的『舟』，《金文形義通解》以爲：『可如許慎之說象履形。偶同舟形相似（中冊 2134 頁）。』旭昇案：周人常把下部承載的物品叫做『舟』，如《周禮‧春官‧司尊彝》：『掌六尊六彝之位，詔其酌，辨其用，與其實。春祠，夏禴，祼用雞彝鳥彝，皆有舟。』……秦漢文字（履）『舟』旁挪到『頁』字左邊，漸漸訛爲『彳』形（一般秦漢文字的『彳』旁不這麼寫的）。『眉』聲也訛爲『尸』形。」〔註428〕

「履」之本義爲踐履、履行之義。孔穎達《正義》：「履謂履踐也。」（頁 40）履卦之「履」即取「踐履」、「履行」之義。

〈序卦〉曰：「物畜然後有禮，故受之以履。」（頁 187）《周易集解》引崔覲曰：「履，禮也。物畜不通，則君子先懿文德，然後以禮導之，故言『物畜物後有禮』也。」（頁 154～155）物畜不通之時，則君子當以禮導之，故履卦在小畜卦之後。

履卦今本卦畫作「☰」，下兌澤，上乾天。〈象〉曰：「上天下澤，履。君子以辯上下，定民志。」（頁 40）孔穎達《正義》：「天尊在上，澤卑處下，君子法此，履卦之象，以分辯上下尊卑，以定正民之志意，使尊卑有序也。」（頁 40）玉姍案：履卦上乾天，下兌澤，君子觀之而體悟應該明辨上下尊卑之序，各當其分以堅定人民之志。

二、卦爻辭考釋

（一）卦辭考釋

1. 上博《周易》：【缺簡】

2. 阜陽《周易》：履虎尾，不咥人，亨。

3. 帛書《周易》：禮虎尾，不真人，亨。

4. 今本《周易》：履虎尾，不咥人，亨。

【文字考釋】

阜陽本卦辭殘，據今本補。

（一）今本「履虎尾」之「履」，帛書本作「禮」。

玉姍案：今本「履虎尾」之「履」，帛書本作「禮」。「禮」、「履」上古音

〔註428〕季師旭昇：《說文新證‧下》（台北：藝文印書館，2004 年 11 月），頁 46。

皆來紐脂部，故可通假。

（二）今本「不咥人」之「咥」，帛書本作「眞」。阜陽本卦辭殘，但今本六
三爻辭「不咥人」之「咥」，阜陽本作「實」，可一並討論。

玉姍案：今本「咥」上古音定紐質部，帛書本「眞」上古音照紐眞部，照、
定聲紐可通，如隨縣楚簡一○：「組珥塡」「珥塡（定紐眞部）」即「耳塡（照紐
眞部）」。《說文》：「塡，以玉充耳。」韻部爲陽、入對轉，故二字可通假。

阜陽本「實」上古音神紐質部，郭店楚簡六德簡二七：「紁（疏）斬布實
丈」，影本裘錫圭按語以爲「布實丈」即「布経（定紐質部）杖」，是神紐與
定紐可通之例。故「咥」、「實」可通假。

【卦辭釋讀】

〈彖〉曰：
履，柔履剛也，說而應乎乾，是以「履虎尾，不咥人，亨。」剛中
正，履帝位，而不疚光明也。（頁 40）

孔穎達《正義》：
履卦之義，以六三爲主。六三以陰柔履踐九二之剛，履危者也。猶
如履虎尾，爲危之甚。「不咥人，亨」者，以六三在兌體，兌爲和說，
而應乾剛，雖履其危，而不見害，故得亨通。猶若履虎尾，不見咥
齧于人，此假物之象，以喻人事。（頁 40）

朱熹《易本義》：
兌亦三畫卦之名，一陰見於二陽之上，故其德爲說，其象爲澤。履，
有所躡而近之義也。以兌遇乾，和說以躡剛強之後，有履虎尾而不
見傷之象，故其卦爲履，而占如是也。人能如是，則處危而不傷矣。
（頁 69）

南懷瑾、徐芹庭《周易今註今譯》：
彖辭說：履卦的現象，有以柔順的履踐，追隨於剛正之後的象徵。
雖然處在下位，但爲上位的乾剛所喜，悅而互相感應。所以便說：
履踐在虎尾後面，人不至於被咬傷，所謂亨通的現象，這是說以至
剛至中自處，即使踐履帝位，也不至於內咎自心，自然具有光明正
大的象徵。（頁 88）

玉姍案：履卦有以柔履剛之義，欲以下卦兌澤的柔，履踐外卦乾天之剛。

以兌遇乾，以柔悅蹋剛強之後，即使遭遇危險，也能化險爲夷不受傷害，故得亨通。猶若踏到虎尾，而不會被老虎所噬齧，不會受傷。學者多由此立說，此亦從之。

今本作「履虎尾，不咥人，亨。」意思是：履卦有以柔履剛的象徵。故能化險爲夷，即使踏到虎尾，也不會被老虎所噬齧，能得亨通。

帛書本作「禮虎尾，不眞人，亨。」其義與今本同。

（二）爻辭考釋

1. 上博《周易》：【缺簡】
2. 阜陽《周易》：初九：素履往，无咎。
3. 帛書《周易》：初九：錯禮往，无咎。
4. 今本《周易》：初九：素履往，无咎。

【文字考釋】

阜陽本初九爻辭殘，據今本補。

（一）今本「素履往」之「素」，帛書本作「錯」。

玉姍案：今本「素履往」之「素」，帛書本作「錯」。「錯」上古音皆清紐鐸部，「履」上古音心紐魚部，聲紐同爲齒音，可通假，如《周禮‧考工記》：「老牛之角紾而昔（心紐鐸部）。」鄭玄注：「昔讀爲交錯之錯（清紐鐸部）。」韻部魚、鐸陰入對轉，故可通假。

【爻辭釋讀】

〈象〉曰：

素履之往，獨行願也。（頁 40）

《周易集解》引荀爽曰：

初九者，潛位。隱而未見，行而未成。素履者，謂布衣之士，未得居位，獨行禮義，不失其正，故「无咎也」。（頁 157～158）

王弼《注》：

處履之初，爲履之始，履道惡華，故素乃无咎。處履以素，何往不從？必獨行其願，物无犯也。（頁 40）

孔穎達《正義》：

處履之始，而用質素，故往而无咎，若不以質素，則有咎也。（頁 40）

朱熹《易本義》：

> 以陽在下，居履之初。未爲物遷，率其素履者也。占者如是，則往
> 而無咎也。（頁 70）

南懷瑾、徐芹庭《周易今註今譯》：

> 履卦的第一爻（初九），它象徵素位而行，所以往向前途而沒有災咎
> 的。（頁 90）

玉姍案：初六處履卦之初，爲履之始，履道以素樸爲宜，處履以素，何
往不從？故尚素乃得无咎。學者多由此立說，此亦從之。

今本作「初九：素履往，无咎。」意思是：初六爲履卦之始，有以柔履剛
的象徵。故能化險爲夷，即使踏到虎尾，也不會被老虎所噬齧，能得亨通。

帛書本作「初九：錯禮往，无咎。」其義與今本同。

1. 上博《周易》：【缺簡】
2. 阜陽《周易》：九二：履道坦＝，歔人貞吉。
3. 帛書《周易》：九二：禮道亶＝，幽人貞吉。
4. 今本《周易》：九二：履道坦坦，幽人貞吉。

【文字考釋】

阜陽本九二爻辭殘，據今本補。帛書本「亶」與阜陽本「坦」後皆有重
文符「＝」。

（一）今本「履道坦坦」之「坦」，帛書本作「亶」。

玉姍案：今本「履道坦坦」之「坦」，帛書本作「亶」。「坦」上古音定紐
元部，「亶」上古音端紐元部，二字韻同，聲紐同爲舌音，故可通假。

（二）今本「幽人」之「幽」，阜陽本作「歔」。

韓自強《阜陽漢簡《周易》研究》：

> 「歔人」，今本和帛書本作「幽人」……《字彙補》收有從肖、欠、
> 辵的「邀」，「音有。按即歔字之訛」。《說文》：「歔，言意也。」或
> 省作「歔」〔註429〕

玉姍案：今本「幽人」之「幽」，阜陽本作「歔」。韓自強舉證《字彙補》

〔註429〕韓自強：《阜陽漢簡《周易》研究》（上海：上海古籍出版社，2004年7月），
頁111。

收有「遹」字,「音有。按即歔字之訛」,但卻沒有說明從肖、欠、辵的「遹」讀爲「有」的聲韻關係。筆者以爲「遹」當爲「遒」之訛,「卣」與「肖」字頗近,故抄寫時有訛誤之可能。這也可以說明從肖、欠、辵的「遹」爲何可以讀爲「有」。「歔」則是將「遹」之「辵」又簡寫爲「乚」。「遒」從卣得聲,「卣」上古音余紐幽部,「幽」上古音影紐幽部,二字韻同,聲紐同爲喉音,可通假。

【爻辭釋讀】

〈象〉曰:

> 幽人貞吉,中不自亂也。(頁 41)

王弼《注》:

> 履道尚謙,不喜處盈,務在致誠,惡夫外飾者也。而二以陽處陰,履於謙也,居內履中,隱顯同也。履道之美,於斯爲盛,故履道坦坦,无險厄也。在幽而貞,宜其吉。(頁 41)

孔穎達《正義》:

> 「履道坦坦」者,坦坦,平易之貌。九二以陽處陰,履於謙退,已能謙退,故「履道坦坦」者,平易无險難也。「幽人貞吉」者,既无險難,故在幽隱之人,守正得吉。(頁 41)

朱熹《易本義》:

> 剛中在下,無應於上,故爲履道平坦,幽獨守貞之象。幽人履道而遇其占,則貞而吉矣。(頁 70)

南懷瑾、徐芹庭《周易今註今譯》:

> 履卦的第二爻(九二),有行走在平坦大路的象徵。猶如幽居不出的人,能夠操守貞正,自然大吉。(頁 90)

玉姍案:履道尚謙,九二以陽處陰,象徵貞正而能謙退,故履道平坦無礙,而无險難。既无險難,即使是幽隱之人,守正亦能得吉。學者多由此立說,此亦從之。

今本作「九二:履道坦坦,幽人貞吉。」意思是:九二以陽處陰,象徵貞正而謙退,故履道平坦無礙,而无險難。幽隱之人貞正亦能得吉。

阜陽本作「九二:履道坦=,歔人貞吉。」帛書本作「九二:禮道亶=,幽人貞吉。」其義均與今本同。

1. 上博《周易》：【缺簡】
2. 阜陽《周易》：六三：眇能視，跛能履，履虎尾，實人兌，武人為于大君。
3. 帛書《周易》：六三：眇能視，跛能利，禮虎尾，真人兌，武人迵于大君。
4. 今本《周易》：六三：眇能視，跛能履，履虎尾，咥人凶，武人為于大君。

【文字考釋】

阜陽本六三爻辭殘，據今本補。

（一）今本「眇能視」之「眇」，帛書本作「眇」。

玉姍案：今本「眇能視」之「眇」，帛書本作「眇」。張立文以為「少」、「小」義同相通，故「眇」、「眇」亦通也。〔註430〕張說可從。

（二）今本「跛能履，履虎尾」，帛書本作「跛能利，禮虎尾」。

玉姍案：今本「跛能履，履虎尾」，帛書本作「跛能利，禮虎尾」。此處二見「履」字，帛書本一作「利」，一作「禮」。「禮」、「履」上古音皆來紐脂部，故可通假。「利」上古音來紐質部，聲紐同，脂、質對轉，故亦可通。

（三）今本「武人為于大君」之「為」，帛書本作「迵」。

張立文《周易帛書今注今譯》：

「武人迵于大君」，通行本作「武人為于大君」。……王引之釋詞云：「為，猶用也。」……帛書周易「為」作「迵」。……乾卦「用九」作「迵九」，是「為」、「迵」相通之證。〔註431〕

玉姍案：今本「武人為于大君」之「為」，帛書本作「迵」。「迵」由「同」得聲，「同」上古音定紐東部；「為」上古音匣紐歌部，聲韻均遠，不符通假條例。張立文引王引之釋詞云：「為，猶用也。」，帛書本乾卦「用九」作「迵九」，故「用」、「迵」相通，「為」亦有「用」義，故「迵」「為」可通。此從

〔註430〕張立文（張憲江）：《周易帛書今注今譯》（台北：臺灣學生書局，1991年），頁81。
〔註431〕張立文（張憲江）：《周易帛書今注今譯》（台北：臺灣學生書局，1991年），頁86～87。

張立文之說。

【爻辭釋讀】

〈象〉曰：

> 眇能視，不足以有明也。跛能履，不足以與行也。咥人之凶，位不當也。武人爲于大君，志剛也。（頁41）

王弼《注》：

> 居履之時，以陽處陽，猶曰不謙，而況以陰居陽，以柔乘剛者乎？故以此爲明眇目者也。以此爲行跛足者也，以此履危見咥者也。志在剛健，不修所履，欲以陵武於人，「爲于大君」，行未能免於凶，而志存于五，頑之甚也。（頁41）

孔穎達《正義》：

> 「眇能視，跛能履」者，居履之時，當須謙退，今六三以陰居陽，而又失其位，以此視物，猶如眇目自爲能視，不足爲明也。以此履踐，猶如跛足自爲能履，不足與之行也。「履虎尾，咥人凶」者，以此履虎尾，咥齧於人，所以凶也。「武人爲于大君」者，行此威武，加陵於人，欲自爲於大君，以六三之微，欲行九五之志，頑愚之甚。（頁41）

朱熹《易本義》：

> 六三不中不正，柔而志剛，以此履坤，必見傷害。故其象如此，而占者凶。又爲剛武之人得志而肆暴之象，如秦政、項籍，豈能久也？（頁70）

南懷瑾、徐芹庭《周易今註今譯》：

> 履卦的第三爻（六三）的象徵，有一隻眼睛偏盲的人，他能看見另一面的微渺之處。有一隻腳的人跛廢的人，他能側重另一面的行履。它象徵追隨行走在虎尾的後面隨時會有被回頭咬傷，具有大凶的現象。並有武人作爲大君的象徵。（頁91）

　　玉姍案：今本「武人爲于大君」者，王弼、孔穎達均以爲是行威武而加陵人者，欲自爲於大君。帛書本作「武人迵于大君」，「迵」讀爲「用」，故其義當爲行威武而加陵人者，爲大君所用。二版本義不同。

　　六三以陰居陽，而失其位，以此視物，猶如眇目，視而不明也；以此履

－261－

踐，猶如跛足，履而不行。以此履虎尾，人將被虎咥齧，故爲凶也。以六三之微，欲行九五之志，頑愚之甚，如威武陵人者，欲自爲於九五大君。學者多由此立說，此亦從之。

今本作「六三：眇能視，跛能履，履虎尾，咥人凶，武人爲于大君。」意思是：六三以陰居陽，而失其位，猶如眇目，自以爲能視物而不能明；猶如跛足，自以爲能履踐而不能行。以此履踏虎尾，人將被虎咥齧而有凶險。以六三之微而欲行九五之志，有如以威武陵人者，欲自爲於九五大君。

阜陽本作「六三：眇能視，跛能履，履虎尾，實人兇，武人爲于大君。」其義與今本同。

帛書本作「六三：眇能視，跛能利，禮虎尾，真人兇，武人迥于大君。」意思是：六三以陰居陽，而失其位，猶如眇目，自以爲能視物而不能明；猶如跛足，自以爲能履踐不能行。以此履踏虎尾，人將被虎咥齧而有凶險。有如以威武陵人者，而希冀爲九五大君所重用。

1. 上博《周易》：【缺簡】

2. 阜陽《周易》：九四：履虎尾，愬愬終吉。

3. 帛書《周易》：九四：禮虎尾，朔朔終吉。

4. 今本《周易》：九四：履虎尾，愬愬終吉。

【文字考釋】

阜陽本九四爻辭殘，據今本補。

（一）今本「愬愬」，帛書本作「朔朔」。

玉姍案：今本「愬愬」，帛書本作「朔朔」。「愬」以「朔」得聲，故可通。

【爻辭釋讀】

〈象〉曰：

「愬愬終吉」，志行也。（頁41）

《周易集解》引侯果曰：

愬愬，恐懼也。履乎兌主，履虎尾也。逼近至尊，故恐懼。以其恐懼，故「終吉」也。執乎樞密，故「志行」也。（頁160）

王弼《注》：

逼近至尊，以陽承陽，處多懼之地，故曰「履虎尾，愬愬」也。然

以陽居陰，以謙爲本，雖處危懼，終獲其志，故終吉也。（頁 41）

孔穎達《正義》：

「履虎尾，愬愬」者，逼近五之尊位，是履虎尾近其危也。以陽承陽，處嫌隙之地，故「愬愬」危懼也。「終吉」者，以陽居陰，意能謙退，故終得其吉也。（頁 41）

朱熹《易本義》：

九四亦以不中不正，履九五之剛。然以剛居柔，故能戒懼而得終吉？（頁 71）

南懷瑾、徐芹庭《周易今註今譯》：

履卦的第四爻（九四），猶如追隨履行在虎尾後面的象徵。只要小心驚懼，結果還是吉慶的。（頁 92）

玉姍案：九四不中不正而近逼九五之尊位，有如履虎尾，極近其危而懼也。但以陽居陰，象徵能謙退，故終得其吉也。學者多由此立說，此亦從之。

今本「九四：履虎尾，愬愬終吉。」意思是：九四近逼九五尊位，有如履虎尾，極近其危而有懼。但以陽居陰，象徵能謙退，故終得其吉。

帛書本「九四：禮虎尾，朔朔終吉。」其義與今本同。

1. 上博《周易》：【缺簡】
2. 阜陽《周易》：九五：夬履，貞厲。
3. 帛書《周易》：九五：夬禮，貞厲。
4. 今本《周易》：九五：夬履，貞厲。

【文字考釋】

阜陽本九五爻辭殘，據今本補。

【爻辭釋讀】

〈象〉曰：

夬履貞厲，位正當也。（頁 41）

《周易集解》引干寶曰：

夬，決也。居中履正，爲履貴主。萬方所履，一決于前，恐決失正，恒懼危厲。故曰「夬履貞厲，位正當也」。（頁 161）

王弼《注》：

得位處尊，以剛決正，故曰「夬履，貞厲」也。履道惡盈而五處尊，
是以危。（頁 41）

孔穎達《正義》：

「夬履」者，夬者，決也。得位處尊，以剛決正，履道行正，故夬
履也。「貞厲」者，厲，危也，履道惡盈，而五以陽居尊，故危厲也。
（頁 41）

朱熹《易本義》：

九五以剛中正履帝位，而下以兌說應之，凡事必行，無所疑礙，故其
象為夬決其履。雖使得正，故其占為雖正而危，為戒深矣。（頁 71）

南懷瑾、徐芹庭《周易今註今譯》：

履卦的第五爻（九五），有決定履踐行止的象徵。需要堅貞自守，以
度危厲。（頁 92）

玉姍案：九五得位處尊，以剛決正。如是，則何以有「厲」？干寶以為
「萬方所履，一決于前，恐決失正，恒懼危厲。」王、孔以為「履道惡盈，
而五處尊，是以危。」二說均可，此暫從王、孔之說。

今本「九五：夬履，貞厲。」意思是：九五得位處尊，以剛決正。但履
道惡盈而九五處尊，是以雖然貞正而有危厲。

帛書本「九五：夬禮貞厲。」其義與今本同。

1. 上博《周易》：【缺簡】

2. 阜陽《周易》：上九：視履考祥，其旋元吉。

3. 帛書《周易》：尚九：視禮巧翔，其還元吉。

4. 今本《周易》：上九：視履考祥，其旋元吉。

【文字考釋】

阜陽本上九爻辭殘，據今本補。

（一）今本「視履考祥」，帛書本作「視禮巧翔」。

玉姍案：今本「視履考祥」，帛書本作「視禮巧翔」。「考」、「巧」皆由「丂」
得聲，可以通假。又「祥」、「翔」上古音皆為邪紐陽部，故可通假。

（二）今本「其旋元吉」之「旋」，帛書本作「還」。

玉姍案：今本「其旋元吉」之「旋」，帛書本作「還」。「旋」上古音邪紐

元部，「睘」上古音匣紐元部，聲紐分屬齒、喉音，韻同。《禮記‧樂記》：「周還象風雨。」《史記‧樂書》「還」（匣紐元部）作「旋」（邪紐元部）。「睘」與「旋」可通假。

【爻辭釋讀】

〈象〉曰：

> 元吉在上，大有慶也。（頁41）

《周易集解》引盧氏曰：

> 王者履禮于上，則萬方有慶于下。（頁162）

王弼《注》：

> 禍福之祥，生乎所履。處履之極，履道成矣。故可「視履」而「考祥」也。居極應說，高而不危，是其旋也。履道大成，故「元吉」也。（頁41）

孔穎達《正義》：

> 「視履考祥」者，祥謂徵祥。上九處履之極，履道已成，故視其所履之行，善惡得失，考其禍福之徵祥。「其旋元吉」者，旋謂旋反也。上九處履之極，下應兌說，高而不危，是其不墜於履，而能旋反行之，履道大成，故元吉也。（頁41）

朱熹《易本義》：

> 視履之終，以考其祥。周旋无虧，則得無吉。占者禍福，視其所履而未定也。若得元吉，則大有福慶也。（頁71）

南懷瑾、徐芹庭《周易今註今譯》：

> 履卦的第六爻（上九），迴環顧視全體履卦，有壽考吉祥、還其元始吉慶的象徵。（頁93）

　　玉姍案：上九處履之極，履道已成，故視其所履之行，考其禍福之徵祥。處履之極，高而不危，不墜而能旋反行之，履道大成，故元吉也。學者多由此立說，此亦從之。

　　今本作「上九：視履考祥，其旋元吉。」意思是：上九履道已成，故視其所履之行，以考禍福之祥。其高而不危，不墜而能周旋無虧，履道大成，而得元吉。

　　帛書本作「尚九：視禮巧翔，其睘元吉。」其義與今本同。

第十一節　泰　卦

一、卦名釋義

《說文》：「泰，滑也。從廾又、水。大聲。」（頁 570）季師《說文新證·泰》：「本義：滑也。典籍未見此義，引申爲縱泰、驕泰，或用同太。泰，義同大。釋形：泰，從廾、從水、大聲。所會意不詳。《說文》釋爲『滑』，不知如何取義。」〔註432〕《說文》釋「泰」爲滑，此義今已不傳，典籍中亦未見。季師以爲「泰」引申爲縱泰、驕泰，或用同「太」，義同「大」。先秦典籍中「泰」亦多作「太」或「縱泰」、「盈泰」之義。如《論語·子路》：「子曰：『君子泰而不驕，小人驕而不泰。』」《注》：「君子自縱泰似驕而不驕，小人拘忌而實自驕矜。」孔穎達《正義》：「陰去故小往，陽長故大來，以此吉而亨通，此卦亨通之極。」（頁 42）泰卦之「泰」即取「亨通」、「盈泰」之義。

〈序卦〉曰：「履而泰，然後安。故受之以泰。」（頁 187）《周易集解》引崔覲曰：「以禮導之，必通。通然後安，所謂君子以辯上下，定民志，通而安也。」（頁 163）「履」，禮也。凡世間萬物以禮導之，必得亨通。故泰卦在履卦之後。

泰卦今本卦畫作「䷊」，下乾天，上坤地。〈象〉曰：「天地交，泰。后以財成天地之道，輔相天地之宜，以左右民。」（頁 41～42）王弼《注》：「泰者，物大通之時也。上下大通，則物失其節，故財成而輔相以左右民也。」（頁 42）玉姍案：泰卦上坤地，下乾天，爲天地相交的亨通之象。君子觀之而體悟此時當輔相天地之宜，以佐佑萬民。

二、卦爻辭考釋

（一）卦辭考釋

1. 上博《周易》：【缺簡】

2. 阜陽《周易》：泰：小往大來，吉亨。

3. 帛書《周易》：泰：小往大來，吉亨。

4. 今本《周易》：泰：小往大來，吉亨。

〔註432〕季師旭昇：《說文新證·下》（台北：藝文印書館，2004 年 11 月），頁 145。

【文字考釋】

阜陽本、帛書本卦辭殘，皆據今本補。

【卦辭釋讀】

〈彖〉曰：

泰，小往大來吉亨，則是天地交而萬物通也，上下交而其志同也，內陽而外陰，內健而外順，內君子而外小人，君子道長，小人道消也。（頁41）

《周易集解》引蜀才曰：

小，謂陰也。大，謂陽也。天氣下，地氣上，陰陽交，萬物通，故「吉、亨」。（頁164）

孔穎達《正義》：

陰去故「小往」，陽長故「大來」。以此吉而亨通，此卦亨通之極，而四德不具者，物既太通，多失其節，故不得以爲元始而利貞也。

所以〈彖〉云：「財成」、「輔相」，故四德不具。（頁41）

朱熹《易本義》：

泰，通也。爲卦天地交而二氣通，故爲泰，正月之卦也。小，謂陰；大，謂陽。言坤往居外，乾來居內。又自歸妹來，則六往居四，九來居三也。占者有陽剛之德，則吉而亨矣。（頁72）

南懷瑾、徐芹庭《周易今註今譯》：

泰卦，它有小往而大來的象徵。是吉的。由泰變否，具有亨通的德性。（頁94）

玉姍案：泰卦有天地交通，陰陽二氣交流的象徵。陰氣消去爲小往，陽氣增長爲大來，故能得吉而亨通。學者多由此立說，此亦從之。

今本「泰：小往大來，吉亨。」意思是：泰卦有天地交通，陰陽二氣交流的象徵。陰氣消去而陽氣增長，故能得吉而亨通。

（二）爻辭考釋

1. 上博《周易》：【缺簡】
2. 阜陽《周易》：初九：拔茅茹，以其彙，征吉。
3. 帛書《周易》：初九：犮茅茹，以其胃，征吉。

4. 今本《周易》：初九：拔茅茹，以其彙，征吉。

【文字考釋】

阜陽本、帛書本初九爻辭殘，皆據今本補。

（一）今本「以其彙」之「彙」，帛書本作「胃」

玉姍案：今本「以其彙」之「彙」，帛書本作「胃」。「彙」、「胃」上古音皆匣紐物部，故可通假

【爻辭釋讀】

〈象〉曰：

拔茅征吉，志在外也。（頁42）

李道平《周易集解纂疏》：

茅根相連，拔則牽引。茹，牽引之貌也。內三陽同志，與坤爲正應，故云「俱志在外。」鄭云：彙，類也。初爲陽類之首，已舉則二陽相從，如茅之茹也。上坤爲順，下應於乾，不相違距，進皆得志，故曰「以其彙，征吉」。（頁167）

王弼《注》：

茅之爲物，拔其根而相牽引者也。茹，相牽引之貌也。三陽同志，俱志在外，初爲類首，已舉則從，若茅茹也。上順而應，不爲違距，進皆得志，故以其類「征吉」。（頁42）

孔穎達《正義》：

「拔茅茹」者，初九欲往於上，九二、九三皆欲上行，已去則從，而似拔茅，舉其根相牽茹也。「以其彙」者，彙，類也。以類相從，征，行也。上坤而順，下應於乾，已去則納，故「征行而吉」。（頁42）

朱熹《易本義》：

三陽在下，相連而進，拔茅連茹之象，征行之吉也。占者陽剛，則其征吉矣。（頁72）

南懷瑾、徐芹庭《周易今註今譯》：

泰卦的第一爻（初九），象徵拔起茅草，便互相牽連到連根的同類。如果占卜出征，大吉。（頁95）

玉姍案：「征」，行也。南懷瑾以爲「征」爲出征，其義過狹，此仍釋「征」爲行。天地相通，初九欲往於上行，而九二、九三皆欲隨之而上，以類相從，

有如拔茅，舉其根相牽連，行之而吉也。學者多由此立說，此亦從之。

今本作「初九：拔茅茹，以其彙，征吉。」意思是：天地相通，初九欲往於上行而九二、九三皆欲隨之，以類相從，有如拔茅，舉其根相牽連，行之而吉。

阜陽本作「初九：拔茅茹，以其彙，征吉。」帛書本作「初九：犮茅茹，以其胃，征吉。」其義與今本同。

1. 上博《周易》：【缺簡】

2. 阜陽《周易》：九二：包荒，用馮河，不遐遺，朋亡，得尚于中行。

3. 帛書《周易》：九二：枹妄，用馮河，不騢遺，弗忘，得尚于中行。

4. 今本《周易》：九二：包荒，用馮河，不遐遺，朋亡，得尚于中行。

【文字考釋】

阜陽本九二爻辭殘，據今本補。

（一）今本「包荒」，帛書本作「枹妄」。

玉姍案：今本「包荒」，帛書本作「枹妄」。「枹」以「包」為聲符，故二字可通假。「荒」與「妄」均從「亡」得聲，故二字可通假。

（二）今本「不遐遺」之「遐」，帛書本作「騢」。

玉姍案：今本「不遐遺」之「遐」，帛書本作「騢」。「遐」、「騢」均以「叚」為聲符，故二字可通假。

（三）今本「朋亡」，帛書本作「弗忘」。

玉姍案：今本「朋亡」，帛書本作「弗忘」。「朋」古音並紐蒸部，「弗」古音幫紐物部，聲紐均為唇音，可通假，如《尚書‧堯典》：「黎民於變時雍。」《漢書‧地理志》引變（幫紐元部）作卞（並紐元部）。韻部為陽、入對轉。「忘」以「亡」為聲符，故二字可通。

度其爻辭，九二既能包容萬方，連馮河之人皆能包容，張立文釋「弗忘」為未死，〔註433〕於此似不通。筆者以為帛書本作「弗忘」可通假為「朋亡」；或直釋為不可忘記朋友（對朋友忘恩負義），均能符合爻辭之義。

〔註433〕張立文（張憲江）：《周易帛書今注今譯》（台北：臺灣學生書局，1991年），頁426。

【爻辭釋讀】

〈象〉曰：

> 包荒，得尚于中行，以光大也。（頁42）

王弼《注》：

> 體健居中而用乎「泰」，能包含荒穢，受納「馮河」者也。用心弘大，
> 无所遐遺，曰「不遐遺」也。无私无偏，存乎光大，故曰「朋亡」也。
> 如此乃可以「得尚于中行」，尚，猶配也，「中行」，謂五。（頁42）

孔穎達《正義》：

> 體健居中，而用乎泰，能包含荒穢之物，故云「包荒」也。无舟渡
> 水，馮陵于河，是頑愚之人。此九二能包含容受，故曰「用馮河」
> 也。遐，遠也。遺，棄也。用心弘大，无所疏遠棄遺於物。得中无
> 偏，所在皆納，无私於朋黨之事。亡，无也，故云「朋亡」也。中
> 行謂六五也，處中而行，以九二所爲如此。尚，配也，得配六五之
> 中也。（頁42）

朱熹《易本義》：

> 九二以剛居柔，在下之中，上有六五之應，主乎泰而得中道者也。
> 占者能包容荒穢，而果斷剛決，不遺遐遠，而不昵朋比，則合乎此
> 爻中行之道也。（頁73）

王引之《經義述聞》：

> 謹案：《大元‧〔註434〕大‧次五》：「包荒以中克。《測》曰：『包荒
> 以中，督九夷也。』」。范望《注》曰：「五，君位也。包有四荒，故
> 曰：『包荒』。」《周禮》有「荒服」，朝見無常數也。子雲《大元》
> 倣易而作。竊意九二包荒，前漢經師必有訓爲「包四荒」者……《大
> 元》所謂「包荒以中」，下文所謂「得尚于中行」。睽其文義，或較
> 許鄭諸家之說爲允。〔註435〕

南懷瑾、徐芹庭《周易今註今譯》：

> 泰卦的第二爻（九二），有如天地包容萬方的象徵。如果利用大河作
> 憑藉，而一直上去，不會因遙遠而遺失方向，但會亡失了朋友，須
> 得中正而行。（頁96）

〔註434〕玉姍案：此指揚雄《太玄》，因避諱康熙帝之名而寫爲《大元》。
〔註435〕（清）王引之：《經義述聞》（台北：廣文書局，1979年2月），頁14。

玉姍案：「包荒」，王、孔以下皆以爲包容荒穢，王引之引揚雄《太玄》以爲「包荒」爲包容甚大，乃至四荒之地。二者皆形容九二能包容萬方，皆可通。「馮河」，无舟渡水，馮陵于河，爲愚勇者所爲；南懷瑾以爲「利用大河作憑藉」，值得商榷。「朋亡」，王、孔以爲无私於朋黨；朱熹以爲不昵朋比；南懷瑾以爲亡失了朋友。度其爻辭，九二既能包容萬方，連馮河之人皆能包容，應不至喪失朋友。故此仍依舊說釋爲「无私昵於朋黨」。

九二以陽居陰，體健居中。象徵能包含荒穢之物，即使是頑愚之人也能包含容受，用心弘大，无所疏遠；得中无偏，无私於朋黨之事。又上應於六五中行，得配六五之中也。學者多由此立說，此亦從之。

今本作「九二：包荒，用馮河，不遐遺，朋亡，得尙于中行。」意思是：九二體健居中，象徵能包含荒穢，即使是頑愚之人也能包容接受。用心弘大，无所疏遠；得中无偏，无私於朋黨，又得配於六五之中行。

帛書本作「九二：枹妄，用馮河，不暇遺，弗忘，得尙于中行。」「弗忘」若通假爲「朋亡」其義與今本同。

帛書本作「九二：枹妄，用馮河，不暇遺，弗忘，得尙于中行。」「弗忘」若直釋爲不可忘記朋友，意思是：九二體健居中，象徵能包含荒穢，即使是頑愚之人也能包容接受。用心弘大，无所疏遠；得中无偏，不可對朋友忘恩負義。又得配於六五之中行。

1. 上博《周易》：【缺簡】
2. 阜陽《周易》：九三：无平不陂，无往不復，艱貞，无咎，勿恤其孚，于食有福。
3. 帛書《周易》：九三：无平不波，无往不復，根貞，无咎，勿恤其復，于食有福。
4. 今本《周易》：九三：无平不陂，无往不復，艱貞，无咎，勿恤其孚，于食有福。

【文字考釋】

阜陽本、帛書本九三爻辭殘，皆據今本補。

（一）今本「无平不陂」之「陂」，帛書本作「波」。

玉姍案：今本「无平不陂」之「陂」，帛書本作「波」。「陂」與「波」皆以「皮」爲聲符，故二字可通假。

【爻辭釋讀】

〈象〉曰：

> 无往不復，天地際也。（頁 42）

王弼《注》：

> 乾本上也，坤本下也，而得泰者，降與升也。而三處天地之際，將
> 復其所處。復其所處，則上守其尊，下守其卑，是故无往而不復也，
> 无平而不陂也。處天地之將閉，平路之將陂，時將大變，世將大革，
> 而居不失其正，動不失其應，艱而能貞，不失其義，故无咎也。信
> 義誠著，故不恤其孚，而自明也。故曰「勿恤，其孚，于食有福」
> 也。（頁 42）

孔穎達《正義》：

> 「无平不陂」者，九三處天地相交之際，將各分復其所處。乾體初
> 雖在下，今將復歸於上，坤體初雖在上，今欲復歸於下，是初始平
> 者，必將有險陂也。初始往者，必將有反復也。无有平而不陂，无
> 有往而不復者，猶若元在下者而不在上；元在下者而不歸下也。「艱
> 貞，无咎」者，已居變革之世，應有危殆，只爲己居得其正，動有
> 其應，艱難貞正，乃得无咎。「勿恤其孚，于食有福」者，恤，憂
> 也。孚，信也。信義先以誠著，故不須憂其孚信也，信義自明，故
> 於食祿之道，自有福慶也。（頁 42）

朱熹《易本義》：

> 將過於中，泰將極而否欲來之時也。恤，憂也。孚，所期之信也。
> 戒占者艱難守正，則無咎而有福。（頁 73）

南懷瑾、徐芹庭《周易今註今譯》：

> 泰卦的第三爻（九三）的象徵，好像平坦的道路，沒有絕對不起陂
> 崁的。過往的事物，沒有不反覆回來的。只要在艱難中，能夠貞正
> 自守，當然可以沒有災咎。不要憂傷體恤自己，必須建立誠信。自
> 然會有食福。（頁 96）

　　玉姍案：九三將過於中，象徵泰將極而否欲來。處天地相交之際，乾體
將復歸於上，坤體欲復歸於下，故初始雖平，但必將有險陂；初始往者，必
將有反覆。居此變革之世，本有危殆艱難，但若自己居處貞正，乃得无咎。
先建立誠信，故孚信自明而不須憂恤；於食祿之道，自有福慶也。學者多由

此立說，此亦從之。

今本作「九三：无平不陂，无往不復，艱貞，无咎，勿恤其孚，于食有福。」意思是：九三將過於中，象徵泰將極而否欲來。未來將不會一路平坦無險陂；已往者必將有所反覆。本有危殆艱難，但若居處貞正，乃得无咎。誠信自明而不須憂恤；於食祿之道自有福慶。

帛書本作「九三：无平不波，无往不復，根貞，无咎，勿恤其復，于食有福。」其義與今本同。

1. 上博《周易》：【缺簡】
2. 阜陽《周易》：六四：翩翩，不富以其鄰，不戒以孚。
3. 帛書《周易》：六四：翩翩，不富以其鄰，不戒以孚。
4. 今本《周易》：六四：翩翩，不富以其鄰，不戒以孚。

【文字考釋】

阜陽本、帛書本六四爻辭殘，皆據今本補。

【爻辭釋讀】

〈象〉曰：

> 翩翩不富，皆失實也。不戒以孚，中心願也。（頁42）

王弼《注》：

> 乾樂上復，坤樂下復，四處坤首，不固所居，見命則退，故曰「翩翩」也。坤爻皆樂下，已退則從，故不待富而用其鄰也。莫不與己同其志願，故不待戒而自孚也。（頁42）

孔穎達《正義》：

> 「六四翩翩」者，四主坤首而欲下復，見命則退，故翩翩而下也。「不富以其鄰」者，以，用也。鄰謂五與上也。今己下復，眾陰悉皆從之，故不待財富而用其鄰。「不戒以孚」者，鄰皆從己，共同志願，不待戒告而自孚信以從己也。（頁42）

朱熹《易本義》：

> 已過於中，泰已極矣，故三陰翩然而下復，不待富而其類從之，不待戒令而信也。其占為有小人合交以害正道，君子所當戒也。陰虛陽實，故凡言「不富」者，皆陰爻也。（頁73）

南懷瑾、徐芹庭《周易今註今譯》：

泰卦的第四爻（六四），象徵翩然輕舉，不能保有財富。但與鄰里
互相感應而得信賴，所以不必加以警戒，也有他人孚信的徵象。（頁
97）

玉姍案：九四已過於中，象徵泰道已極，六五、上六隨六四而翩然下復，
故六四不待財富而能用其鄰。鄰皆從己，共同志願，不待戒告，而自孚信以
從己也。學者多由此立說，此亦從之。

今本作「六四：翩翩，不富以其鄰，不戒以孚。」意思是：九四已過於
中，象徵泰道已極，故六五、上六隨六四而翩然下復，六四不待財富而能用
其鄰（六五、上六）。鄰者不須戒告就能心懷孚信以從己。

1. 上博《周易》：【缺簡】
2. 阜陽《周易》：六五：帝乙 歸妹 ，以祉元吉。
3. 帛書《周易》：六五 ：帝乙歸妹，以齒 元吉 。
4. 今本《周易》：六五：帝乙歸妹，以祉元吉。

【文字考釋】

阜陽本、帛書本六五爻辭殘，皆據今本補。

【爻辭釋讀】

〈象〉曰：

以祉元吉，中以行願也。（頁 43）

《周易集解》引《九家易》曰：

五者，帝位，震象稱乙，是爲帝乙。六五以陰處尊位，帝者之姊妹。
五在震後，明其爲妹也。五應于二，當下嫁二。婦人謂嫁曰歸。故
言「帝乙歸妹」。謂下居二，以中和相承，故「元吉」也。（頁 171）

王弼《注》：

婦人謂嫁曰歸，泰者，陰陽交通之時也。女處尊位，履中居順，降
身應二，感以相與，用中行願，不失其礼，帝乙歸妹，誠合斯義，
履順居中，行願以祉，盡夫陰陽交配之宜，故元吉也。（頁 43）

孔穎達《正義》：

「帝乙歸妹」者，女處尊位，履中居順，降身應二，感以相與，用
其中情，行其志願，不失於礼，爻備斯義者，唯帝乙歸嫁于妹而能

然也。故作易者，引此「帝乙歸妹」以明之也。「以祉元吉」者，
履順居中，得行志願，以獲祉福，盡夫陰陽交配之道，故大吉也。
（頁43）

朱熹《易本義》：

以陰居尊，爲泰之主，柔中虛己，下應九二，吉之道也。而帝乙歸
妹之時，亦嘗占得此爻。占者如是，則有祉而元吉矣。凡經以古人
爲言，如高宗、箕子之類者，皆放此。（頁73）

南懷瑾、徐芹庭《周易今註今譯》：

泰卦的第五爻（六五）的象徵，猶如帝乙的嫁妹，有足夠的福分。
元來便具有大吉的現象。（頁97）

　　玉姍案：六五以陰居尊，爲泰之主，柔中虛己並下應九二，這是吉之道
也。有如帝乙歸妹，履順居中，得其福祉，並盡陰陽交合之宜，故能得元吉。
學者多由此立說，此亦從之。

　　今本作「六五：帝乙歸妹，以祉元吉。」意思是：六五有帝乙歸妹，履
順居中，陰陽交合得其福祉的象徵，故能得元吉。

　　阜陽本作「六五：帝乙歸妹，以祉元吉。」帛書本作「六五：帝乙歸妹，
以齒元吉。」其義均與今本同。

1. 上博《周易》：【缺簡】
2. 阜陽《周易》：上六：城復于隍，勿用師，自邑告命，貞吝。
3. 帛書《周易》：尚六：城復于湟，勿用師，自邑告命，貞閵。
4. 今本《周易》：上六：城復于隍，勿用師，自邑告命，貞吝。

【文字考釋】

　　阜陽本、帛書本上六爻辭殘，皆據今本補。

（一）今本「城復于隍」之「隍」，帛書本作「湟」。

　　玉姍案：今本「城復于隍」之「隍」，帛書本作「湟」。「隍」、「湟」均
以「皇」爲聲符，故二字可通假。

【爻辭釋讀】

〈象〉曰：

　　「城復于隍」，其命亂也。（頁43）

王弼《注》：

> 居泰上極，各反所應，泰道將滅，上下不交，卑不上承，尊不下施，是故「城復于隍」，卑道崩也。「勿用師」，不煩攻也。「自邑告命，貞吝」，否道已成，命不行也。（頁43）

孔穎達《正義》：

> 居泰上極，各反所應，泰道將滅，上下不交，卑不上承，尊不下施，猶若「城復于隍」也。《子夏傳》云：「隍是城下池也。」城之為體，由基土陪扶，乃得為城，今下不陪扶，城則隕壞，以此崩倒，反復於隍，猶君之為體，由臣之輔翼，今上下不交，臣不扶君，君道傾危，故云「城復于隍」。此假外象，以喻人事。「勿用師」者，謂君道已傾，不煩用師也。否道已成，物不順從，唯於自已之邑而施告命，下既不從，故「貞吝」。（頁43）

朱熹《易本義》：

> 泰極而否，「城復于隍」之象。戒占者不可力爭，但可自守，雖得其貞，亦不免於羞吝也。（頁74）

南懷瑾、徐芹庭《周易今註今譯》：

> 泰卦的第六爻（上六），猶如一座兵城池，復變為乾涸溝坑的象徵，不可以用兵。而且在本邑中，便自有上命反覆宣告的現象。需要堅貞自守，可能還有憂吝。（頁98）

玉姍案：城下无水之溝稱「隍」。上六居泰之極，此時泰道將滅，上下不交，卑不上承，尊不下施，故如城復于隍。「勿用師」，王弼、孔穎達以為「君道已傾，不煩用師也（而將自傾覆也）。」南懷瑾以為「不可以用兵」，二者主詞不同但皆可通，此從王、孔舊說。否道已成，物不順從，唯於自已之邑而施告命，然下既不從，故雖貞而有吝。

今本作「上六：城復于隍，勿用師，自邑告命，貞吝。」意思是：上六居泰之極，此時泰道將滅，有如城牆隕壞崩倒於溝坑中。此時君道已傾，不煩用師而將自傾覆。此時僅能於自已城邑中宣告命令，但下屬皆不順從，故雖然貞正而有憂吝。

阜陽本作「上六：城復于隍，勿用師，自邑告命，貞吝。」帛書本作「尚六：城復于湟，勿用師，自邑告命，貞閵。」其義均與今本同。

第十二節　否　卦

一、卦名釋義

《說文》：「否，不也。從口、不。不亦聲。」（頁 590）「否」有「不」、「非」之義。孔穎達《正義》：「此應云上下不交則其志不同也。非但其志不同，上下乖隔，則邦國滅亡，故變云天下无邦也。」（頁 43）否卦之「否」即取「不通」、「否塞」之義。

〈序卦〉曰：「泰者，通也。物不可以終通，故受之以否。」（頁 187）《周易集解》引崔覲曰：「物極則反，故不終通而否矣，所謂『城複于隍』者也。」（頁 173）凡世間萬物皆無法處於盈泰，在達到最盈泰巔峰的狀態後就逐漸走向衰微否塞，故否卦在泰卦之後。

否卦今本卦畫作「☰☷」，下坤地，上乾天。〈象〉曰：「天地不交，否。君子以儉德辟難，不可榮以祿。」（頁 43）孔穎達《正義》：「君子以儉德辟難者，言君子於此否塞之時，以節儉為德，辟其危難。不可榮華其身，以居倖位，此若據諸侯公卿，言之辟其群小之難，不可重受官賞；若據王者言之，謂節儉為德，辟其陰陽，已運之難，不可重自榮華，而驕逸也。」（頁 43）玉姍案：否卦下坤地，上乾天，地下天上卻天地不交的否塞之象。君子觀之而體悟於否塞之時，當以節儉為德，不可榮華驕逸之道，才能辟其危難，安然度過否塞艱困時期。

二、卦爻辭考釋

（一）卦辭考釋

1. 上博《周易》：【缺簡】
2. 阜陽《周易》：否之匪人，不利君子貞，大往小來。卜……
3. 帛書《周易》：婦之匪人，不利君子貞，大往小來。
4. 今本《周易》：否之匪人，不利君子貞，大往小來。

【文字考釋】

上博本、阜陽本卦辭殘，皆據今本補。

（一）今本「否之匪人」之「否」，帛書本作「婦」。

玉姍案：今本「否之匪人」之「否」，帛書本作「婦」。「否」、「婦」上古音皆並紐之部，可通假。

【卦辭釋讀】

〈彖〉曰：

「否之匪人，不利君子貞」，大往小來，則是天地不交，而萬物不通也。上下不交，而天下无邦也。內陰而外陽，內柔而外剛，內小人而外君子，小人道長，君子道消也。（頁43）

《周易集解》引崔覲曰：

否，不通也。于不通之時，小人道長，故云「匪人」。君子道消，故「不利君子貞」也。（頁173）

孔穎達《正義》：

「否之匪人」者，言否閉之世，非是人道交通之時，故云「匪人」。「不利君子貞」者，由小人道長，君子道消，故不利君子為正也，陽氣往而陰氣來，故云「大往小來」。陽主生息，故稱「大」。陰主消耗，故稱「小」。（頁43）

朱熹《易本義》：

否，閉塞也，七月之卦也。正與泰反，故曰「匪人」，謂非人道也。其占不利於君子之正道，蓋乾往居外，坤來居內；又自漸卦而來，則九往居四，六來居三也。或疑「之匪人」三字衍文，由比六三而誤也。傳不特解，其義亦可見。（頁75）

南懷瑾、徐芹庭《周易今註今譯》：

否卦，象徵由泰變否，而形成匪人的現象。並非完全由於人為，也有天命運會的關係的卦象。不利於君子。所以需要堅貞自守。但其中還有大往而小來的現象。（頁100）

玉姍案：否閉之世，天地閉塞，亦非人道交通之時。此時小人道長，君子道消，象徵生息的陽氣往逝，而象徵消耗的陰氣來到。學者多由此立說，此亦從之。

今本作「否之匪人，不利君子貞，大往小來。」意思是：否卦言否閉之世天地閉塞，亦非人道交通之時。此時不利君子為正，象徵生息的陽氣往逝，而象徵消耗的陰氣來到。

帛書本作「婦之匪人，不利君子貞，大往小來。」意思與今本同。

（二）爻辭考釋

1. 上博《周易》：【缺簡】
2. 阜陽《周易》：初六：拔茅茹，以其彙，貞吉亨……吉大人不……
3. 帛書《周易》：初六：犮茅茹，以其蕢，貞吉亨。
4. 今本《周易》：初六：拔茅茹，以其彙，貞吉亨。

【文字考釋】

上博本、阜陽本初六爻辭殘，皆據今本補。

（一）阜陽本較他本多出「……吉大人不……」等異文。

　　玉姍案：此為阜陽《周易》「卦、爻辭的後邊，保存了許多卜問具體事項的卜辭。」因僅存「……吉大人不……」，其義不詳。

（二）今本「拔茅茹」之「拔」，帛書本作「犮」。

　　玉姍案：今本「拔茅茹」之「拔」，帛書本作「犮」。「拔」從「犮」得聲，故二字可通假。

（三）今本「以其彙」之「彙」，帛書本作「蕢」。

　　玉姍案：今本「以其彙」之「彙」，帛書本作「蕢」。「彙」、「蕢」上古音皆匣紐物部，故可通假

【爻辭釋讀】

〈象〉曰：

　　拔茅貞吉，志在君也。（頁 43）

《周易集解》引荀爽曰：

　　「拔茅茹」，取其相連。彙者，類也。合體同包，謂坤三爻同類相連，
　　欲在下也。貞者正也。謂正居其所，則正也。（頁 175）

王弼《注》：

　　居否之初，處順之始，為類之首者也。順非健也，何可以征？居否
　　之時，動則入邪，三陰同道，皆不可進，故茅茹以類，貞而不詭，
　　則吉亨。（頁 43）

孔穎達《正義》：

以居否之初，處順之始，未可以動，動則入邪，不敢前進，三陰皆
然，猶若拔茅牽連，其根相茹也。己若不進，餘皆從之，故云「拔
茅茹」也。以其同類，共皆如此。「貞吉亨」者，守正而居，志在於
君，乃得吉而亨通。（頁43）

朱熹《易本義》：

三陰在下，當否之時，小人連累而進之象，而初之惡則未形也。故
戒其貞則吉而亨。蓋能如是，則變為君子矣。小人而變為君子，則
能以愛君為念，而不計其私矣。（頁75）

南懷瑾、徐芹庭《周易今註今譯》：

否卦的第一爻（初六），象徵拔起茅草，便互相牽連到同類的連根。
猶如泰卦初九爻一樣的現象。有貞正、吉的、亨通的徵兆。（頁101）

玉姍案：初六以柔居否之初，不宜妄動，若貿然前進則可能踏入小人邪
辟之道。內卦三陰有如茅草同根相連，初六若不妄進，六二、六三皆從之，
守正而居，乃能得吉。學者多由此立說，此亦從之。

今本作「初六：拔茅茹，以其彙，貞吉亨。」意思是：初六以居否之初，
內卦三陰有如茅草同根相連，初六若不妄進，六二、六三皆從之，只要守正，
就能得吉而亨通。

帛書本作「初六：犮茅茹，以其膏，貞吉亨。」意思與今本同。

1. 上博《周易》：【缺簡】
2. 阜陽《周易》：六二：包承，小人吉，大人否，亨。以卜大人不吉小人吉。
3. 帛書《周易》：六二：枹承，小人吉，大人不，亨。
4. 今本《周易》：六二：包承，小人吉，大人否，亨。

【文字考釋】

上博本、阜陽本六二爻辭殘，皆據今本補。

（一）阜陽本較他本多出「以卜大人不吉小人吉」等異文。

玉姍案：此為阜陽《周易》「卦、爻辭的後邊，保存了許多卜問具體事項
的卜辭。」「以卜大人不吉小人吉」其義應為卜卦若得此爻，則卜問對象若為
大人則不吉；卜問對象若為小人則得吉。

（二）今本「包承」之「包」，帛書本作「枹」。

玉姍案：今本「包承」之「包」，帛書本作「枹」。「枹」以「包」爲聲符，故二字可通假

【爻辭釋讀】

〈象〉曰：

「大人否，亨」，不亂群也。（頁 43）

王弼《注》：

居否之世，而得其位，用其至順，包承於上。小人路通，內柔外剛，大人否之，其道乃亨。（頁 43）

孔穎達《正義》：

「包承」者，居否之世，而得其位，用其志順，包承於上，「小人吉」者，否閉之時，小人路通，故於小人爲吉也。「大人否，亨」者，若大人用此包承之德，能否閉小人之吉，其道乃亨。（頁 43）

朱熹《易本義》：

陰柔而中正，小人而包容承順乎君子之象，小人之吉道也。故占者小人如是則吉，大人則當安守其否而後道亨。蓋不可以彼包承於我，而自失其守也。言不亂於小人之群。（頁 76）

南懷瑾、徐芹庭《周易今註今譯》：

否卦的第二爻（六二），有如大地承受天心而包容閉阻的象徵。對於小人來說，是吉的。對於大人來說，是否塞的。需要逆來順受以自守，便可漸漸變爲亨通。（頁 102）

玉姍案：六二陰柔而中正，而得其位，有小人包容承順於君子之象。否閉之時，小人路通，故小人得吉，大人則當安守其否而後道亨。學者多由此立說，此亦從之。

今本作「六二：包承，小人吉，大人否，亨。」意思是：六二陰柔中正而得其位，有小人包容承順君子之象。否閉之時，小人得吉，大人當安守其否，而待後亨。

帛書本作「六二：枹承，小人吉，大人不，亨。」意思與今本同。

1. 上博《周易》：【缺簡】

2. 阜陽《周易》：六三：枹羞。卜雨……

3. 帛書《周易》：六三：枹憂。

4. 今本《周易》：六三：包羞。

【文字考釋】

上博本、阜陽本六三爻辭殘，皆據今本補。

（一）今本「包羞」之「羞」，帛書本作「憂」。

張立文《周易帛書今注今譯》：

「憂」假借爲「羞」。……「憂」、「羞」古音同爲尤韻，音同相近。

〔註436〕

玉姍案：今本「包羞」之「羞」，帛書本作「憂」。「羞」上古音心紐幽部，「憂」上古音影紐幽部，二字韻同，聲紐則分屬齒、喉音；聲紐較遠。筆者以爲不一定要將此兩字視爲假借關係，「包羞」爲包含羞辱，「包憂」則直接爲包含憂患，在文意中皆能通解。

【爻辭釋讀】

〈象〉曰：

包羞，位不當也。（頁43）

《周易集解》引荀爽曰：

卦性爲否，其義否隔。今以不正，與陽相承，爲四所包，違義失正而可羞者，以「位不當」故也。（頁176）

王弼《注》：

俱用小道，以承其上。而但不當，所以包羞也。（頁43）

朱熹《易本義》：

以陰居陽而不中正，小人志於傷善而未能也，故爲「包羞」之象。

然以其未發，故無凶咎之戒。（頁76）

南懷瑾、徐芹庭《周易今註今譯》：

否卦的第三爻（六三），有包含羞辱的象徵。象辭說：所謂包含羞辱。因爲它所處的位置不適當。（頁102）

玉姍案：六三以陰居陽而不中正，如小人俱用小道以上承九四，是違義

〔註436〕張立文（張憲江）：《周易帛書今注今譯》（台北：臺灣學生書局，1991年），頁64。

失正而包含羞辱。學者多由此立說，此亦從之。

今本作「六三：包羞。」意思是：六三以陰居陽而不中正，如小人用小道以上承九四，違義失正而包含羞辱。

帛書本作「六三：枹憂。」六三以陰居陽而不中正，如小人用小道以上承九四，違義失正而包含憂患。

1. 上博《周易》：【缺簡】
2. 阜陽《周易》：九四：有命无咎，疇離祉。
3. 帛書《周易》：九四：有命无咎，檮羅齒。
4. 今本《周易》：九四：有命无咎，疇離祉。

【文字考釋】

上博本、阜陽本九四爻辭殘，皆據今本補。

（一）今本「疇離祉」，帛書本作「檮羅齒」。

玉姍案：今本「疇離祉」，帛書本作「檮羅齒」。「疇」與「檮」皆從「壽」得聲故可通假。「羅」之初文爲以糸网捕隹（鳥類），「離」之初文爲以捕鳥器捕隹（鳥類），且上古音皆爲來紐歌韻，義近音同，故可通。《史記・五帝記》：「旁羅日月星辰。」索隱：「離即羅也。」「齒」、「祉」皆從「止」得聲，可通假。

【爻辭釋讀】

〈象〉曰：

　　有命无咎，志行也。（頁44）

王弼《注》：

　　夫處否而不可以有命者，以所應者小人也。有命於小人，則消君子之道者也。今初志在君，處乎窮下，故可以有命无咎而疇麗福也。疇謂初也。（頁43～44）

孔穎達《正義》：

　　「有命无咎」者，九四處否之時，其陰爻皆是小人，若有命於小人，則君子道消也。今初六志在於君，守正不進，處于窮下，今九四有命命之，故「无咎」。「疇離祉」者，「疇」謂疇匹，謂初六也。離，麗也。麗謂附著也。言九四命初，身既无咎，初既被命，附依祉福，

言初六得福也。（頁 44）

朱熹《易本義》：

> 否過中矣，將濟之時也。九四以陽居陰，不極其剛，故其占爲有命
> 无咎。而疇類三陽，皆獲其福也。命，謂天命。（頁 76）

南懷瑾、徐芹庭《周易今註今譯》：

> 否卦的第四爻（九四），象徵有命至天而降。沒有災咎。而且它的同
> 疇比類，也會分別獲得福祉。（頁 103）

玉姍案：「疇」，王弼以爲「初也」；其餘學者多以爲「類也」，筆者以爲「疇」於典籍中多以爲田界或類別之義，而少爲「初也」，故此處「疇」當釋「類」爲佳。九四象徵否已過中矣，即將脫離否塞而邁向順濟，有天命降而無災咎。而疇類的三陽爻（九四、九五、上九），皆能獲得福祉。

今本作「九四：有命无咎，疇離祉。」意思是：九四即將脫離否塞而邁向順濟。有天命降而無災咎，同類的三陽爻，皆能獲得福祉。

帛書本作「九四：有命无咎，檮羅齒。」意思與今本同。

1. 上博《周易》：【缺簡】
2. 阜陽《周易》：九五：休否，大人吉，其亡其亡，繫于苞桑。
3. 帛書《周易》：九五：休婦，大人吉，其亡其亡，擊于枹桑。
4. 今本《周易》：九五：休否，大人吉，其亡其亡，繫于苞桑。

【文字考釋】

上博本、阜陽本九五爻辭殘，皆據今本補。

（一）今本「繫于苞桑」，帛書本作「擊于枹桑」。

玉姍案：今本「繫于苞桑」，帛書本作「擊于枹桑」。「繫」上古音匣紐錫韻，「擊」上古音見紐錫韻，二字聲近（皆牙音）韻同，故可通假。如馬王堆帛書《老子》乙本卷前古佚書《經法・道法》：「虛無有，秋稿成之，必有刑（形）名。」「稿」（見紐宵部）讀爲「毫」（匣紐宵部）。「枹」、「苞」皆从「包」得聲，可通假。

【爻辭釋讀】

〈象〉曰：

> 大人之吉，位正當也。（頁 44）

王弼《注》：

> 居尊得位，能休否道者也。施否於小人，否之休也，唯大人而後能
> 然，故曰「大人吉」也。處君子道消之時，已居尊位，何可以安？
> 故心存將危，乃得固也。（頁 44）

孔穎達《正義》：

> 休，美也。謂能行休美之事於否塞之時；能施此否閉之道，過絕小
> 人，則是「否」之休美者也，故云「休否」。「大人吉」者，唯大人
> 乃能如此而得吉也。若其凡人，則不能。「其亡其亡，繫于苞桑」者，
> 在道消之世，居於尊位，而過小人，必近危難，須恒自戒慎其意，
> 常懼其危亡，言丁寧戒慎如此也。「繫于苞桑」者，苞，本也，凡物
> 繫于桑之苞本則牢固也。若能「其亡其亡」，以自戒慎，則有「繫于
> 苞桑」之固，无傾危也。（頁 44）

朱熹《易本義》：

> 陽剛中正以居尊位，能修時之否，大人之事也。故此爻之占，大人
> 遇之則吉，然又當戒懼，如《繫辭傳》所云。（頁 77）

南懷瑾、徐芹庭《周易今註今譯》：

> 否卦的第五爻，象徵否運將要休止。對於位在中正之位的大人是吉
> 的。但有幾乎被滅亡的危險。好在又有繫結在桑木根本上一樣的堅
> 牢。（頁 103）

　　玉姍案：九五陽剛中正又居尊位，象徵否運將要休止，對於位在中正之
位的大人是吉的。但必須心存將亡之危機意識，地位才能穩固，有如繫綁於
桑木根本上一樣堅牢。學者多由此立說，此亦從之。

　　今本作「九五：休否，大人吉，其亡其亡，繫于苞桑。」意思是：九五
陽剛中正又居尊位，象徵否運將要休止，對於大人是吉的。但必須心存危機
意識，地位才能如繫於桑根上一樣牢固。

　　帛書本作「九五：休婦，大人吉，其亡其亡，擊于枹桑。」意思與今本
同。

1. 上博《周易》：【缺簡】
2. 阜陽《周易》：上九：傾否，先不後喜。卜……
3. 帛書《周易》：尚九：頃婦，先不後喜。

4. 今本《周易》：上九：傾否，先否後喜。

【文字考釋】

上博本、阜陽本上九爻辭殘，皆據今本補。

（一）今本「傾否」之「傾」，帛書本作「頃」。

玉姍案：今本「傾否」之「傾」，帛書本作「頃」。「傾」以「頃」爲聲符，故可通。

（二）今本「先否後喜」之「否」，帛書本作「不」，阜陽本作「伾」。

玉姍案：今本「先否後喜」之「否」，帛書本作「不」，阜陽本作「伾」。「否」「伾」皆从「不」得聲，故可通。

【爻辭釋讀】

〈象〉曰：

否終則傾，何可長也。（頁44）

《周易集解》引侯果曰：

傾爲覆也。否窮則傾矣。傾猶否，故「先否」也。傾畢則通，故「後喜」也。（頁179）

王弼《注》：

先傾後通，故「後喜」也。始以傾爲否，後得通乃喜。（頁44）

孔穎達《正義》：

處否之極，否道已終，此上九能傾毀其否，故曰「傾否」也。先否後喜者，否道未傾之時，是「先否」之道，否道已傾之後，其事得通，故曰「後有喜」也。（頁44）

朱熹《易本義》：

以陽剛居否極，能傾時之否者也，其占爲「先否後喜」。（頁77）

南懷瑾、徐芹庭《周易今註今譯》：

否卦的第六爻，有到了否極，先有壞否而後來得喜的象徵。象辭説：所謂否到了果，就會傾倒。這是説：天地間沒有長久不變的道理。（頁103）

玉姍案：上九處否卦之終極，象徵否道已傾圮終結。否道已傾之後，其事得通，故有喜。學者多由此立説，此亦從之。

今本作「上九：傾否，先否後喜。」意思是：上九處否卦之終極，象徵否道已傾圮終結。否道傾覆之前雖有閉塞，但否道傾覆之後，其事皆通故有喜。

阜陽本作「上九：傾否，先伓後喜。卜……」帛書本作「尚九：頃婦，先不後喜。」意思與今本同。

第十三節　同人卦

一、卦名釋義

《說文》：「同，合會也。從冃、口。」（頁 357）季師《說文新證》：「同，甲骨文從凡從口，凡為抬槃、肩輿類工具，一定要二人以上才能抬得動，加口以示同心協力之意。《說文》以為從冃、口，非是。」〔註437〕「同」之本義為合會、同心之義，後引伸出相同、協同之義。孔穎達《正義》：「同人，謂和同於人。」（頁 44）同人即與人和同之義。

〈序卦〉曰：「物不可以終否，故受之以同人。」（頁 187）《周易集解》引崔覲：「否終則傾，故同于人，通而利涉矣。」李道平《周易集解纂疏》：「上下不交，其志不同，所以成否。當否極之時，須同力相濟，乃能傾否。故否終於上，必同于人以傾之，則塞者易通，而辟難者可以利涉矣。」（頁 197）上下不交，其志不同，所以成否；當否極之時，須同力相濟。故同人卦在否卦之後。

同人卦今本卦畫作「䷌」，下坎火，上乾天。〈象〉曰：「天與火，同人，君子以類族辨物。」（頁 44）孔穎達《正義》：「天體在上，火又炎上，取其性同，故云天與火同人。」（頁 44）玉姍案：同人卦下坎火，上乾天，故有日出天下、文明普麗之象。九五君子觀之而體悟善與人同，各同其黨而使不間雜之道。

二、卦爻辭考釋

（一）卦辭考釋

〔註437〕季師旭昇：《說文新證・上》（台北：藝文印書館，2002 年 10 月），頁 614。

1. 上博《周易》:【缺簡】
2. 阜陽《周易》:同人于樊，亨，利涉大川，利君子之貞。
3. 帛書《周易》:同人于野，亨，利涉大川，利君子貞。
4. 今本《周易》:同人于野，亨，利涉大川，利君子貞。

【文字考釋】

阜陽本卦辭殘，據今本補。

（一）今本「同人于野」之「野」，阜陽本作「樊」。

玉姍案:今本「同人于野」之「野」，阜陽本作「樊」。「樊」爲「野」之古文，《說文》:「野，郊外也。从里、予聲。𡒰，古文野。从里省、从林。」可證。

（二）帛書本、今本「利君子貞」，阜陽本作「利君子之貞」。

玉姍案:帛書本、今本「利君子貞」，阜陽本作「利君子之貞」，較它本多一「之」字，但文義可通，故並存二版本以待來者。

【卦辭釋讀】

〈彖〉曰:

同人，柔得位得中而應乎乾，曰「同人」。同人曰:「同人于野，亨，利涉大川」，乾，行也，文明以健，中正而應，君子正也，唯君子爲能通天下之志。(頁44)

《周易集解》引鄭玄曰:

乾爲天，離爲火。卦體有巽，巽爲風。天在上，火炎上而從之，是其性同于天也。火得風，然後炎上益熾，是猶人君在上施政教，使天下之人和同而事之。以是爲人和同者，君之所爲也。故謂之「同人」。風行无所不遍，遍則會通之德大行，故曰「同人于野，亨」。

又《周易集解》引崔覲曰:

以離文明，而合乾健。九五中正，同人于二，爲能通天下之志，故能「利涉大川，利君子之貞」。(頁179～180)

孔穎達《正義》:

「同人」，謂和同於人。「于野，亨」者，野是廣遠之處，借其野名，喻其廣遠;言和同於人，必須寬廣，无所不同，用心无私，處非近

狹，遠至于野，乃得亨進，故云「同人于野，亨」。與人同心，足以
涉難，故曰「利涉大川」也。與人和同，義涉邪僻，故「利君子貞」
也。此「利涉大川」，假物象以明人事。（頁 44）

朱熹《易本義》：

同人，與人同也。以離遇乾，火上同於天。六二得位得中，而上應
九五。又卦唯一陰而五陽同與之，故爲同人。于野，謂曠遠而無私
也，有亨道矣。以健而行，故能涉川。爲卦內文明而外剛健，六二
中正而有應，則君子之道也。占者能如是，則亨，而又可涉險。然
必其所同合於君子之道，乃爲利也。（頁 77～78）

南懷瑾、徐芹庭《周易今註今譯》：

同人的卦象，有如太陽的光熱自地平線上昇，照到普天之下的曠野。
當然是亨通的。它的象徵利於涉渡大川，而且有利於貞正的君子。（頁
104）

　　玉姍案：同人有日出天下、文明普麗之象。引申於人事，則有善與人同、
和同於人之義，故名爲「同人」。和同於人，必須用心无私，遠至于野，乃得
亨進。與人同心，足以涉難，故有利於共涉大川。與人和同，若能堅持以君
子之道貞正待人，則能得利。學者多由此立說，此亦從之。賴師貴三則提出
「同人于野」可能是上古之人會同族人於郊野，燃燒木柴烹煮食物以祭天神
之貌，如今原住民之豐年祭。﹝註438﹞古有柴祭、尞祭，《說文》：「柴，燒柴尞
祭天神。」（頁 4）《說文》：「尞，柴祭天也。」（頁 485）可備一說。

　　今本「同人于野，亨，利涉大川，利君子貞。」意思是：同人卦即和同
於人之道，必須用心无私，遠至于野，乃得亨進。與人同心，足以涉難，故
有利於共涉大川。若能堅持以君子之道貞正待人，則能得利。

　　阜陽本作「同人于樫，亨，利涉大川，利君子之貞。」帛書本作「同人
于野，亨，利涉大川，利君子貞。」意思與今本同。

（一）卦辭考釋

1. 上博《周易》：【缺簡】

2. 阜陽《周易》：初九：同人于門，无咎。

﹝註438﹞賴師貴三於 2009 年 12 月 17 日博士論文發表會中提出。

3. 帛書《周易》：初九：同人于門，无咎。

4. 今本《周易》：初九：同人于門，无咎。

【文字考釋】

阜陽本初九爻辭殘，據今本補。

【爻辭釋讀】

〈象〉曰：

出門同人，又誰咎也。（頁44）

孔穎達《正義》：

「同人于門」者，居同人之首，无應於上，心无係吝，含弘光大，

和同於人，在於門外，出門皆同，故云「无咎」也。（頁45）

朱熹《易本義》：

同人之初，謂有私主。以剛在下，上無係應，可以無咎，故其象占

如此。（頁78）

南懷瑾、徐芹庭《周易今註今譯》：

同人的第一爻，象徵同志的人們，開始出門行動，沒有災咎。（頁

105）

玉姍案：初九居同人之始，象徵與人和同之初，如在門外，剛開始要出
門同行，只要齊一心志，就能沒有咎吝。學者多由此立說，此亦從之。

今本「初九：同人于門，无咎。」意思是：初九象徵與人和同之初，如
剛要出門同行，只要眾人齊一心志，就能沒有咎吝。

帛書本作「初九：同人于門，无咎。」意思與今本同。

1. 上博《周易》：【缺簡】

2. 阜陽《周易》：六二：同人于宗，吝。卜子產不孝吏……

3. 帛書《周易》：六二：同人于宗，閵。

4. 今本《周易》：六二：同人于宗，吝。

【文字考釋】

阜陽本六二爻辭殘，據今本補。

【爻辭釋讀】

〈象〉曰：

同人于宗，吝道也。（頁 45）

王弼《注》：

　　應在乎五，唯同於主，過主則否，用心扁狹，鄙吝之道。（頁 45）

孔穎達《正義》：

　　係應在五，而和同於人，在於宗族，不能弘闊，是鄙吝之道。故〈象〉
　　云「吝道」也。（頁 45）

朱熹《易本義》：

　　宗，黨也。六二雖中且正，然有應於上，不能大同而係於私，吝之
　　道也。故其象占如此。（頁 79）

南懷瑾、徐芹庭《周易今註今譯》：

　　同人的第二爻，象徵同志的人們，有只顧宗親的現象，便有塞吝。（頁
　　106）

　　玉姍案：六二相應於九五，象徵只與同宗族之人相應相合，與無私的和
同之道相違，這是鄙吝的。學者多由此立說，此亦從之。

　　今本「六二：同人于宗，吝。」意思是：六二上應於九五，象徵只與同
宗之人相應相合，與無私的和同之道相違，這是鄙吝的。

　　阜陽本作「六二：同人于宗，吝。卜子產不孝吏……」帛書本作「六二：
同人于宗，闔。」意思均與今本同。

1. 上博《周易》：【缺簡】
2. 阜陽《周易》：九三：伏戎于莽，升其高陵，三歲不興。卜有罪者
　　兇……戰斷遆強不得志。卜病者，不死乃瘅。
3. 帛書《周易》：九三：服容于莽，登其高陵，三歲不興。
4. 今本《周易》：九三：伏戎于莽，升其高陵，三歲不興。

【文字考釋】

　　阜陽本、帛書本九三爻辭殘，皆據今本補。

（一）阜陽本較他本多出「卜有罪者兇……戰斷遆強不得志。卜病者，不死
　　　乃瘅。」等異文。

　　玉姍案：此爲阜陽《周易》「卦、爻辭的後邊，保存了許多卜問具體事項
的卜辭。」現僅存斷簡殘篇其義難詳。「瘅」爲「癉」之異體字，《說文》：「癉，

罷病也。從广隆聲。瘴，籀文癃省。」「癃」有「老弱疲病」之義，如《晏子春秋・內篇・問下》：「公所見癃老者七十人。」亦有「膀胱不利」之義，如《黃帝內經・素問・宣明五氣篇》：「膀胱不利爲癃。」故「卜病者，不死乃瘴」，其義可能爲「若是卜問病人的狀況，而卜得此爻者，結果是不至於死，但身體衰弱（或：但有膀胱不利的現象）。」

（二）今本「伏戎于莽」，帛書本作「服容于莽」。

　　玉姍案：今本「伏戎于莽」，帛書本作「服容于莽」。「扶」、「服」上古音皆爲並紐職部，聲韻皆同，可以通假。《戰國策・秦策一》：「嫂蛇行匍伏。」《史記・蘇秦列傳》「匍伏」作「蒲服」。「容」上古音爲喻四（定）東部，「戎」上古音爲日紐多部，東、多旁轉，喻、日旁紐，〔註439〕二字聲韻皆近，故可通假。如《上博二・容成氏》簡三八：「柔（柔）臺」，竹書紀年作「瑤臺」。「柔」上古音爲日紐幽部，「瑤」上古音爲喻四（定）宵部。

【爻辭釋讀】

〈象〉曰：

　　　　伏戎于莽，敵剛也。三歲不興，安行也。（頁45）

王弼《注》：

　　　　「升其高陵」，望不敢進，量斯勢也。「三歲不能興」者也，三歲不能興，則五道亦以成矣，安所行焉。（頁45）

孔穎達《正義》：

　　　　「伏戎于莽」者，九三處下卦之極，不能包弘上下，通夫大同。欲下據六二，上與九五相爭也，但九五剛健，九三力不能敵，故伏潛兵戎於草莽之中。「升其高陵，三歲不興」者，唯升高陵以望前敵，量斯勢也，縱令更經三歲，亦不能興起也。（頁45）

朱熹《易本義》：

　　　　剛而不中，上無正應，欲同於二而非其正，懼九五之見攻，故有此象。（頁79）

南懷瑾、徐芹庭《周易今註今譯》：

　　　　同人的第三爻，有在草莽裡隱伏兵戎的象徵。只能升到高陵上去，三年也不會發興的。（頁106）

_____

〔註439〕王輝：《古文字通假字典》（北京：中華書局，2008年2月），頁492。

　　玉姍案：九三處下卦之極，欲下據六二，但六二已與九五相應，且九五剛健，九三力不能敵，只能伏潛兵戎於草莽之中，就算升高陵以望前敵，但衡量局勢也，縱使再過三年，亦不能興起；因此九三只適合於安於本位的行動。學者多由此立說，此亦從之。

　　今本「九三：伏戎于莽，升其高陵，三歲不興。」意思是：九三欲下據六二，但六二已與剛健九五相應，九三力不能敵，只能伏潛兵戎於草莽之中，就算升高陵以望前敵，但衡量局勢也，縱使再過三年，亦不能興起。

　　帛書本作「九三：服容于莽，登其高陵，三歲不興。」意思與今本同。

1. 上博《周易》：【缺簡】
2. 阜陽《周易》：九四：乘高唐，弗克攻，吉……有為不成。
3. 帛書《周易》：九四：乘其庸，弗克攻，吉。
4. 今本《周易》：九四：乘其墉，弗克攻，吉。

【文字考釋】

　　阜陽本、帛書本九四爻辭殘，皆據今本補。

（一）阜陽本較他本多出「……有為不成」等異文。

　　玉姍案：此為阜陽《周易》「卦、爻辭的後邊，保存了許多卜問具體事項的卜辭。」因殘缺而僅存「……有為不成」，揣度其意，可能是有所作為卻不成功。

（二）今本「乘其墉」，阜陽本作「乘高唐」，帛書本作「乘其庸」。

　　玉姍案：今本「乘其墉」，帛書本作「乘其庸」。「墉」從「庸」得聲，故可通。如《詩・大雅・皇矣》：「以伐崇墉。」《後漢書・伏湛傳》引「墉」作「庸」。

　　今本「乘其墉」，阜陽本作「乘高唐」，「墉」、「庸」上古音喻四東部，「唐」定紐陽部。韻部東、陽旁轉，喻四古歸定紐，如「代」（定紐月部）從「弋」（喻四質部）得聲，又「通」（定紐東部）從「甬」（喻四東部）得聲。故「庸」、「唐」可通。阜陽本「乘高唐」應釋作「乘高庸」，「高庸」即高牆。韓自強以為「墉，《說文》：『城垣也』。」又以為「唐（塘）庸（溝）皆受水之窪地，故『唐』、『庸』義相通」〔註440〕前後釋義有所矛盾，故不從韓說。

────────────

〔註440〕韓自強：《阜陽漢簡《周易》研究》（上海：上海古籍出版社，2004 年 7 月），頁 111。

【爻辭釋讀】

〈象〉曰：

> 乘其墉，義弗克也。其吉，則因而反則也。（頁 45）

王弼《注》：

> 處上攻下，力能乘墉者也。履非其位，以與人爭，二自五應，三非
> 犯己，攻三求二，尢而效之，違義傷理，眾所不與。故雖乘墉而不
> 克也，不克則反，反則得吉也，不克乃反，其所以得吉，「困而反則」
> 者也。（頁 45）

孔穎達《正義》：

> 「乘其墉」者，履非其位，與人鬥爭，與三爭二，欲攻於三，既是
> 上體，力能顯亢，故乘上高墉，欲攻三也。「弗克攻吉」者，三欲求
> 二，其事已非，四又效之，以求其二，違義傷理，眾所不與，雖復
> 乘墉，不能攻三也。「吉」者，既不能攻三，能反自思愆，以從法則，
> 故得吉也。此爻亦假物象也。（頁 45）

朱熹《易本義》：

> 剛不中正，又無應與，亦欲同於六二，而為三所隔，故為乘墉以攻
> 之象。然以剛居柔，故有自反而不攻克之象。占者如是，則是能改
> 而得吉也。（頁 79）

南懷瑾、徐芹庭《周易今註今譯》：

> 同人的第四爻（九四），象徵登上它的堡壘，然而在道義上，是不能
> 勝的。所謂是吉的，那是因受困而後反，自反而不縮。可是要把握
> 善與人同的原則。（頁 107）

　　玉姍案：九四以剛居陰，履非其位，剛不中正，又無應與，欲與六二相
通而為九三所隔，故欲與九三爭二，處上攻下，猶如乘上高墉而欲攻九三。
但此違背同人之義理，即使有乘墉之勢，仍不能攻下九三。既不能攻三，反
省自思與人和同之理，故得吉也。學者多由此立說，此亦從之。

　　今本「九四：乘其墉，弗克攻，吉。」意思是：九四欲與六二相通而為
九三所隔，故處上攻下，猶如乘上高墉而欲攻九三。但違背同人之義，縱有
乘墉之勢，仍不能攻下九三。退而反省自思與人和同之理，故能得吉。

　　阜陽本作「九四：乘高唐，弗克攻，吉……有爲不成。」意思是：九四
欲與六二相通而為九三所隔，故處上攻下，猶如乘上高墉而欲攻九三。但違

背同人之義理，縱有乘墉之勢，仍不能攻下九三。退而反省與人和同之理，故能得吉。……雖欲有所作為而不能成功。

　　帛書本作「九四：乘其庸，弗克攻，吉。」意思與今本同。

1. 上博《周易》：【缺簡】

2. 阜陽《周易》：九五：同人先號咷而後笑，大帀克相偶。卜毄囚……

3. 帛書《周易》：九五：同人先號桃而後芙，大師克相遇。

4. 今本《周易》：九五：同人先號咷而後笑，大師克相遇。

【文字考釋】

　　阜陽本九五爻辭殘，據今本補。

（一）今本「號咷」之「咷」，帛書本作「號桃」。

　　玉姍案：今本「號咷」之「咷」，帛書本作「號桃」。「咷」、「桃」均從「兆」得聲，故可通。

（二）今本「大師克相遇」之「遇」，阜陽本作「偶」。

　　玉姍案：今本「相遇」之「遇」，阜陽本作「偶」。「彳」部加上「止」即為「辵」，兩個部首皆有「行」義。〔註441〕戰國文字中，從「辵」之字或省去「止」而從「彳」（或省去「彳」而從「止」）之例相當多，如「返」可寫作 （楚.郭.語叢 2.45），亦可作 （晉.中山方壺）。「遊」可作 （璽彙 1154），亦可作 （璽彙 2251）。故「遇」、「偶」為異體字。

【爻辭釋讀】

〈象〉曰：

　　同人之先，以中直也。大師相遇，言相克也。（頁45）

《周易集解》引侯果曰：

　　乾德中直，不私于物，欲天下大同，方始同二矣。三四失義，而近據之，未獲同心，故「先號咷」也。時須同好，寇阻其途，以言相克，然後始相遇，故笑也。（頁186）

王弼《注》：

　　體柔居中，眾之所與，執剛用直，眾所未從，故近隔乎二剛，未獲

〔註441〕見季師旭昇：《說文新證・上》（台北：藝文印書館，2002 年 10 月），頁 111、115。

厥志，是以「先號咷」也。居中處尊，戰必克勝，故「後笑」也。
不能使物自歸而用其強直，故必須大師克之，然後相遇也。（頁 45）

孔穎達《正義》：

「同人先號咷」者，五與二應，用其剛直，眾所未從，故九五共二，
欲相和同，九三、九四與之競二也。五未得二，故志未和同於二，
故先號咷也。「而後笑」者，處得尊位，戰必克勝，故後笑也。「大
師克相遇」者，不能使物自歸已，用其剛直，必以大師與三、四戰
克，乃得與二相遇，此爻假物象以明人事。（頁 45）

朱熹《易本義》：

五剛正直，二以柔中正，相應於下，同心者也。而爲三、四所隔，
不得其同。然義理所同，物不同而間之，故有此象。然六二柔弱，
而三、四剛強，故必用大師以勝之，然後得相遇也。（頁 80）

南懷瑾、徐芹庭《周易今註今譯》：

同人的第五爻（九五），先有叫喚哭泣而後來歡笑的象徵。它又象徵
著大君的師旅，克勝而相遇。（頁 107）

玉姍案：九五剛健正直，欲與陰柔中正的六二相應，但中隔九三、九四，
不能遂其和同之志，故先號咷。但九五居中處尊，以大軍與九三、九四戰必
能克勝，而與六二相遇，故後笑也。

今本「九五：同人先號咷而後笑，大師克相遇。」意思是：九五中隔剛
強的九三、九四，而不能遂其與六二和同之志，故先號咷。但能以大軍克勝
九三、九四，終能與六二相遇，故後笑也。

阜陽本作「九五：同人先號咷而後笑，大師克相偶。卜瞉囚……」帛書
本作「九五：同人先號桃而後芙，大師克相遇。」意思均與今本同。

1. 上博《周易》：【缺簡】

2. 阜陽《周易》：上九：同人于鄀，无咎。卜居官法免……

3. 帛書《周易》：尚九：同人于茭，无悔。

4. 今本《周易》：上九：同人于郊，无悔。

【文字考釋】

阜陽本九五爻辭殘，據今本補。

【爻辭釋讀】

〈象〉曰：

　　同人于郊，志未得也。（頁 45）

王弼《注》：

　　郊者，外之極也。處同人之時，最在於外，不獲同志，而遠於內爭，

　　故雖无悔吝，亦未得其志。（頁 45）

孔穎達《正義》：

　　「同人于郊」者，處同人之極，最在於外，雖欲同人，人必疏己，

　　不獲所同，其志未得，然雖陽在于外，遠於內之爭訟，故无悔吝也。

　　（頁 45）

朱熹《易本義》：

　　居外無應，物莫與同，然亦可以無悔，故其象占如此。郊，在野之

　　內，未至於曠遠，但荒僻無與同耳。（頁 80）

南懷瑾、徐芹庭《周易今註今譯》：

　　同人的第六爻，象徵同人們在郊外，但沒有什麼憂悔。（頁 108）

　　玉姍案：上九處同人之極，最在於外，有如置身於曠遠郊外，雖欲與人
和同，人必疏己，其志未得，但也沒有悔吝。學者多由此立說，此亦從之。

　　今本「上九：同人于郊，无悔。」意思是：上九處同人之極，有如置身於
曠遠郊外，雖欲與人和同，人必疏己，與人和同之志未得，但也沒有悔吝。

　　阜陽本作「上九：同人于鄗，无咎。卜居官法免……」帛書本作「尙九：
同人于茭，无悔。」意思均與今本同。

第十四節　大有卦

一、卦名釋義

　　《說文》：「有，不宜有也。《春秋傳》曰『日月有食之』。從月又聲。」（頁
371）季師《說文新證・有》：「西周以下從又持肉，以示持有、擁有之意。」
〔註442〕「有」之初文爲以手持肉，以示擁有之意，故《說文》「不宜有也」之
說法非本義，《說文》「從月」之說也不可從。朱熹《易本義》：「大有，所有
之大也。」（頁 81）因此「大有」是盛大豐有的意思。

〔註442〕參季師旭昇：《說文新證・上》（台北：藝文印書館，2002 年 10 月），頁 551。

〈序卦〉曰：「與人同者，物必歸焉，故受之以大有。」（頁 187）《周易集解》引崔覲云：「『以欲從人』，物必歸己，所以成大有。」（頁 187）玉姍案：與人和同，則萬民來歸，所有者極大，故大有卦在同人卦之後。

大有卦今本卦畫作「☲」，上離火，下乾天。〈象〉曰：「火在天上，大有。君子以遏惡揚善，順天休命。」（頁 46）大有卦象火在天上，光明普照。君子觀之而能效法光明普照天下之德，阻惡揚善，順應上天美好的使命。

二、卦爻辭考釋

（一）卦辭考釋

上博《周易》：大有：元亨。

阜陽《周易》：大有：元亨。卜雨不雨……

帛書《周易》：大有：元亨。

今本《周易》：大有：元亨。

【文字考釋】

上博本卦辭殘，據今本補。

（一）阜陽本比他本多出「卜雨不雨……」等文字。

玉姍案：此為阜陽《周易》「卦、爻辭的後邊，保存了許多卜問具體事項的卜辭。」但因殘缺嚴重，僅存「卜雨不雨……」等字，可能是若卜問是否下雨，則卜占結果則為「不雨……」。

【卦辭釋讀】

〈彖〉曰：

　大有，柔得尊位大中，而上下應之，曰「大有」。其德剛健而文明，

　應乎天而時行，是以「元亨」。（頁 46）

〈象〉曰：

　火在天上，「大有」。君子以遏惡揚善，順天休命。（頁 46）

《周易集解》引虞翻云：

　與比旁通。「柔得尊位大中」，「應天而時行」，故「元亨」也。（頁

　187）

王弼《注》：

不大通，何由得「大有」乎？「大有」則必元亨矣。（頁46）

孔穎達《正義》：

柔處尊位，群陽並應，大能所有，故稱「大有」。既能大有，則其物大得亨通。故云「大有元亨」。（頁46）

朱熹《易本義》：

大有，所有之大也。離居乾上，火在天上，无所不照。又六五一陰居尊得中，而五陽應之，故爲大有。乾健離明，居尊應天，有亨之道。占者有其德，則大善而亨也。（頁81）

南懷瑾、徐芹庭《周易今註今譯》：

大有卦。具有根元的、亨通的德性。（頁109）

玉姍案：大有外卦爲離火，內卦爲乾天，象火在天上，有大放光明之意。可引申出大得亨通、大豐收等義。賴師貴三提出「有」可作爲「侑祭」之「侑」通假，「大有」即盛大的侑祭。〔註443〕甲骨文中有业字，饒宗頤以爲：「祭名『业』，业爲侑，亦通右。……楚茨：『以享以祀，以安以侑。』即安尸侑尸也。」〔註444〕可聊備一說。

今本「大有：元亨。」意思是：大有卦具有大得亨通的象徵。

阜陽本「大有：元亨。卜雨不雨……。」帛書本「大有：元亨。」意思均與今本同。

（二）爻辭考釋

1. 上博《周易》：初九：无交害。匪咎，艱則无咎。
2. 阜陽《周易》：初九：无交害。非咎，艱則无咎。
3. 帛書《周易》：初九：无交咼。非咎，根則无咎。
4. 今本《周易》：初九：无交害。匪咎，艱則无咎。

【文字考釋】

上博本、阜陽本初九爻辭殘，皆據今本補。

（一）今本「无交害」之「害」，帛書本作「**咼**（咼）」。

張立文《周易帛書今注今譯》：

〔註443〕賴師貴三於2009年12月17日博士論文發表會中提出。
〔註444〕于省吾：《甲骨文字詁林》（北京：中華書局，1999年12月），頁3427。

「斎」假借爲「害」。于豪亮《帛書周易》曰：帛書損卦卦辭「斎之用二巧」，通行本作「曷之用二簋。」大有之初九「无交斎」，通行本作「无交害」。按「斎」是羣字的簡體。《說文》：「羣，車軸耑鍵也。兩穿相背，從舛，鹵省聲，鹵古文卤字。」羣字中部所從的鹵或卤省寫爲冎，再省去下部所從的牛，就成爲「斎」字。這是車轄的轄字。羣、斎是本字，轄是異體字。在損卦中「斎」讀爲曷，在大有卦中「斎」讀爲害。「斎」與曷、害同爲匣母，又同爲祭部字，故得通假。〔註445〕

韓自強《阜陽漢簡《周易》研究》：

「害」，帛書作「斎」，「斎」從攵，咼（冎）聲。殆「禍」之異體字，「禍」匣紐歌部字，「害」匣紐月部字，歌月陰、入對轉。故「斎」可通「害」。〔註446〕

玉姍案：今本「无交害」之「害」，帛書本作「害」，字跡較模糊。馬王堆漢墓帛書整理小組〈馬王堆帛書《六十四卦》釋文〉隸定爲「斎」，張立文、韓自強隸定爲「斎」。韓自強以爲「斎」是「禍」之異體字。筆者以爲，根據字形判斷馬王堆帛書從「咼」之字如「過」作（易.025）、（戰.038），與「斎」字形下半部不類。于豪亮以爲「斎」是「羣」字的簡體，《說文》：「羣，車軸耑鍵也。兩穿相背，從舛，鹵省聲，鹵古文卤字。」季師《說文新證·羣》：「裘錫圭指出甲骨文此字作『萤』，即『傷害』之『害』的本字。睡虎地簡、馬王堆帛書都有『萬』字，仍做傷害義用。《說文》以爲『羣，車軸耑鍵也。』實爲假借用法。」〔註447〕「萤」字甲骨文作（商.甲181）會腳（攵）踩到蛇蟲（虫）而被囓受傷之意，下方「虫」型逐漸訛變而作（楚.帛乙4），與上博本「斎」形近，是以于豪亮之說較爲合理，此從于說。「斎」字上方應爲象「腳」的「攵」形，故隸定爲「斎」較「斎」佳。「斎」是本字，「轄」是後起形聲字，「轄」、「害」皆爲匣紐月部，故可以通假。

（一）今本「艱則无咎」之「艱」，阜陽本作「囏」，帛書本作「根」。

〔註445〕張立文（張憲江）：《周易帛書今注今譯》（台北：臺灣學生書局，1991年），頁176。

〔註446〕韓自強：《阜陽漢簡《周易》研究》（上海：上海古籍出版社，2004年7月），頁112。

〔註447〕參季師旭昇：《說文新證·上》（台北：藝文印書館，2002年10月），頁472。

玉姍案：今本「艱則无咎」之「艱」，阜陽本作「囍」，帛書本作「根」。「囍」字未見於字書，韓自強《阜陽漢簡《周易》研究》中亦未說明「囍」、「艱」相通之由。

「艱」、「根」古音皆爲見紐文部，可以通假。「囍」字未見於字書，圖版亦有部分殘缺。筆者以爲，《說文》：「艱，土難治也。從堇、艮聲。囍，籀文艱從喜。」「囍」保留於《說文》、《汗簡》及《古文四聲韻》中。「囍」極可能爲「囍」字之右下省去「口」形或「口」形剝蝕所致，爲「艱」之籀文，「囍」、「艱」互爲異體字，阜陽本「囍」字，爲《說文》所載提供了保留於出土文獻的實證。

【爻辭釋讀】

〈象〉曰：

　　大有初九，无交害也。（頁 46）

王弼《注》：

　　以夫剛健爲大有之始，不能履中、滿而不溢，術斯以往，後害必至。

　　其欲匪咎，「艱則无咎也」。（頁 46）

孔穎達《正義》：

　　以夫剛健爲大有之始，不能履中謙退，雖无交切之害，久必有凶。

　　其欲「匪咎」，能自艱難其志，則得「无咎」，故云「无交害，匪咎，

　　艱則无咎」也。（頁 46）

朱熹《易本義》：

　　雖當大有之時，然以陽居下，上无係應，而在事初，未涉乎害者也，

　　何咎之有？然亦必艱以處之，則无咎。（頁 81）

南懷瑾、徐芹庭《周易今註今譯》：

　　大有的第一爻（初九），沒有交感的對象，雖然有害。但不能形成爲

　　災害。換言之，有艱難，便沒有災咎。（頁 110）

陳惠玲《《上海博物館藏戰國楚竹書（三）・周易》研究》：

　　初九爻共有三種斷句方式：

　　1.「无交害。匪咎，艱則无咎。」如王弼、孔穎達。意思是說初九

　　　剛健，爲大有卦之始，但不能履中謙退，雖然沒有交切之害，但

　　　久了一定會有凶災。想要沒有災咎，便要艱難其志，才能无咎。

　　　本文從之。

2. 「无交害，匪咎。艱則无咎。」如朱熹、高亨。〔註448〕朱熹以為初九未涉乎害，所以沒有災咎，但又說「亦必艱以處之，則无咎」，既然已經无咎，又何必要「艱以處之」才會无咎？朱說恐商。高亨以為值難之時，可得同情之助。但以卦象而言，初九與九四是敵應不可交，無爻來助，故高說不妥。

3. 「无交，害，匪咎。艱則无咎。」如黃師慶萱、南懷瑾、徐芹庭。黃師慶萱以為不與上級往來，非自己的過錯，只要保持艱貞，就不會犯錯。南、徐以為初九爻無交感對象，故不能形成災害。黃、南、徐之說可通。〔註449〕

玉姍案：陳惠玲指出學者對大有初九爻之斷句方式共有三種不同意見，關於三種說法的得失，陳惠玲已解釋詳細，故不再贅敘。筆者亦接受陳氏結論，以為眾說法以王、孔解釋較佳：先以「无交害」為一總綱，說明初九剛健，雖不能履中謙退，然暫時沒有交切之害。然後再仔細敘述「匪咎，艱則无咎」，指出若不能履中謙退，後害必至。若欲匪咎，須能自屬艱難其志，則得「无咎」。

今本「初九：无交害。匪咎，艱則无咎。」意思是說：初九剛健，處大有之始，象徵雖目前沒有交切之害，但若要免於災咎，仍須艱難其志才能無災咎。

阜陽本「初九：无交害。非咎，艱則无咎。」帛書本「初九：无交爲。非咎，根則无咎。」意思均與今本同。

1. 上博《周易》：九二：大車以載。有攸往，无咎。

2. 阜陽《周易》：九二：大車以載。有攸往，无咎。

3. 帛書《周易》：九二：泰車以載。有攸往，无咎。

4. 今本《周易》：九二：大車以載。有攸往，无咎。

【文字考釋】

上博本、阜陽本九二爻辭殘，皆據今本補。

（一）今本作「大車以載」之「大」，帛書本作「泰」。

〔註448〕高亨：《周易古經今注》（台北：文笙書局，1981年3月），頁53。
〔註449〕陳惠玲：《《上海博物館藏戰國楚竹書（三）・周易》研究》（臺灣師範大學國文教學所碩論，2005年8月），頁156。

玉姍案：「大」古音定紐月部。「泰」（「太」）古音透紐月部，二字聲近韻同，可以通假，典籍中例子極多，如《尚書・泰誓》篇，《史記・周本紀》作「大誓」。又《淮南子・氾論》「乘大路」，《太平御覽》作「乘泰路」。今本《周易》作「大」者，帛書本中多作「泰」，以下章節不再贅敍。

【爻辭釋讀】

〈象〉曰：

「大車以載」，積中不敗也。（頁46）

王弼《注》：

任重而不危。健不違中，爲五所任，任重不危，致遠不泥，故可以往而「无咎」也。（頁46）

孔穎達《正義》：

「大車以載」者，體是剛健，而又居中，身被委任，其任重也。能堪受其任，不有傾危，猶若大車以載物也。此假外象以喻人事。堪當重任，故有所往无咎者，以居失其位，嫌有凶咎，故云「无咎」也。（頁46）

朱熹《易本義》：

剛中在下，得應乎上，爲大車以載之象。有所往而如是，可以无咎矣。占者必有此德，乃應其占也。（頁82）

南懷瑾、徐芹庭《周易今註今譯》：

大有的第二爻（九二），象徵用大車來裝載，前途所往而大有，沒有災咎。（頁110）

玉姍案：九二以陽處陰，故曰失位，然以剛居中而能任重不危，爲六五所驅任，有如大車能負重而致遠，因此能有所往而無咎。王、孔以下學者多由此解，此亦從之。

今本「九二：大車以載。有攸往，无咎。」意思是：九二以剛居中，象大車能任重負載。利於前往，沒有災咎。

帛書本「九二：泰車以載。有攸往，无咎。」意思與今本同。

1. 上博《周易》：九三：公用亨于天子，小人弗克。

2. 阜陽《周易》：九三：公用亨于天子，小人弗克。

3. 帛書《周易》：九三：公用芳于天子，小人弗克。

4. 今本《周易》：九三：公用亨于天子，小人弗克。

【文字考釋】

上博本、阜陽本九三爻辭殘，皆據今本補。

（一）今本作「公用亨于天子」之「亨」，帛書本作「芳」。

玉姍案：《說文》：「亯，獻也。從高省。曰象孰物形。孝經曰：祭則鬼亯之。凡亯之屬皆從亯。𠅖，篆文亯。」段注：「禮經言饋食者，薦孰也。許兩切，十部。亯象薦孰。因以爲飪物之稱，故又讀普庚切。亯之義訓薦神，誠意可通於神，故又讀許庚切。古音則皆在十部。」（頁 231）「芳」古音爲滂紐陽部，「亨」古音有二，一爲滂紐陽部（讀如「烹」），一爲曉紐陽部（讀如「享」）。故「芳」、「享（烹）」聲韻皆同，可通假。今本《周易》作「亨」、「享」者，帛書本多作「芳」，下列章節中不再贅敘。

【爻辭釋讀】

〈象〉曰：

> 「公用亨于天子」，小人害也。（頁 46）

《周易集解》引虞翻云：

> 「天子」謂五。三，公位也。「小人」謂四。二變得位，體鼎象，故「公用亨于天子」。四折鼎足，「覆公餗」，故「小人不克」也。（頁 190）

孔穎達《正義》：

> 九三處「大有」之時，居下體之極，乘剛健之上，履得其位，與五同功。五爲王位，三旣與之同功，則威權之盛，莫盛于此，乃得通乎天子之道，故云「公用亨于天子」。小人德劣，不能勝其位，必致禍害，故云「小人不克」也。「與五同功」者，《繫辭》云：「三與五同功。」此云「與五同功」，謂五爲王位，三旣能與之同功，則威權與五相似，故云「威權之盛，莫此過焉」。（頁 46）

朱熹《易本義》：

> 亨，春秋傳作享，謂朝獻也。古者亨通之亨、享獻之享、烹飪之烹，皆作亨字。九三居下之上，公侯之象，剛而得正，上有六五之君，虛中下賢，故爲亨于天子之象。占者有其德，則其占如是。小人无剛正之德，則雖得此爻，不能當也。（頁 82）

南懷瑾、徐芹庭《周易今註今譯》：

> 大有的第三爻（九三），象徵中國上古在公位官爵的人，可以用天子的飲食來享受。這在小人們，是不敢當的。（頁111）

陳惠玲《《上海博物館藏戰國楚竹書（三）・周易》研究》：

> 惠玲案：九三爻「公用亨于天子，小人弗克。」「亨」字說法有四種：
>
> 1. 同饗，享用。如虞翻以爲卦有「鼎」象，爲享用之義。南懷瑾、徐芹庭作「可以用天子的飲食來享受」。
>
> 2. 宴享。有上位者宴享下位者之義。如《釋文》引干寶云：「享，宴也。」〔註450〕黃師慶萱作「能夠享受天子酒食的款待」。〔註451〕
>
> 3. 亨通。如王弼作「公用斯位，乃得通乎天子之道也。」孔穎達作「五爲王位，三既與之同功，則威權之盛，莫盛於此，乃得通乎天子之道。」
>
> 4. 獻。如《釋文》引京房曰：「亨，獻也。」〔註452〕朱熹作「亨，春秋傳作享，謂朝獻也。」高亨作「此享字，當爲致貢之義。」〔註453〕屈萬里亦從之。〔註454〕
>
> 《易緯乾鑿度》：「三爲公，五爲天子。九三以陽剛居三九之位，當大有之時，亦屬六五所擁有，且三與五同功，此公用享于天子也。」說與王、孔同。《左傳・僖公・二十五年》：「狐偃言於晉侯曰：『求諸侯莫如勤王。』公曰：『筮之。』筮之遇大有☲☰之睽☲☱。曰：『吉，遇公用享於天子之卦。戰克而王饗，吉孰大焉。』」說與干寶同。然《左傳》釋義與引《詩》類似，未必爲易之本義。本文從王、孔舊說「亨」字作「亨通」義。〔註455〕

　　玉姍案：歷代學者對「亨」字共有四種解釋，陳惠玲分析詳細，故不再贅述。筆者以爲，「亨」字該如何解，與「小人弗克」當有密切關係。《說文》：

〔註450〕高亨：《周易古經今注》（台北：文笙書局，1981年3月），頁53。
〔註451〕黃師慶萱：《周易讀本》（台北：三民書局，2001年3月），頁198。
〔註452〕屈萬里：《讀易三種》（台北：聯經出版事業公司，1984年），頁110。
〔註453〕高亨：《周易古經今注》（台北：文笙書局，1981年3月），頁54。
〔註454〕屈萬里：《讀易三種》（台北：聯經出版事業公司，1984年），頁110。
〔註455〕陳惠玲：《《上海博物館藏戰國楚竹書（三）・周易》研究》（臺灣師範大學國文教學所碩論，2005年8月），頁159。

「克，肩也。」段玉裁《注》：「許云：『勝，任也。任，保也。保，當也。凡物壓於上謂之克』。」（頁 323）「克」有承擔、勝任之義。爻辭中，「公」與「小人」相對，當是指身份之極端，一為位極人臣，另一則為平民階級。但即使身為「公」之階級，在周代封建社會中，還是不能「享受天子規格的飲食」，故第一種說法較不合理，其他三種說法較合理，因為不論是公接受天子之宴饗，或是公朝獻於天子，亦或是公能受天子重用而亨通，以上三者都是身為平民的「小人」所無法勝任的，故曰「小人弗克」。此暫從王、孔之說。

今本「九三：公用亨于天子，小人弗克。」意思是：九三剛而得正，上有六五之君能虛中下賢，象公能亨通於天子，身分低微的小人則無法勝任居於此大位。

帛書本作「九三：公用芳于天子，小人弗克。」意思與今本同。

1. 上博《周易》：九四：匪其彭，亡咎。
2. 阜陽《周易》：九四：匪其彭，无咎。
3. 帛書《周易》：九四：匪其彭，无咎。
4. 今本《周易》：九四：匪其彭，无咎。

【文字考釋】

上博本、阜陽本、帛書本九四爻辭殘，皆據今本補。

【爻辭釋讀】

〈象〉曰：

> 「匪其彭，无咎」，明辨晢也。（頁 46）

《周易集解》引虞翻云：

> 匪，非也。其位尫，足尫，體行不正。四失位，折震足，故尫。變而得正，故「无咎」。「尫」或為「彭」，作「旁」聲，字之誤。（頁 190～191）

王弼《注》：

> 既失其位，而上近至尊之威，下比分權之臣，其為懼也，可謂危矣。唯夫有聖知者，乃能免斯咎也。三雖至盛，五不可舍，能辯斯數，專心承五，常匪其旁，則「无咎」矣。旁謂三也。（頁 46）

孔穎達《正義》：

> 「匪其彭，无咎」者，匪，非也。彭，旁也。謂九三在九四之旁，

九四若能專心承五，非取其旁，言不用三也。如此乃得「无咎」也。
既失其位，上近至尊之威，下比分權之臣，可謂危矣。能棄三歸五，
故得「无咎」也。（頁46）

朱熹《易本義》：

彭字音義未詳。程傳曰盛貌，理或當然。六五柔中之君，九四以剛
近之，有僭逼之嫌，然以其處柔也，故有不極其盛之象，而得无咎。
（頁46）

南懷瑾、徐芹庭《周易今註今譯》：

大有的第四爻（九四），象徵旁排。比排列的，並不是所需要的同伴。
（頁112）

陳惠玲《《上海博物館藏戰國楚竹書（三）‧周易》研究》：

惠玲案：帛書、今本作「匪其彭」。《子夏傳》、〔註456〕熹平石經〔註
457〕作「匪其旁」。《周易集解》、虞翻注作「匪其尪」。「彭」上古音
並紐陽部，「旁」上古音並紐陽部，「尪」上古音影紐陽部。「彭」、「旁」
聲韻畢同，可通假。「旁」、「尪」虞翻以爲二字聲近（惠玲案：同爲
陽部韻）故云「字之誤」。「匪其彭」，歷來相當於「彭」字處，有四
種說法：

1. 作「足尪」義。虞翻作「體行不正。」高亨作「睎其尪」，〔註458〕
   並云：「古者跛男作巫稱尪」。

2. 作「旁」義。……孔穎達作「彭，旁也。謂九三在九四之旁」。
   姚信云：「彭，旁也。」〔註459〕

3. 作「同伴」義。南懷瑾、徐芹庭以爲「比排列的，並不是所需要
   的同伴」。

4. 作「盛」義。干寶云：「彭亨，驕盛貌。」〔註460〕《程傳》曰：

〔註456〕（唐）李鼎祚撰，李一忻點校《周易集解》，（北京：九州出版社，2003年3
月），頁244。

〔註457〕屈萬里：《讀易三種》（台北：聯經出版事業公司，1984年），頁111。

〔註458〕高亨：《周易古經今注》（台北：文笙書局，1981年3月），頁54～55。

〔註459〕（唐）李鼎祚撰，李一忻點校《周易集解》，（北京：九州出版社，2003年3
月），頁244。

〔註460〕（唐）李鼎祚撰，李一忻點校《周易集解》，（北京：九州出版社，2003年3
月），頁244。

「盛貌。」〔註461〕朱熹以爲「六五柔中之君，九四以剛近之，有僭逼之嫌，然以其處柔也，故有不極其盛之象，而得无咎」。黃師慶萱「匪」作「竹筐」，其云「筐裏的貢物很豐盛，不會有過錯的。」〔註462〕

《象傳》曰：「匪其彭，无咎，明辨晢也。」從「明辨晢」，要明白辨別清楚的意思看來，以「旁」義爲最佳，故從王、孔之說。〔註463〕

玉姍案：歷代學者對「彭」字解釋共有四種，陳惠玲分析詳細，故不再贅述。筆者以爲，「彭」字如何解，尚須與其他爻辭並看，才能看出彼此間的密切關係。大有卦象火在天上，一片光明，引申象徵人事之光明亨通，故本卦爻辭皆應環扣於「該如何維持人事的光明亨通」之主旨上；「九四：匪其彭，无咎」亦應如此，才不致突兀離題，故將「匪其彭」釋爲「晡其尪」或「盛其筐筥」似乎不妥，可以率先排除考慮。「匪」，非也。「非其彭」，王弼以爲九四爻「專心承五，常匪其旁，則无咎矣，旁謂三也。」孔穎達以爲「彭，旁也。謂九三在九四之旁。」較能扣緊爻辭之主旨。爻辭說明九四以陽爻居陰位，有失位之虞。九三在其旁亦無法相應，故曰「非其旁」。然若能專心應承九五，就能無咎。南、徐以爲「彭作同伴義」，乃從王、孔之說引伸而來。

今本「九四：匪其彭，无咎。」意思是：九四失位，又不能與身旁九三相應。但若能專心承五，就能沒有災咎。

帛書本「九四：匪其彭，无咎。」意思與今本同。

1. 上博《周易》：六五：𠄏孚洨女、慐女，吉。
2. 阜陽《周易》：六五：厥孚交如、威如，吉。
3. 帛書《周易》：六五：闕復交如、委如，終吉。
4. 今本《周易》：六五：厥孚交如、威如，吉。

【文字考釋】

阜陽本六五爻辭殘，據今本補。帛書本較他本多一「終」字。

（一）今本「厥孚交如」之「厥」，上博本作「𠄏」，帛書本作「闕」。

〔註461〕（宋）朱熹編著《周易本義》，（台南：龍巨書局，1984年9月），頁99
〔註462〕黃師慶萱：《周易讀本》（台北：三民書局，2001年3月），頁199。
〔註463〕陳惠玲：《《上海博物館藏戰國楚竹書（三）·周易》研究》（臺灣師範大學國文教學所碩論，2005年8月），頁161。

濮茅左認爲「㐀」是「厥」之古文：

> 「㐀」，《唐韻》：「㐀，厥古文。」《爾雅・釋言》：「厥，其也。」〔註
> 464〕

陳惠玲《《上海博物館藏戰國楚竹書（三）・周易》研究》：

> 惠玲案：楚簡本**ㄜ**字，今本作「厥」。……「久」上古音見紐之部，
> 「㐀」上古音見紐月部，之歌（月部陰聲）旁轉。《論語・述而》以
> 徙（歌部）韻改（之部）。故「久」、「㐀」二字音可相通。《說文》：
> 「㐀，木本。从氏，大於末。讀若厥。」……「㐀」、「厥」應是同
> 音假借關係，而非楚簡本原考者所云「㐀」爲「厥」之古文。《帛書・
> 甲二》：「又腁㐀湶」，讀爲「有淵厥（其）汨」。故簡文「**ㄜ**」字從
> 何琳儀、原考釋之說隸爲「㐀」，讀爲「厥」。〔註465〕

玉姍案：上博本**ㄜ**字，何琳儀以爲「商代文字以久爲㐀（典籍作厥）。久、
㐀均屬見紐，爲一字之分化。代詞㐀（厥）與其字音義均近，而其與久同屬
見紐之部，亦可資參證。」〔註466〕可從。「久」上古音見紐之部，「㐀」上古
音見紐月部，聲紐相同，之、月旁對轉，故可相通。

帛書本作「闕」，「闕」古音溪紐月部，「厥」古音見紐月部。兩字韻同，
見紐、溪紐可通，如帛書《老子》甲本德經：「其邦夬夬」，今本「夬夬」（見
紐月部）作「缺缺」（溪紐月部）。《論語・憲問》：「闕黨童子」，《漢語古今人
表》作「厥黨童子」。

（二）今本「厥孚交如」之「交」，上博本作「洨」。

濮茅左讀爲「皎」：

> 「洨」，《集韻》音「交」，讀爲「皎」。……「皎」，《廣雅》：「皎，
> 白也、明也。」《楚辭章句・九懷・危俊》「晞白日分皎」，光明而照
> 察。〔註467〕

〔註464〕馬承源主編：《上海博物館藏戰國楚竹書（三）》（上海：上海古籍出版社，2003
年12月），頁151。

〔註465〕陳惠玲：《《上海博物館藏戰國楚竹書（三）・周易》研究》（臺灣師範大學國
文教學所碩論，2005年8月），頁162。

〔註466〕何琳儀：《戰國古文字典》（北京：中華書局，1998年9月），頁29。

〔註467〕馬承源主編：《上海博物館藏戰國楚竹書（三）》（上海：上海古籍出版社，2003
年12月），頁151～152。

玉姍案：「洨」字從「交」得聲，可以通假。

（三）今本「威如」之「威」，上博本作「惪」。帛書本作「委」。

濮茅左以爲「惪」字讀爲「韙」或「威」、「委」：

> 「惪」，即「愇」字，通「韙」。《集韻》：「韙，通作愇。」《說文‧
> 是部》：「韙，是也。从是，韋聲。」明其是者，戒其非。或讀爲「威」、
> 「委」。〔註 468〕

陳惠玲《《上海博物館藏戰國楚竹書（三）‧周易》研究》：

> 惠玲案：「惪」，從心，韋聲，上古音喻三微部。今本作「威」上古
> 音影紐微部。「惪」、「威」聲紐同爲喉音，韻部相同，可通假。簡文
> 此處作「威望」之義，因此不宜讀爲「韙」。〔註 469〕

玉姍案：今本「威如」之「威」，上博本作「惪」，帛書本作「委」。「惪」，
從心，韋聲。「韋」上古音匣紐微部。「威」上古音影紐微部，聲紐同爲喉音，
韻部相同，可以通假。如《上博一‧孔子詩論》簡一七：「酒（將）仲之言，
不可不韋（匣紐微部）也。」《詩‧鄭風‧將仲子》：「父母之言，亦可畏（影
紐微部）也。」陳惠玲以爲此處作「威望」之義，因此不宜讀爲「韙」，可從。

帛書本作「委」上古音影紐微部，與今本「威」聲韻皆同，故可通假。

（三）帛書本較他本多一「終」字。

玉姍案：帛書本「六五：闚復交如、委如，終吉。」較其他版本多一「終」
字。張立文以爲「家人上九『有孚委（威）如，終吉』有『終』字，今從帛
書。」、〔註 470〕廖名春以爲「帛書《易經》本之『終』字當爲衍文，疑因家人
卦上九爻辭之『終吉』（帛書《易經》同）而誤增。」〔註 471〕但年代更早的上
博本亦無「終」字，故帛書本之「終」字可能爲衍文。

【爻辭釋讀】

〈象〉曰：

〔註 468〕馬承源主編：《上海博物館藏戰國楚竹書（三）》（上海：上海古籍出版社，2003
年 12 月），頁 152。

〔註 469〕陳惠玲：《《上海博物館藏戰國楚竹書（三）‧周易》研究》（臺灣師範大學國
文教學所碩論，2005 年 8 月），頁 163。

〔註 470〕張立文（張憲江）：《周易帛書今注今譯》（台北：臺灣學生書局，1991 年），
頁 599。

〔註 471〕廖名春：〈楚簡《周易》校釋記（一）〉，簡帛網站 2004 年 4 月 23 日。

「厥孚交如」，信以發志也。「威如」之吉，易而无備也。」（頁 46）

王弼《注》：

夫不私于物，物亦公焉。不疑于物，物亦誠焉。既公且信，何難何備？不言而教行，何爲而不威如？爲「大有」之主，而不以此道，吉可得乎？（頁 46）

孔穎達《正義》：

「厥」，其也。孚，信也。「交」謂交接也。「如」，語辭也。六五居尊以柔，處大以中，无私于物，上下應之，故其誠信，物來交接，故云「厥孚交如」也。「威如，吉」者，威，畏也。既誠且信，不言而教行，所爲之處，人皆畏敬，故云「威如」。以用此道，故得吉也。（頁 46）

朱熹《易本義》：

大有之世，柔順而中，以處尊位，虛己以應九二之賢，而上下歸之，是其孚信之交也。然君道貴剛，太柔則廢，當以威濟之，則吉。（頁 83）

于省吾《易經新證》：

威畏古通。孟鼎，畜奔走畏天畏，即畜奔走畏天威也。毛公鼎，叚天畏畏，即詩之旻天疾威也，威如應讀作畏如，大有六五以柔處尊，常存戒畏之心，故吉也。〔註 472〕

南懷瑾、徐芹庭《周易今註今譯》：

大有的第五爻（六五），它的信用交孚眾望猶如九五。它的威德也猶如九五。（頁 112）

陳惠玲《《上海博物館藏戰國楚竹書（三）·周易》研究》：

今本「交」、「威」二字，眾說紛紜，我們以較古的文獻，馬王堆漢墓帛書來作判斷。今本六五爻：「厥孚交如、威如，吉。」馬王堆漢墓帛書《二三子》對應作：「《卦》曰：『絞如委如，吉』孔子曰：『絞，日也；委，老也。老、日之行……故曰：吉』」。《二三子》引孔子云「絞，日也；委，老也」。……從帛書《二三子》「絞，日也」的解釋看，楚簡本的「洨」、王弼本的「交」以及《二三子》的「絞」，都應讀如「皎」。而「憝」、「委」都應讀如「威」。……《說文·女

〔註 472〕于省吾：《易經新證》（台北：藝文印書館，1975 年 9 月），頁 84。

部》:「威,姑也。从女,从戌。《漢律》曰:『婦告威姑。』」《廣雅·釋親》:「姑,謂之威。」此「威」是指丈夫的母親,故稱爲「老」。……,爻辭「厥孚交如,威如,吉」,是說其誠信像太陽一樣明亮,象父老一樣有威望,爲人所信服,就會吉利。〔註473〕

玉姍案:「孚」,信也。「交(洨)」,王弼以下學者多以爲「交接感通」之義,馬王堆帛書《二三子》引孔子云「絞,日也」,以爲「皎」之通假字。兩者於爻辭中雖皆可通,然馬王堆帛書去古未遠,故從之。「威」,陳惠玲引馬王堆漢墓帛書《二三子》簡文,以爲「威,老也……象父老一樣有威望」,筆者以爲「威」直接釋爲威儀、威望即可,學者或以爲「畏也」,其實乃一體二面,上者有威儀,下者自然畏懼信服也。今本「吉」,帛書本作「終吉」,而上博本、王弼本、帛書《二三子》引皆作「吉」。筆者以爲帛書本之「終」當爲衍文,但於文義並無太大出入。

今本作「六五:厥孚交如、威如,吉。」意思是:六五以柔處中,象徵其誠信是光明、有威望的,因此是吉利的。

上博本作「六五:甼孚洨女、悳女,吉。」其義與今本同。

帛書本作「六五:闕復交如、委如,終吉。」意思是:六五以柔處中,象徵其誠信是光明、有威望的,因此終能得吉。

1. 上博《周易》:上九:自天右之,吉,亡不利。
2. 阜陽《周易》:上九:自天祐之,吉,无不利。
3. 帛書《周易》:尚九:自天右之,吉,无不利。
4. 今本《周易》:上九:自天祐之,吉,无不利。

【文字考釋】

阜陽本上九爻辭殘,據今本補。

(一)今本「自天祐之」之「祐」,上博本、帛書本作「右」。

玉姍案:《說文》:「右,助也。」《正韻》:「右與祐、佑通。」「祐」從「右」得聲,故「祐」、「右」可通。《漢書·韋玄成傳》:「右饗皇帝之孝。」顏注:「右讀爲祐。」

【爻辭釋讀】

〈象〉曰：

> 大有上吉，自天祐也。（頁46）

王弼《注》：

> 「大有」，豐富之世也。處「大有」之上而不累于位，志尚乎賢者也。
> 餘爻皆乘剛，而己獨乘柔順也。五爲信德，而己履焉，履信之謂也。
> 雖不能體柔，而以剛乘柔，思順之義也。（頁46）

孔穎達《正義》：

> 上九而得吉者，以有三德，從天已下，悉皆祐之，故云「自天祐之」。
> 「不累于位，志尚乎賢」者，既居豐富之時，應須以富有爲累也。
> 既居无位之地，不以富有縈心，是不繫累于位。既能清靜高潔，是
> 慕尚賢人行也。「爻有三德」者，「五爲信德，而己履焉，履信之謂」
> 是一也。「以剛乘柔，思順之義」，是二也。「不以物累于心，高尚其
> 志，尚賢者」，是三也。「爻有三德，盡夫助道」者，天尚祐之，則
> 无物不祐，故云「盡夫助道」也。（頁46）

朱熹《易本義》：

> 大有之世，以剛居上，而能下從六五，是能履信思順而尚賢也，滿
> 而不溢，故其占如此。（頁83）

南懷瑾、徐芹庭《周易今註今譯》：

> 大有第六爻（上九）的象徵。有獲得自上天的護祐，當然大吉，沒
> 有什麼不利的。（頁113）

　　玉姍案：上九居大有卦之極，象徵得天之佑而所得豐富，因此能夠得吉
而無有不利。〈繫辭上・十二章〉：「子曰：『祐者助也，天之所助者順也。人
之所助者信也。履信，思乎順，又以尚賢也。是以自天祐之，吉，无不利也。』」
（頁157）以爲人若能履守誠信、順乎大道而崇尚賢人，上天就會祐助他，沒
有不吉利的事了。王弼、孔穎達以下學者多由此立說，此亦從之。

　　今本「上九：自天祐之，吉，无不利。」意思是：上九居大有卦之極，
象徵能得到來自上天的護祐，這是吉祥的，沒有什麼不利。

　　上博本作「上九：自天右之，吉，亡不利。」帛書本作「尙九：自天右
之，吉，无不利。」其義均與今本同。

第十五節　謙　卦

一、卦名釋義

　　《說文》：「謙，敬也。」（頁 94）「謙」有恭敬謙遜之義也。朱熹《周易本義》：「以卑蘊高，謙之象也。君子以裒多益寡，所以稱物之宜而平其施。損高增卑以趣於平，亦謙之意也。」（頁 83～84）故可知謙卦之「謙」即取其恭敬謙遜之義。

　　〈序卦〉曰：「有大者不可以盈，故受之以謙。」（頁 187）《周易集解》引崔覲曰：「富貴而自遺其咎，故有大者不可盈。當須謙退，天之道也。」（頁 187）玉姍案：人所持有者愈大，則愈須謙遜，故謙卦在大有卦之後。

　　謙卦，今本卦畫作「䷠」，上坤地，下艮山。〈象〉曰：「地中有山，謙。君子以裒多益寡，稱物平施」。（頁 47）玉姍案：卦象高山能容於地之下，因此有謙卑之義。君子觀之而體悟自始至終都應保持謙卑的道理。南懷瑾、徐芹庭以爲：「《周易》所述六十四卦，吉凶都互有消長，從無全凶或全吉的卦象。比較起來，惟有謙卦，纔是六爻皆吉的卦。由此可見古聖先賢們強調謙德的重要，同時亦可瞭解謙的爲用，的確无所不利。」（頁 119）謙卦六爻皆爲吉卦，可見「謙」的確爲古聖先賢所推崇之德行。

二、卦爻辭考釋

（一）卦辭考釋

1. 上博《周易》：𡉚：鄉。君子又悆。

2. 阜陽《周易》：【缺簡】

3. 帛書《周易》：嗛：亨。君子有終。

4. 今本《周易》：謙：亨。君子有終。

【文字考釋】

　　帛書本卦辭殘，據今本補。

（一）今本「謙」，上博本作「𡉚」，帛書本作「嗛」。

　　濮茅左以爲：

　　　　「𡉚」，《說文》所無，讀爲「謙」，同「嗛」。《說文・言部》：「謙，

敬也。从言，兼聲。」徐鍇曰：「謙猶嗛也，或从口。」〔註 474〕

陳惠玲《《上海博物館藏戰國楚竹書（三）・周易》研究》：

惠玲案：「」字，上作「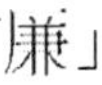」，爲「廉」字可從。「厂」與「广」何琳儀以爲乃一字之分化。〔註 475〕……楚簡本「壓」字亦從「兼」聲，「謙」、「壓」二字可通假。〔註 476〕

玉姍案：今本「謙」，上博本作「壓」，帛書本作「嗛」。「壓」從「兼」得聲，「謙」、「嗛」亦從「兼」得聲，故可相通假。如《漢書・司馬相如傳下》：「陛下嗛讓而弗發也。」顏師古注：「嗛，古謙字。」

（二）帛書本、今本作「君子有終」之「終」，上博本作「冬」。

玉姍案：帛書本、今本作「君子有終」之「終」，上博本作「冬」。「終」與「冬」皆從「冬」得聲，故可相通假。

【卦辭釋讀】

〈彖〉曰：

謙，亨。天道下濟而光明，地道卑而上行。天道虧盈而益謙，地道變盈而流謙，鬼神害盈而福謙，人道惡盈而好謙。謙尊而光，卑而不可踰，君子之終也。（頁 47）

〈象〉曰：

地中有山，謙。君子以裒多益寡，稱物平施。（頁 47）

孔穎達《正義》：

「謙」者，屈躬下物，先人後己，以此待物，則所在皆通，故曰「亨」也。小人行謙則不能長久，唯「君子有終」也。（頁 47）

朱熹《易本義》：

謙者，有而不居之義。止乎內而順乎外，謙之意也。山至高而地至卑，乃屈而止於其下，謙之象也。占者如是，則亨通而有終矣。有終，謂先屈而後伸也。（頁 84）

南懷瑾、徐芹庭《周易今註今譯》：

〔註 474〕馬承源主編：《上海博物館藏戰國楚竹書（三）》（上海：上海古籍出版社，2003 年 12 月），頁 153。

〔註 475〕何琳儀：《戰國古文字典》（北京：中華書局，1998 年 9 月），頁 976。

〔註 476〕陳惠玲：《《上海博物館藏戰國楚竹書（三）・周易》研究》（臺灣師範大學國文教學所碩論，2005 年 8 月），頁 171。

謙卦，具有亨通的德性。它象徵君子謙讓以自處的德性，必有善終。
（頁 113）

陳惠玲《《上海博物館藏戰國楚竹書（三）‧周易》研究》：

馬王堆帛書〈繆和〉對此句有一段孔子的解釋：「子曰：嗛者，溓（謙）
然不足也。亨者，嘉好之會也。夫君人者以德下亓人，人以死力報
之，亓亨也，不亦宜乎？子曰：天道毀（虧）盈而益嗛，地道銷盈
而流嗛，鬼神害盈而福嗛，人道亞（惡）盈而好溓（謙）。溓（謙）
者，一物而四益者也。盈者，一物而四損者也。故耴（聖）君以爲
豊者，是以盛盈使祭服忽，屋成加昔（拙），宮成朸隅。溓（謙）之
爲道也，君子貴之。故曰：溓（謙），亨，君子又冬（終）。」〔註477〕
孔子論謙，其云「謙者，一物而四益者也」、「溓（謙）之爲道也，
君子貴之」，可知謙之道爲君子所崇，爲君子德性、行事之準則，《荀
子‧仲尼》：「信而不忘處謙。」故本文從孔穎達之說「君子有終」
作「君子自始至終都能保持謙卑」。〔註478〕

玉姍案：卦辭「謙：亨。君子有終。」〈象〉、孔穎達皆以爲謙有尊德，
君子自始至終都能保持謙遜態度，因而能得亨通，後世學者多由此闡發，此
亦從之。南、徐以爲「終」爲「善終」，較不切卦旨，故不採用。

今本「謙：亨。君子有終。」意思是：謙卦具有亨通的德性。君子自始
至終都能保持謙卑以待人處事。

上博本作「尐：鄉。君子又念。」帛書本作「謙：亨。君子有終。」其
義與今本同。

（二）卦辭考釋

1. 上博《周易》：初六：尐君子，甬涉大川，吉。

2. 阜陽《周易》：【缺簡】

3. 帛書《周易》：初六：嗛嗛君子，用涉大川，吉。

4. 今本《周易》：初六：謙謙君子，用涉大川，吉。

〔註477〕鄧球柏：《帛書周易校釋（增訂本）》（長沙：湖南出版社，1996 年 8 月），頁
512。

〔註478〕陳惠玲：《《上海博物館藏戰國楚竹書（三）‧周易》研究》（臺灣師範大學國
文教學所碩論，2005 年 8 月），頁 173。

【文字考釋】

（一）今本「謙謙君子」，上博本作「𡧇君子」帛書本作「嗛嗛君子」。

　　　玉姍案：今本、帛書《周易》、帛書〈繆和〉、〈小象傳〉皆作「謙謙」，唯有上博本作「𡧇」，廖名春以爲「楚簡當脫一『謙』字。當是『𡧇』下脫一重文符號所致。」〔註479〕廖說可從。

（二）帛書本、今本「用涉大川」之「用」，上博本作「甬」。

　　　玉姍案：「甬」，《說文》：「从㢍，用聲。」「甬」從「用」得聲，二字可通。如郭店楚簡《老子》簡三七：「溺（弱）也者，道之甬也。」王弼本「甬」作「用」。

【爻辭釋讀】

〈象〉曰：

　　「謙謙君子」，卑以自牧也。（頁48）

《周易集解》引荀爽云：

　　初最在下爲「謙」，二陰承陽亦爲「謙」，故曰「謙謙」也。二陰一陽相與成體，故曰「君子」也。九三體坎，故「用涉大川吉」也。（頁197）

王弼《注》：

　　處謙之下，謙之謙者也。能體「謙謙」，其唯君子。用涉大難，物无害也。（頁47）

孔穎達《正義》：

　　「謙謙君子」者，能體謙謙，唯君子者能之。以此涉難，其吉宜也。「用涉大川」，假象言也。（頁47）

朱熹《易本義》：

　　以柔處下，謙之至也，君子之行也。以此涉難，何往不濟，故占者如是，則利以涉川也。（頁84）

南懷瑾、徐芹庭《周易今註今譯》：

　　謙卦的第一爻（初六），象徵謙謙有禮的君子。他用謙德而度過巨大的川流。是吉的。（頁115）

〔註479〕廖名春：〈楚簡《周易》校釋記（一）〉，簡帛網站2004年4月23日。

陳惠玲《《上海博物館藏戰國楚竹書（三）‧周易》研究》：

馬王堆漢墓帛書〈繆和〉對此段有敘述：

莊但問於先生曰：……今《易‧溓（謙）之初六》亓辭曰：「嗛嗛（謙謙）君子，用涉大川，吉。」將何以此論也？子曰：「夫務尊顯者，亓心又不足者也。君子不然。畛焉不自明也，耴（聖）也不自尊，□□世□。《嗛》之初六，《嗛》之明夷也。耴（聖）人不敢又立也，以又知爲无知也，以又能爲无能也，以又見爲无見也。動焉无取謚（盈）也，以使亓下，所以治人請。牧，群臣之僞也。□君子者，天□□□然以不□□于天下，故奢多廣大，旌樂之鄉不敢渝亓身焉。是以而下驪然歸之而弗猷也。「用涉大川，吉」者，夫《明夷》，《離》下而《川（坤）》上。川（坤）者，順也。君子之所以折亓身者，明察所以 用晦 ，是以能既致天下之人而又之。且夫《川（坤）》者，下之爲也。故曰：『用涉大川，吉。』」子曰：「能下人若此，亓吉也，不亦宜乎？舜取天下也，當此卦也。」子曰：「芯明叡知守以愚，博聞強識守以淺，尊祿貴官守以卑。若此，故能君人。非舜亓孰能當之？」〔註480〕

這段話說明孔子認爲能當君人者，是聰明睿智而能守以愚、博聞強識而能守以淺、尊祿貴官而能守以卑的人。「聖人不敢又立也，以又知爲無知也，以又能爲無能也，以又見爲無見也」，和《論語‧泰伯》：「曾子曰「以能問于不能，以多問于寡，有若無，實若虛，犯而不校，昔者吾友，嘗從事于斯矣」。」意思相近。能謙而下人爲君子之德，初六爻，柔又居下，故「謙謙君子」指謙卑自牧的君子。〔註481〕

　　玉姍案：「謙謙」，當指君子謙卑自牧也。「涉川」，涉難，如涉大川。初六以陰爻處於陽位，又爲謙卦之初，象君子懷柔處於下位，因能以謙卑恭謹的態度自守，即使涉難，終能有驚無險而得吉。

　　今本「初六：謙謙君子，用涉大川，吉。」意思是：初六以柔爻居下，象徵謙卑自牧的君子，能因謙德而渡過大川般的艱險，這是吉的。

<hr />

〔註480〕鄧球柏：《帛書周易校釋（增訂本）》（長沙：湖南出版社，1996年8月），頁510。

〔註481〕陳惠玲：《《上海博物館藏戰國楚竹書（三）‧周易》研究》（臺灣師範大學國文教學所碩論，2005年8月），頁174。

上博本作「初六：嗶君子，甬涉大川，吉。」帛書本作「初六：嗛嗛君子，用涉大川，吉。」其義與今本同。

1. 上博《周易》：六二：鳴嗶，貞吉。
2. 阜陽《周易》：【缺簡】
3. 帛書《周易》：六二：鳴謙，貞吉。
4. 今本《周易》：六二：鳴謙，貞吉。

【文字考釋】

上博本六二爻辭殘，據今本補。

【爻辭釋讀】

〈象〉曰：

「鳴謙貞吉」，中心得也。（頁48）

王弼《注》：

鳴者，聲名聞之謂也。得位居中，謙而正焉。（頁48）

孔穎達《正義》：

「鳴謙」者，謂聲名也。處正得中，行謙廣遠，故曰「鳴謙」，正而得吉也。（頁48）

朱熹《易本義》：

柔順中正，以謙有聞，正而且吉者也。故其占如此。（頁84）

南懷瑾、徐芹庭《周易今註今譯》：

謙卦第二爻（六二）的象徵，有因謙而得到同聲相應而共鳴的現象。能夠貞正自守，便是吉的。（頁116）

陳惠玲《《上海博物館藏戰國楚竹書（三）・周易》研究》：

六二爻和上六爻同作「鳴謙」，從上六爻辭觀之，「因謙卑而有名聲，此時利於行師用兵，征討不服的邑國。」上六爻聲名已備，足以服眾。六二爻與上六爻同，但六二爻強調「因謙而有名聲」，鳴，謂發聲而聞遠。〔註482〕

玉姍案：《說文》：「鳴，鳥聲也。」段《注》：「引申凡出聲皆曰鳴。」（頁

〔註482〕陳惠玲：《《上海博物館藏戰國楚竹書（三）・周易》研究》（臺灣師範大學國文教學所碩論，2005年8月），頁177。

158）王弼《注》：「鳴者，聲名聞之謂也。」此從之。六二以陰爻居柔位，象徵君子居正得中，行謙而聲名廣遠，故曰「鳴謙」，此乃貞正而能得吉也。

今本「六二：鳴謙，貞吉。」意思是：六二得位居中，象因謙卑而名聲初起，能貞正自守，這是吉象。

上博本作「六二：鳴㯟，貞吉。」帛書本作「六二：鳴謙，貞吉。」其義與今本同。

1. 上博《周易》：九三：勞謙君子，有終吉。
2. 阜陽《周易》：【缺簡】
3. 帛書《周易》：九三：勞嗛君子，有終吉。
4. 今本《周易》：九三：勞謙君子，有終吉。

【文字考釋】

上博本九三爻辭殘，據今本補。

【爻辭釋讀】

〈象〉曰：

「勞謙君子」，萬民服也。（頁48）

《周易集解》引荀爽云：

體坎為勞，終下二陰，「君子有終」，故吉也。（頁198）

王弼《注》：

居謙之世，何可安尊？上承下接，勞謙匪解，是以吉也。（頁48）

孔穎達《正義》：

「勞謙君子」者，處下體之極，履得其位，上下无陽以分其民，上承下接，勞倦于謙也。唯君子能終而得吉也。（頁48）

朱熹《易本義》：

卦唯一陽，居下之上，剛而得正。上下所歸，有功勞而能謙，尤人所難，故有終而吉。占者如是，則如其應矣。（頁85）

高亨《周易古經今注》：

有功勞而不自伐，是為勞謙。《論語・公冶長篇》顏淵曰：「願無伐善，無施勞。」無施勞即勞謙之意。勞謙者有其功，老子曰：「不自

伐，故有功。」即此意也。〔註483〕

南懷瑾、徐芹庭《周易今註今譯》：

> 謙卦的第三爻（九三），象徵勤勞辛苦而又謙虛的君子。它的結果，
> 終歸是吉的。〔註484〕

　　玉姍案：九三爻目前可見二種斷句方式，一為「勞謙君子，有終吉。」
如〈象〉、孔穎達、南懷瑾、徐芹庭；二為「勞謙，君子有終，吉。」如高亨、
屈萬里。〔註485〕二種斷句皆可通讀，但以〈象〉年代較早，故從之。「勞謙」
之「勞」，朱熹、高亨以為「功勞」；孔穎達、南、徐以為「勤勞」。二說雖皆
可通，然九三為謙卦下卦之終，陽爻得位，眾陰所歸，卻上下無陽爻以分勞，
故「勤勞」似乎比「功勞」義略加。指雖無以分勞，卻能勤勞不懈，又能謙
遜，保持至終而得吉，故曰「勞謙君子，有終吉」。

　　今本「九三：勞謙君子，有終吉。」意思是：九三象徵勤勞又謙遜的君
子，能保持至終而得吉。

　　帛書本作「九三：勞嗛君子，有終吉。」其義與今本同。

1. 上博《周易》：六四：亡不称，藡𡣿。

2. 阜陽《周易》：【缺簡】

3. 帛書《周易》：六四：无不利，譌謙。

4. 今本《周易》：六四：无不利，撝謙。

【文字考釋】

（一）今本「撝謙」之「撝」，上博本作「藡」，帛書本「譌」。

　　濮茅左以為「藡」讀為「撝」：

> 「藡」，从艸，貨聲，讀為「撝」、「化」，音通，如「貨」古文作「賹」。
> 《漢上易傳》引子夏曰：「撝謙，化謙也，言上下化其謙也。」引京
> 房曰：「上下皆通曰撝謙是也。」指撝之間皆用謙之道，而無有不利。
> 〈象〉曰：「『无不利，撝謙』，不違則也。」〔註486〕

〔註483〕高亨：《周易古經今注》（台北：文笙書局，1981年3月），頁57。

〔註484〕南懷瑾、徐芹庭註譯：《周易今註今譯》（台北：臺灣商務印書館，2004年5月），頁117。

〔註485〕屈萬里：《讀易三種》（台北：聯經出版事業公司，1984年），頁117。

〔註486〕馬承源主編：《上海博物館藏戰國楚竹書（三）》（上海：上海古籍出版社，2003年12月），頁154。

　　玉姍案：「蔿」（從艸、貨聲）上古音曉紐歌部，今本作「撝」上古音曉紐歌部，聲韻畢同可通假。《說文》：「賹，資也。从貝爲聲，或曰此古貨字，讀若貴。」段注曰：「爲、化二聲同在十七部，貨古作賹，猶訛、譌通用耳。」（頁 282）又帛書老子甲本「是以聖人欲不欲，而不貴難得之吡」，乙本及今本作「不貴難得之貨」。故上博本作「蔿」與今本「撝」可以通假。

　　帛書本「譌」與今本「撝」同以「爲」爲聲符，故可以通假。

【爻辭釋讀】

〈象〉曰：

　　「无不利，撝謙」，不違則也。（頁 48）

王弼《注》：

　　處三之上，而用謙焉，則是自上下下之義也。承五而用謙順，則是上行之道也。盡乎奉上下下之道，故「无不利」。「指撝」皆謙，不違則也。（頁 48）

孔穎達《正義》：

　　「无不利」者，處三之上而用謙焉，則是自上下下之義。承五而用謙順，則是上行之道。盡乎奉上下下之道，故无所不利也。（頁 48）

朱熹《易本義》：

　　柔而得正，上而能下，其占无不利矣。然居九三之上，故戒以更當發揮其謙，以示不敢自安之意也。（頁 85）

南懷瑾、徐芹庭《周易今註今譯》：

　　謙卦的第四爻（六四），象徵無所不利。因爲它自身謙退，但有揮揚上舉的現象。（頁 117）

　　玉姍案：六四以柔居陰，得位處正，下領九三，上承六五，皆以謙道行之，故能無所不利。「撝謙」之「撝」，荀爽、王弼、孔穎達皆以爲「領導、指揮」也。朱熹以爲作「發揮」義，高亨以爲「撝謙即爲謙。有施於人，而無居德之心，伐德之言，是爲撝謙。」〔註487〕南、徐以爲「撝」作「揮揚上舉也」。筆者以爲由於六四介於九三與六五之間，牽涉到率領下屬與秉承上命的雙重身份，故「撝」從荀爽、王弼、孔穎達作「領導、指揮」較佳。

　　今本「六四：无不利，撝謙。」意思是：六四象徵無往而不利，秉承上

〔註487〕高亨：《周易古經今注》（台北：文笙書局，1981 年 3 月），頁 57～58。

命、指揮下屬，均能謙遜。

上博本作「六四：亡不利，舊塵。」帛書本作「六四：无不利，譌謙。」其義均與今本同。

1. 上博《周易》：六五：不賱吕亓苍。利用戝伐，亡不利。
2. 阜陽《周易》：【缺簡】
3. 帛書《周易》：六五：不富以亓鄰。利用侵伐，无不利。
4. 今本《周易》：六五：不富以其鄰，利用侵伐，无不利。

【文字考釋】

帛書本九五爻辭殘，據今本補。

（一）今本「不富以其鄰」之「富」，上博本作「賱」。

玉姍案：今本小畜九五爻辭「富以其鄰」，泰卦六四爻辭「不富以其鄰」，上博本皆缺簡。「賱」，從貝，畐聲。「富」，從宀，畐聲，二字可通假。濮茅左以爲「賱，疑『富』或體。」〔註488〕陳惠玲以爲「『畐』本義作『盛酒器』，〔註489〕『滿』應是引伸義。故『賱』爲從貝，畐聲的形聲字，與『富』字聲韻畢同，相通假。『賱』非原考釋以爲是『富』字或體。」，〔註490〕陳說可從。

（二）今本「不富以其鄰」之「鄰」，上博本作「苍」。

濮茅左逕讀爲「鄰」：

「苍」，讀爲「鄰」：厸，《玉篇》：「古鄰字，近也，親也，五家也。」
《古文四聲韻》引《古尚書》「鄰」作此形。〔註491〕

陳惠玲《《上海博物館藏戰國楚竹書（三）・周易》研究》：

惠玲案：「厸」，甲骨文作「□□」（《類》2183），何琳儀以爲會二城
相鄰之意，鄰之初文，〔註492〕和《汗簡》「鄰」字作「○○」吻合。
《漢書・敘傳上・幽通賦》：「東厸虐而殲仁兮。」文選作「鄰」。「苍」

〔註488〕馬承源主編：《上海博物館藏戰國楚竹書（三）》（上海：上海古籍出版社，2003
年12月），頁154。
〔註489〕季師旭昇：《說文新證・上》（台北：藝文印書館，2002年10月），頁459。
〔註490〕陳惠玲：《《上海博物館藏戰國楚竹書（三）・周易》研究》（臺灣師範大學國
文教學所碩論，2005年8月），頁180。
〔註491〕馬承源主編：《上海博物館藏戰國楚竹書（三）》（上海：上海古籍出版社，2003
年12月），頁154。
〔註492〕何琳儀：《戰國古文字典》（北京：中華書局，1998年9月），頁1149。

與「鄰」二字同。「吝」上古音來紐文部,「鄰」上古音來紐眞部,二字聲紐同,韻爲旁轉。〔註493〕

玉姍案:「蓉」,從厽(厽亦聲)、吝聲。「吝」上古音來紐文部,「厽(鄰)」上古音來紐眞部,二字聲紐同,眞、文旁轉,可以通假。

(三) 今本「利用侵伐」之「侵」,上博本作「戠」。

濮茅左以爲「戠」從戈、侵省聲,疑爲「侵伐」之「侵」本字:

「戠」,從戈、侵省聲,《說文》所無,《包山楚簡》、《江陵望沙塚楚墓》簡數見,疑爲「侵伐」之「侵」本字,從「戈」當爲干戈動武之意。〔註494〕

季師旭昇《說文新證·侵》談到:

「㥧」字當即「侵」字之初文,字從又從帚,會「侵犯虜掠」之意──甲骨文從「帚」之字常與軍事戰爭有關,如「歸」字從「𠂤」本與軍旅有關,從「帚」亦與戰爭有關,在戰爭中以軍隊掃除敵人乃歸,可能是「歸」的本義(參「歸」字條。葉玉森《殷契枝譚》10葉有類似的意見)。〔註495〕

玉姍案:上博本「戠」字隸定作「戠」,楚系文字「侵」作戠(《包》2.273)、戠(《包》2.269)、戠(《帛書丙》11),與上博本「戠」字構形相同。「戠」爲「侵」之異體字,本義爲「掠奪侵佔」。

【爻辭釋讀】

〈象〉曰:

「利用侵伐」,征不服也。(頁48)

王弼《注》:

居于尊位,用謙與順,故能不富而用其鄰也。以謙順而侵伐,所伐皆驕逆也。(頁48)

孔穎達《正義》:

〔註493〕陳惠玲:《《上海博物館藏戰國楚竹書(三)·周易》研究》(臺灣師範大學國文教學所碩論,2005年8月),頁181。

〔註494〕馬承源主編:《上海博物館藏戰國楚竹書(三)》(上海:上海古籍出版社,2003年12月),頁154。

〔註495〕季師旭昇《說文新證·下》,(台北:藝文印書館,2004年11月),頁6。

「不富以其鄰」者，以，用也。凡人必將財物周贍鄰里，乃能用之。
六五居于尊位，用謙與順，鄰自歸之，故不待豐富能用其鄰也。「利
用侵伐，无不利」者，居謙履順，必不濫罰无罪。若有驕逆不服，
則須伐之，以謙得眾，故「利用侵伐，无不利」者也。（頁48）

朱熹《易本義》：

以柔居尊，在上而能謙者也，故爲不富而能以其鄰之象，蓋從之者
眾矣。猶有未者，則利以征之，而於他事亦无不利。（頁86）

南懷瑾、徐芹庭《周易今註今譯》：

謙卦的第五爻（六五），象徵並不富有。但受鄰居的影響，可以利於
用兵侵伐，也並沒有什麼不利的。（頁118）

玉姍案：六五居于尊位而能行謙順之德，鄰人友好而來親附，故不必以
財物周贍鄰里，就能用之。「利用」，鄰人爲其所用；「侵伐」，以謙順爲出發
點，侵伐驕逆者，故能「无不利」。南、徐「侵伐」之說與謙道較無涉，故從
王弼、孔穎達之說。

今本「六五：不富以其鄰。利用侵伐，无不利。」意思是：六五象居於
尊位而能謙順，因此雖然不以財物討好其鄰邦，但是鄰邦都能誠心歸從，爲
六五所用。以謙順征討不服從的驕逆者，也能無往不利。

上博本作「六五：不賵呂丌㵼。利用㦇伐，亡不㑥。」帛書本作「六五：
不富以亓鄰。利用侵伐，无不利。」其義均與今本同。

1. 上博《周易》：上六：鳴塵。可用行帀，征邦。

2. 阜陽《周易》：【缺簡】

3. 帛書《周易》：尚六：鳴謙。利用行師，征邑國。

4. 今本《周易》：上六：鳴謙。利用行師，征邑國。

【文字考釋】

阜陽本、帛書本上六爻辭殘，據今本補。

（一）今本「利用行師」之「利用」，上博本作「可用」。

陳惠玲《〈上海博物館藏戰國楚竹書（三）・周易〉研究》：

楚簡本、《象傳》皆作「可用行師」，比「利用行師」較合於「謙」
德，爲可用行師，但未必一定需行師用兵，……本文以爲楚簡本、《象
傳》作「可用行帀」，今本卻作「利用行師」，傳本不同，或許是時

代、思想、社會變遷之故。〔註496〕

玉姍案：今本作「利用行師」，上博本作「可用行帀」。〈象〉：「鳴謙，志未得也。可用行師，征邑國也。」孔穎達疏：「《經》言『利用』，〈象〉改『利』為『可』者，言內志雖未得，猶可在外興行軍師征邑國也。」（頁 48）〈象〉與阮元謙卦之《校勘記》，《石經》、《岳本》、《閩本》、《監本》、《毛本》均作「可用行師」，與上博本比對之下，更可見〈象〉等傳世資料的可信度。今本可能為傳抄之訛，或如陳惠玲所提出之「傳本不同，或許是時代、思想、社會變遷之故。」

（二）今本「征邑國」，上博本作「征邦」。

廖名春以為當從上博本作「征邦」：

> 王弼本的「征邑國」，楚簡本作「征邦」。《經典釋文》：「征國，本或作『征邑國』者，非。」……帛書〈繆和〉引正作「征國」。從帛書〈繆和〉引及陸德明《經典釋文》本來看，楚簡本作「征邦」是有來源的。漢人避漢高祖劉邦諱改「邦」為「國」。而「邑」疑從「邦」字「邑」旁來。原本當從楚簡本作「征邦」。〔註497〕

陳惠玲《《上海博物館藏戰國楚竹書（三）‧周易》研究》：

> 《王力古漢語字典》云：「『國』最初指諸侯在所分封的土地上築起的都城，『邦』則指諸侯以『國』為中心的整個封地。後來『國』的詞義展，統稱所領轄的土地，於是與『邦』的意義相當。戰國以後，分封制瓦解，後起的『國』逐漸取代了傳統的『邦』，並且產生了『國家』這個雙音詞，『邦』的國家義就很少使用了。」〔註498〕「邦」改為「國」字，除廖名春以為因劉邦諱的原因之外，亦有分封制度瓦解，社會結構的因素。從「邦」字，我們可以了解楚簡本可能比今本較古。〔註499〕

玉姍案：今本「征邑國」，上博本作「征邦」；今傳本《詩‧國風》於《上

〔註496〕陳惠玲：《《上海博物館藏戰國楚竹書（三）‧周易》研究》（臺灣師範大學國文教學所碩論，2005 年 8 月），頁 186。
〔註497〕廖名春：〈楚簡《周易》校釋記（一）〉，簡帛網站 2004 年 4 月 23 日。
〔註498〕王力《王力古漢語字典》，（北京：中華書局，2000 年 11 月二刷），頁 1465。
〔註499〕陳惠玲：《《上海博物館藏戰國楚竹書（三）‧周易》研究》（臺灣師範大學國文教學所碩論，2005 年 8 月），頁 187。

博（一）・孔子詩論》中皆作「邦風」，亦反映此現象。廖名春以爲因避劉邦諱，陳惠玲以爲亦有分封制度瓦解，社會結構的因素，皆可從。廖名春以爲今本「征邑國」多一「邑」字，爲「邦」之「邑」旁而來，審其字形，可從。

【爻辭釋讀】

〈象〉曰：

> 「鳴謙」，志未得也。可用行師，「征邑國」也。（頁 48）

王弼《注》：

> 最處于外，不與内政，故有名而已，志功未得也。處外而履謙順，可以邑一國而已。（頁 48）

孔穎達《正義》：

> 上六最處于外，不與内政，不能于實事而謙，但有虛名聲聞之謙，故云「鳴謙」。志欲立功，未能遂事，其志未得。既在外而行謙順，唯利用行師征伐外旁國邑而已，不能立功在内也。（頁 48）

朱熹《易本義》：

> 謙極有聞，人之所與，故可用行師。然以質柔而无位，故可以征己之邑國而已。（頁 86）

南懷瑾、徐芹庭《周易今註今譯》：

> 謙卦的第六爻，象徵謙和的共鳴。利於用兵行師，征討不服的邑國。（頁 119）

陳惠玲《《上海博物館藏戰國楚竹書（三）・周易》研究》：

> 王弼、孔穎達以爲上六只有虛名聲聞，利於行師征外旁國邑，而不能在國内立功。無謙德，其說不妥。朱熹作「謙極有聞」，故眾所從，而能行師，但質柔無位，只能征己之邑國而已。黃師慶萱作「有最謙虛的名聲。」南懷瑾、徐芹庭作「謙和的共鳴。」以朱熹之説，較切合爻義。〔註500〕

　　玉姍案：「鳴謙」亦見本卦六二爻辭，象徵君子能行謙而聲名廣遠，故曰「鳴謙」。朱熹作「謙極有聞，故眾所從」，與其他家說法相較下，可與六二爻辭前後呼應，此從之。今本「利用行師」，表示「可以利用謙極有聞，故眾

〔註500〕陳惠玲：《《上海博物館藏戰國楚竹書（三）・周易》研究》（臺灣師範大學國文教學所碩論，2005 年 8 月），頁 188。

所從」以行師；上博本作「可用行市」，表示「可以用而未必要使用，對於行師之事，尚須仔細考量」。因為上六以柔爻居謙卦之極，質柔而无位，僅可以征己之邑國而已。

今本「上六：鳴謙。利用行師，征邑國。」意思是：上六居於謙卦之極，因謙卑而名聲至極，此時利於行師用兵、征討邦國。

上博本作「上六：鳴謙。可用行市，征邦。」意思是：上六居於謙卦之極，因謙卑而名聲至極，此時可以考慮是否該行師用兵、征討鄰邦。

第十六節　豫　卦

一、卦名釋義

《說文》：「豫，象之大者。」（頁464）《詩·小雅·白駒》：「爾公爾侯，逸豫無期。」《爾雅》：「豫，樂也。」「豫」作「安樂」為假借義，本卦「豫」字，即作「安樂」、「喜悅」之義。

〈序卦〉曰：「有大而能謙必豫，故受之以豫。」（頁187）《周易集解》引鄭玄：「言國既大而能謙，則于政事恬豫。『雷出地奮，豫』，豫行出而喜樂之意。」（頁200）玉姍案：國家盛大而能行謙，則政事自能恬豫無勞，故豫卦在謙卦之後。

豫卦，今本卦畫作「䷏」，卦象上震雷，下坤地，〈象〉曰：「雷出地奮，豫。先王以作樂崇德，殷薦之上帝，以配祖考。」（頁49）孔穎達《正義》：「雷是陽氣之聲，奮是震動之狀，雷既出地，震動萬物，被陽氣而生，各皆逸豫。」玉姍案：豫之卦象上震下坤，象徵雷既出地，震動萬物。君子觀之而領悟萬物被陽氣而生，有喜悅安豫之象。當作樂崇德，配合此象，以祭祀上帝、祖先。

二、卦爻辭考釋

（一）卦辭考釋

1. 上博《周易》：余：利建厇行自。

2. 阜陽《周易》：豫：利建侯行師。

3. 帛書《周易》：餘：利建矦行師。

4. 今本《周易》：豫：利建侯行師。

【文字考釋】

阜陽本卦辭殘，據今本補。

（一）今本「豫」，上博本作「𫤜（夯）」，帛書本作「餘」。

濮茅左以爲「夯」同「余」，讀爲「豫」或借作「娛」：

「夯」，卦名，《周易》第十六卦，坤下震上。字同「余」，「𧮉」（《包山楚簡》2.82）又作「𧮉」、「𧮉」（《包山楚簡》2.118.2.137 反）是其證，金文《䜌書缶》「余」作「𨽸」，《郭店楚墓竹簡》作「𡴋」（《成之聞之》第 33 簡）、「𡴋」（《太一生水》第 14 簡）。《説文‧八部》：「余，語之舒也。从八、舍省聲。」讀爲「豫」，或以爲借作「娛」，訓樂、悦、怡。〔註501〕

陳惠玲《《上海博物館藏戰國楚竹書（三）‧周易》研究》：

「余」字，甲骨文作𠂤（《林》1.22.19），金文作𠂤（盂鼎）、𠂤（居簋），楚系文字作𠂤（《包》2.145）、𠂤（《郭》9.36）、𠂤（（舍）《郭》11.19），故簡文爲「余」字無誤，或隸作「夯」。「余」、「豫」上古音同爲喻四魚部，可通假。「豫」有「喜悦」、「安樂」義，不需再借爲「娛」字。〔註502〕

玉姍案：今本「豫」，上博本作「𫤜（夯）」，帛書本作「餘」。「余」之楚系文字作𠂤（《包》2.145）、𠂤（《郭》9.36）、𠂤（（舍）《郭》11.19），楚系文字會在「余」余字下多加一斜筆或口形爲飾筆，上博本「𫤜」構形與𠂤（《郭》9.36）同。故簡文可隸爲「余」，或隸作「夯」。「余」、「豫」古音皆爲喻四魚部，可以通假。陳惠玲以爲「豫」本身即有「喜悦」、「安樂」義，不須再借爲「娛」字。可從。

帛書本「餘」、今本「豫」古音皆爲喻四魚部，音韻相同可以通假。

（二）今本「利建侯行師」之「侯」，上博本作「医」，帛書本作「矦」。

濮茅左以爲「医」即「侯」字：

〔註501〕馬承源主編：《上海博物館藏戰國楚竹書（三）》（上海：上海古籍出版社，2003 年 12 月），頁 156。

〔註502〕陳惠玲：《《上海博物館藏戰國楚竹書（三）‧周易》研究》（臺灣師範大學國文教學所碩論，2005 年 8 月），頁 192。

「医」，《説文・矢部》：「医，古文矦。」《集韻》：「侯，古作医。」

《説文・矢部》：「矦，从人、从厂，象張布，矢在其下。」〔註503〕

陳惠玲《《上海博物館藏戰國楚竹書（三）・周易》研究》：

惠玲案：簡文此字今本作「侯」。「侯」字，甲骨文作ጐ（《甲》183），金文作ℵ（奠侯父乙簋），楚系文字作𡤾（《包》2.51）、𡤾（《包》2.215）、𡦹（《望》1.15）、𡤾（《郭》16.6）。「侯」字，季師旭昇解釋云：

射箭的靶子。《毛詩・小雅・賓之初筵》：「大侯既抗，弓矢斯張。」諸侯義應爲假借。甲骨文从矢、厂象張布射靶側面之形。（參附圖2，侯形的側視圖和「厂」。相當類似。）直接隸定當作「医」。……从矢，合體象形。〔註504〕

（附圖2.戰國狩獵紋壺.侯側視圖）

觀其圖形確爲「医」字，師說可從。即爲今「侯」字，原考隸定正確。〔註505〕

玉姍案：「侯」之本意爲箭之靶，上博本作𡤾，與甲骨文作ጐ（《甲》183），金文作ℵ相同，可直接隸定當作「医」。帛書本作「矦」，應由楚系文字作𡤾（《包》2.215）、𡤾（《郭》16.6）之字形所隸定。

【卦辭釋讀】

《彖》曰：

豫，剛應而志行，順以動，豫。豫順以動，故天地如之，而況「建侯行師」乎？天地以順動，故日月不過，而四時不忒。聖人以順動，則刑罰清而民服。豫之時義大矣哉！（頁48）

〈象〉曰：

雷出地奮，豫。先王以作樂崇德，殷薦之上帝，以配祖考。（頁49）

孔穎達《正義》：

〔註503〕馬承源主編：《上海博物館藏戰國楚竹書（三）》（上海：上海古籍出版社，2003年12月），頁156。

〔註504〕季師旭昇：《説文新證・上》（台北：藝文印書館，2002年10月），頁445。

〔註505〕陳惠玲：《《上海博物館藏戰國楚竹書（三）・周易》研究》（臺灣師範大學國文教學所碩論，2005年8月），頁192～193。

謂之豫者，取逸豫之義，以和順而動，動不違眾，眾皆說豫，故謂
之豫也。動而眾說，故可利建侯也。以順而動，不加无罪，故可以
行師也。无四德者，以逸豫之事不可以常行，時有所爲也。縱恣寬
暇之事不可長行以經邦訓俗，故无元亨也。逸豫非幹正之道，故不
云「利貞」也。莊氏云：「建侯，即元亨也。行師，即利貞也。」案：
《屯》卦「元亨利貞」之後，別云「利建侯」，則「建侯」非「元亨」
也。恐莊氏說非也。（頁 48）

朱熹《易本義》：

豫，和樂也。人心和樂以應其上也。九四一陽，上下應之，其志得行，
又以坤遇震爲順以動，故其卦爲豫，而其占利以立君用師也。（頁 87）

于省吾《易經新證》：

宋李過西谿易說引歸藏有夜卦。黃宗炎謂夜當屬明夷。然歸藏已有
明𡰥，𡰥古夷字黃說非也。西谿引歸藏無豫卦，夜卦即豫卦，夜豫並
喻母字，音近字通。〔註 506〕

黃師慶萱《周易讀本》：

六畫的豫卦，下卦是三畫的坤，上卦是三畫的震。像大地奔雷，順
時行動，人心一片喜悦。利於分封諸侯，調動軍隊。〔註 507〕

南懷瑾、徐芹庭《周易今註今譯》：

豫卦。它的現象，有利於建立侯王，與聚眾行師的象徵。（頁 120）

　　玉姍案：豫卦卦象上震雷，下坤地，〈象〉曰：「雷出地奮，豫。」孔穎
達以爲：「謂之豫者，取逸豫之義，以和順而動，動不違眾，眾皆說豫，故謂
之豫也。動而眾說，故可利建侯也。以順而動，不加无罪，故可以行師也。」
各家多從「和順而動，動不違眾」之說立論，可從。

　　今本「豫：利建侯行師。」意思是：豫卦爲雷從地出之象，人事上象徵
「和順而動」，故有利於建侯，聚眾行師。

　　上博本作「余：利建尿行𠂤。」帛書本作「餘：利建矦行師。」其義與
今本同。

（二）爻辭考釋

〔註 506〕于省吾：《易經新證》（台北：藝文印書館，1975 年 9 月），頁 85～87。
〔註 507〕黃師慶萱：《周易讀本》（台北：三民書局，2001 年 3 月），頁 214。

1. 上博《周易》：初六：鳴鯵，凶。
2. 阜陽《周易》：初六：鳴豫，兒。卜求有得也，後必……
3. 帛書《周易》：初六：鳴餘，凶
4. 今本《周易》：初六：鳴豫，凶。

【文字考釋】

　　阜陽本初六爻辭殘，據今本補。

【爻辭釋讀】

〈象〉曰：

　　初六鳴豫，志窮，凶也。（頁 49）

《周易集解》引虞翻云：

　　應震善鳴，失位，故「鳴豫凶」也。（頁 205）

王弼《注》：

　　處豫之初，而特得志于上，樂過則淫，志窮則凶，豫何可鳴？（頁
　　49）

孔穎達《正義》：

　　「鳴豫」者，處豫之初，而獨得應于四，逸豫之甚，是聲鳴于豫。
　　但逸樂之極，過則淫荒。獨得于樂，所以「凶」也。（頁 49）

朱熹《易本義》：

　　陰柔小人，上有強援，得時主事，故不勝其豫而以自鳴，凶之道也。
　　故其占如此，卦之得名，本爲和樂，然卦辭爲眾樂之義。爻辭除九
　　四與卦同名外，皆爲自樂，所以有吉凶之異。（頁 87）

　　玉姍案：「鳴豫」，孔穎達以爲「逸豫之甚，是聲鳴于豫。」朱熹以爲「不
勝其豫而以自鳴」，高亨以爲「鳴豫者謂令聞既彰，而持事厭倦，此正志驕意盈
之象，與鳴謙相反。」〔註508〕于省吾以爲「鳴豫應讀作冥夜……初六處坤之初，
冥夜黑闇之象故凶也。」〔註509〕黃師慶萱以爲「鳴豫爲小人得志，得意忘形。」
〔註510〕說法紛歧。筆者以爲初六上應九四，九四爻爲豫卦之唯一陽爻，是以可
象徵初六因得志而聲名遠聞，但太過逸樂則有凶象，故曰「鳴豫，凶」。

〔註508〕高亨：《周易古經今注》（台北：文笙書局，1981 年 3 月），頁 59。
〔註509〕于省吾：《易經新證》（台北：藝文印書館，1975 年 9 月），頁 88〜89。
〔註510〕黃師慶萱：《周易讀本》（台北：三民書局，2001 年 3 月），頁 216。

　　今本作「初六：鳴豫，凶。」意思是：初六處卦初而上應九四，若因得志而聲名遠聞卻豫樂過度，則有凶象。

　　上博本作「初六：鳴夆，凶。」阜陽本作「初六：鳴豫，兇。卜求有得也，後必……」帛書本作「初六：鳴餘，凶。」其義與今本同。

　　1. 上博《周易》：六二：矞于石，不冬日，貞吉。
　　2. 阜陽《周易》：六二：介于石，不終日，貞吉。
　　3. 帛書《周易》：六二：疥于石，不終日，貞吉。
　　4. 今本《周易》：六二：介于石，不終日，貞吉。

【文字考釋】

　　阜陽本六二爻辭殘，據今本補。

（一）今本「介于石」之「介」，上博本作「矞」，帛書本作「疥」。

　　玉姍案：今本「介于石」之「介」，上博本作「矞」，帛書本作「疥」。「矞」與「疥」字皆從介得聲，故與今本「介」字可以通假。

【爻辭釋讀】

〈象〉曰：

　　　　「不終日，貞吉」，以中正也。（頁49）

王弼《注》：

　　　　處豫之時，得位履中，安夫貞正，不求苟「豫」者也。順不苟從，豫不違中，是以上交不諂，下交不瀆。明禍福之所生，故不苟說；辯必然之理，故不改其操介如石焉，「不終日」明矣。（頁49）

孔穎達《正義》：

　　　　「介于石」者，得位履中，安夫貞正，不苟求逸豫，上交不諂，下交不瀆，知幾事之初始，明禍福之所生，不苟求逸豫，守志耿介似于石。然見幾之速，不待終竟一日，去惡修善，相守正得吉也。（頁49）

朱熹《易本義》：

　　　　豫雖主樂，然易以溺人，溺則反而憂矣。卦獨此爻中而得正，是上下皆溺於豫，而獨能以中正自守，其介如石也。其德安靜而堅確，故其思慮明審，不俟終日而見凡事之幾微也。大學曰安而后能慮，慮而后能得，意正如此。占者如是，則正而吉矣。（頁88）

南懷瑾、徐芹庭《周易今註今譯》：

　　豫卦的第二爻（六二），有耿介確立於堅石之間的象徵。所以不終日
　　之間，隨時都要貞正自守便吉。（頁 122）

　　玉姍案：六二以柔爻居陰，可謂居中守正。「介」，虞翻以爲「介，纖也」，
于省吾以爲作「林義光云：『介讀爲愒。』《說文》：『愒，息也。』……六二
中正知幾，待時而動，愒于石所據者堅，故應時而動，不待終日」，〔註 511〕
其餘學者多以爲「矿，堅也。」衡量石之特性，似乎以「矿，堅也。」之解
較佳。孔穎達以爲「介于石者，得位履中，安夫貞正，不苟求逸豫，上交不
諂，下交不瀆，知幾事之初始，明禍福之所生，不苟求逸豫，守志耿介似于
石。然見幾之速，不待終竟一日，去惡修善，相守正得吉也。」可從。

　　今本作「六二：介于石，不終日，貞吉。」意思是：豫卦六二得位履中，
象徵堅持操守，耿介如石，不苟求逸豫。能於一日之內去惡修善，故貞正而
得吉。

　　上博本作「六二：矫于石，不多日，貞吉。」帛書本作「六二：疥于石，
不終日，貞吉。」其義與今本同。

1. 上博《周易》：六晶：可參，愳，迡又愳。
2. 阜陽《周易》：六三：歌豫，阫夷……□有阫卜□……
3. 帛書《周易》：六三：杅餘，悔，遲有悔。
4. 今本《周易》：六三：盰豫，悔，遲有悔。

【文字考釋】

（一）阜陽本比它本多出「……□有阫卜……」等異文。

　　韓自強《阜陽漢簡《周易》研究》：

　　　　按：卦爻辭以「有悔」作終句的還有《乾》上九「亢龍有悔」，但第
　　　　一字殘筆不像「龍」字，故編於此處。〔註 512〕

　　玉姍案：阜陽《周易》在「卦、爻辭的後邊，保存了許多卜問具體事項
的卜辭。」但因殘缺嚴重，不知原本所卜爲何事。而爻辭中的「夷」可以與

〔註 511〕于省吾：《易經新證》（台北：藝文印書館，1975 年 9 月），頁 93～94。
〔註 512〕韓自強：《阜陽漢簡《周易》研究》（上海：上海古籍出版社，2004 年 7 月），
　　　　頁 54。

今本「遲」字通假，位於「有𠭗」前那僅存殘筆的文字與上博本、帛書本、今本皆無字可對應，亦有可能此簡文字本非豫卦爻辭，整理者因對照「有𠭗」二字而暫歸於豫卦。

（二）今本「盱豫」之「盱」，上博本作「可」，阜陽本作「歌」，帛書本作「杅」。

濮茅左以爲「可」讀爲「阿」，與「盱」義同：

> 「可」，讀爲「阿」，偏私，偏袒，《呂氏春秋・貴公》：「萬民之主，不阿一人。」今本《周易》作「盱」，意同。盱者，盱睢諂之謂，諂媚之道以悅上，張目上視附勢自以爲樂，自處不當失中正，則必有悔。事當速悔，若猶豫疑，則又有後悔。〔註 513〕

韓自強《阜陽漢簡《周易》研究》：

> 「歌」，今本作「盱」，帛書本作「杅」。釋文：「子夏作紆，京作汙，姚作盱。」……今本作「盱餘（玉姍案：「餘」當爲「豫」之誤）」，阜易作「歌豫」。《釋名・釋樂器》：「人聲曰歌。歌，柯也。所歌之言是其質也。以聲吟詠有上下如草木之有柯葉也。故兗、冀言歌聲如柯也。」帛書作「杅」，阜易作「歌」，《方言》：「盂謂之柯。」「盂」、「杅」從于聲，故「杅」可讀爲「歌」。〔註 514〕

陳惠玲《《上海博物館藏戰國楚竹書（三）・周易》研究》：

> 「可」讀爲「阿」，上古音爲溪紐魚部，有曲從、迎合之意，《國語・周語上》：「大臣享其祿，弗諫而阿之。」；今本作「盱」，上古音曉紐魚部，王弼注：「若其睢盱而豫，悔亦生焉。」劉向注：「睢盱，小人喜悅佞媚之貌也。」「阿」、「盱」二字意思相似，聲紐近韻部同。……故原考釋「可」通作「盱」可從。〔註 515〕

玉姍案：今本「盱」，帛書本作「杅」，兩字皆從「于」得聲，可以通假。「盱」，上古音曉紐魚部，上博本作「可」，濮茅左以爲「可」讀爲「阿」，古音溪紐魚部，阜陽本作「歌」，古音見紐歌部，魚、歌對轉，且古有喉、牙音

〔註 513〕馬承源主編：《上海博物館藏戰國楚竹書（三）》（上海：上海古籍出版社，2003 年 12 月），頁 157。

〔註 514〕韓自強：《阜陽漢簡《周易》研究》（上海：上海古籍出版社，2004 年 7 月），頁 113。

〔註 515〕陳惠玲：《《上海博物館藏戰國楚竹書（三）・周易》研究》（臺灣師範大學國文教學所碩論，2005 年 8 月），頁 162。

相通之例，如《史記・三代世表》「孝伯」，《衛康叔世家》作「考伯」。「孝」（曉紐幽部）、「考」（溪紐幽部）爲喉牙相通之例。故「旴」與「可」、「歌」聲近韻同。可以通假。

（三）今本「悔」字，上博本作「㥤」，阜陽本作「𠁥」。

玉姍案：上博本「㥤（㥤）」字，從心、母聲，戰國文字中與此字同形者，多讀爲謀。例如：

〈中山王䇦鼎〉作「㥤（謀）慮是從。」

〈郭店・老子甲〉簡25：「其未兆也，易㥤（謀）也。」

〈郭店・緇衣〉簡22：「君不與少（小）㥤（謀）大，則大臣不怨。」

〈郭店・語叢四〉簡13：「不與智㥤（謀），是胃（謂）自甚。」

〈上博（一）・紂衣〉簡12：「古君不與小㥤（謀）大。」

〈上博（一）・性情論〉簡39：「速，㥤（謀）之方也。」

「㥤（㥤）」從母得聲，「母」、「謀」上古音皆爲明紐之部。「悔」上古音爲曉紐之部。李學勤指出：「來母或明母文部的字，每每與喉部曉、匣、影一系同韻的字相關。比如『侖』字來母文部，『淪』字則是匣母文部。『釁』字明母文部，『釁』字則在曉母文部。」〔註516〕阜陽本「𠁥」字雖未見於其他字書或傳世典籍，然推敲「𠁥」應爲從卜、每聲。「每」亦爲明紐之部字。由於故「悔」與「㥤（㥤）」、「𠁥」韻部相同，根據裘錫圭與李學勤所舉之例，明母的字與曉、匣、影一系同韻二字可以相通。故「悔」與「㥤（㥤）」，「悔」與「𠁥」皆可通假。

（四）今本「遲有悔」之「遲」，上博本作「𨒈（𨒈）」，阜陽本作「夷」。

濮茅左以爲「𨒈」爲「遲」之或體：

「𨒈」，「遲」或體。《說文・辵部》：「遲，徐行也，從辵，犀聲。《詩》：「行道遲遲。」遲，或從屖。」〔註517〕

陳惠玲《《上海博物館藏戰國楚竹書（三）・周易》研究》：

惠玲案：「遲」字，楚系文字作🔣（《望》1.60）、🔣（《天》3701）、

〔註516〕李學勤：〈談《詩論》『詩無隱志』章〉，《清華簡帛研究》第二輯（北京：中國北京清華大學思想文化研究所，2002年3月），頁26～27。

〔註517〕馬承源主編：《上海博物館藏戰國楚竹書（三）》（上海：上海古籍出版社，2003年12月），頁157。

⿰彳⿱止三（《包》2.198），故簡文釋爲「遲」之異文無疑。〔註518〕

　　玉姍案：今本「遲有悔」之「遲」，上博本作「⿰彳⿱止三（辿）」，阜陽本作「夷」。上博本「⿰彳⿱止三（辿）」，楚系「遲」字寫如⿰彳⿱止三（《包》2.198），故「辿」爲「遲」之異體字。「夷」上古音喻四脂部，「遲」上古音定紐脂部；喻四古歸定紐，如「通」（定紐東部）從「甬」（喻四東部）得聲。故二字可以通假。

【爻辭釋讀】

〈象〉曰：

> 盱豫有悔，位不當也。（頁49）

王弼《注》：

> 居下體之極，處兩卦之際，履非其位，承「動豫」之主。若其盱盱而豫，悔亦生焉。遲而不從，豫之所疾，位非所據，而以從豫進退，離悔宜其然矣。（頁49）

孔穎達《正義》：

> 「盱豫，悔」者，六三履非其位，上承「動豫」之主。「盱」謂睢盱。睢盱者，喜說之貌。若睢盱之求豫，則悔吝也。「遲有悔」者，居豫之時，若遲停不求于豫，亦有悔也。（頁49）

朱熹《易本義》：

> 盱，上視也，陰不中正而近於四，四爲卦主，故六三上視於四而下溺於豫，宜有悔者也，故其象如此，而其占爲事當速悔。若悔之遲，則必有悔也。（頁88）

南懷瑾、徐芹庭《周易今註今譯》：

> 豫卦的第三爻（六三），有瞠目無所措而後悔的象徵。遲疑不決而有悔吝。（頁122）

　　玉姍案：「盱豫」，孔穎達以爲「睢盱者，喜說之貌」。朱熹作「上視於四而下溺於豫」。南、徐「盱豫」作「瞠目無所措而後悔」。筆者以爲，豫卦有喜悅安豫之象。故「盱豫」亦當扣緊卦旨，孔穎達釋喜悅之意較佳，「盱豫」即眼中只見逸豫。「遲」，猶豫遲疑也。「盱豫，悔，遲有悔」是指六三以柔爻居陽位，不得其位；若只求喜悅逸豫，則將後悔。但若一心想避免逸豫之失

〔註518〕陳惠玲：《《上海博物館藏戰國楚竹書（三）・周易》研究》（臺灣師範大學國文教學所碩論，2005年8月），頁199。

而遲疑猶豫，仍會後悔。

今本「六三：盱豫，悔，遲有悔。」意思是：六三不得位，象徵若只演中只見逸豫，則將後悔。但若一心想避免逸豫之失而遲疑猶豫，仍會後悔。

上博本作「六晶：可參，惎，迡又惎。」阜陽本作「六三：歌豫，䏁夷……□有𪓌卜□……」帛書本作「六三：杅餘，悔，遲有悔。」其義與今本同。

1. 上博《周易》：九四：歔參，大又夏。母頜，翌欿廷。
2. 阜陽《周易》：九四：由豫，大有得。勿疑，朋盍簪。
3. 帛書《周易》：九四：允餘，大有得。勿疑，傰甲讒。
4. 今本《周易》：九四：由豫，大有得。勿疑，朋盍簪。

【文字考釋】

阜陽本九四爻辭殘，據今本補。

（一）今本「由豫」之「由」，上博本作「歔」，帛書本作「允」。

張立文《周易帛書今注今譯》：

「允」，說文：「信也。」玉篇：「當也。」於意不屬，故「允」爲「尢」之譌。「尢」，通行本作「由」。……「尢」「由」古音同，相通。……後漢書馬援傳：「尢豫未決。」李注：「遲疑未定也。」說文解字段注曰：「古籍內尢豫義同猶豫。」是尢豫爲猶豫。〔註519〕

玉姍案：上博本作「歔」，今本作「由」，兩字上古音皆喻四幽部，王引之《經傳釋詞》云：「繇、由、歔古字通」，〔註520〕故「歔」、「由」二字可通假。帛書本作「允」，「允」古音喻四文部，與「由」聲同韻遠，無法相通。張立文以爲「允」爲「尢」之譌。《說文》段注：「古籍內『尢豫』義同『猶豫』。」張說可從。

（二）今本「勿疑」之「疑」，上博本作「頜」。

陳惠玲《《上海博物館藏戰國楚竹書（三）‧周易》研究》：

惠玲案：楚簡多見「悉」字讀爲「疑」（《上博一‧孔子詩論‧簡八》、《上博二‧從政‧乙三》、《上博三‧亙先‧簡十》等）。簡文「頜」

〔註519〕張立文（張憲江）：《周易帛書今注今譯》（台北：臺灣學生書局，1991年），頁352。
〔註520〕王力：《王力古漢語字典》（北京：中華書局，2000年11月），頁679。

從原考釋讀爲「疑」，與今本同。〔註521〕

　　玉姍案：「頿」，從頁、矣聲。「矣」上古音匣紐之部，「疑」上古音疑紐之部，聲近韻同，可通假。如郭店《唐虞之道》簡十八：「軍民而不喬（驕），卒亡天下而不矣。」影本「矣」（匣紐之部）讀爲「疑」（疑紐之部）。

（三）今本「朋盍簪」之「盍」，上博本作「𦥑（欿）」，帛書本作「甲」。

　　濮茅左以爲「𦥑」字隸作「欲」，與「盍」音通：

　　　　「欲」，音通「盍」。「盍」，《爾雅注疏》邢昺疏：「盍者，眾合也。」

　　〔註522〕

陳惠玲《《上海博物館藏戰國楚竹書（三）‧周易》研究》：

　　　　（𦥑）字從「去」不從「谷」，陳偉〈周易試釋〉、〔註523〕季師旭

　　　　昇〈周易七則〉〔註524〕均謂字當釋「欿」，見《渙》卦上九爻。「欿」

　　　　上古音溪紐魚部，與「盍」字溪、匣紐近，盍魚韻旁對轉。。〔註525〕

　　玉姍案：今本「盍」，上博本作「𦥑（欿）」，帛書本作「甲」。「盍」上古音匣紐盍部，「盍」、「欿」皆從「去」（溪紐魚部）得聲，溪、匣旁紐，魚、盍二韻旁對轉，故「盍」、「欿」可以通假。

　　帛書本「甲」古音見紐盍部，「盍」古音匣紐盍部，兩字音近韻同，可以通假。如馬王堆帛書《老子》乙本卷前古佚書《經法‧道法》：「虛無有，秋稿成之，必有刑（形）名。」「稿」（見紐宵部）讀爲「毫」（匣紐宵部）。

（四）今本「朋盍簪」之「簪」，上博本作「𠱾」，帛書本作「讒」。

　　濮茅左作「𡎺」，同「適」字：

　　　　「𡎺」，同「適」。《玉篇》：「適，得也，往也；又音滴，從也。」《群

　　　　經音辨》：「適，正也。」馬王堆漢墓帛書《周易》作「讒」，今本《周

　　　　易》作「簪」。「𡐦（朋）欲（盍）𡎺」，朋類盍聚而從。〈象〉曰：「『由

〔註521〕陳惠玲：《《上海博物館藏戰國楚竹書（三）‧周易》研究》（臺灣師範大學國文教學所碩論，2005 年 8 月），頁 201。

〔註522〕馬承源主編：《上海博物館藏戰國楚竹書（三）》（上海：上海古籍出版社，2003 年 12 月），頁 157。

〔註523〕陳偉：〈楚竹書《周易》文字試釋〉，簡帛研究網站 2004 年 4 月 18 日。

〔註524〕季師旭昇：《《上博三‧周易》零釋七則〉，簡帛研究網站 2004 年 4 月 24 日。

〔註525〕陳惠玲：《《上海博物館藏戰國楚竹書（三）‧周易》研究》（臺灣師範大學國文教學所碩論，2005 年 8 月），頁 202。

豫，大有得』，志大行也。」〔註526〕

劉樂賢〈讀楚簡箚記二則〉認爲此字可能是「圭」：

> ⟨image⟩在葛陵楚簡中應讀爲「圭」或「寯」，……同樣，⟨image⟩可能是「圭」字，⟨image⟩可能是「健」字，⟨image⟩可能是「圭（從辵）」。〔註527〕

陳惠玲《《上海博物館藏戰國楚竹書（三）·周易》研究》：

> 惠玲案：楚簡本此字，帛書本作「讒」，今本作「簪」。與此字類似有《郭店·緇衣》簡十六作⟨image⟩、《上博一·緇衣》簡九作⟨image⟩，……《上博三·周易》簡出，此類形字體，本文從劉樂賢〈讀楚簡箚記二則〉說法，《郭店·緇衣》簡十六「⟨image⟩」字，隸定爲「寯」，《上博一·緇衣》簡九「⟨image⟩」字，隸定爲「健」，《上博三·周易》簡十四「⟨image⟩」字，隸定「圭」，詳說如下。《上博三·周易》原考釋隸爲「堲」，同「適」字。「適」上古音審三錫部，和今本作「簪」上古音精紐侵部，聲韻不近，……故不從之。……
>
> 在字形上面劉樂賢提及「應當承認，這裏所謂「圭」的上部，寫法與「圭」的篆體不甚接近，可能是楚文字的特色。可惜的是，我們迄今尚不知道楚文字中「圭」字或以「圭」作偏旁時的確切寫法，因而無法從字形上驗證上述推測是否可信。……雖釋形有待驗證，但其釋義頗爲貼切，故從之。〔註528〕

玉姍案：今本「朋盍簪」之「簪」，帛書本作「讒」。「讒」古音牀紐談部，「簪」古音精紐侵部，二字皆爲齒音，可通假，如《師虘鼎》：「白（伯）大師不（丕）乍小子」，于豪亮《陝西省扶風縣強家村出土虢季家族銅器銘文考釋》云「乍」（精紐鐸部）讀爲「助」（牀紐魚部）；談、侵旁轉，二字可相通。

上博本作「⟨image⟩」，各家說法紛紜，請詳參陳氏論文，此不再贅敘，本文接受陳氏結論，以劉樂賢隸定爲「圭」釋義較貼切，雖然目前對這一系列的楚系文字（⟨image⟩、⟨image⟩、⟨image⟩、⟨image⟩）字形如何連接到篆隸的「圭」字，尚未有足夠了解，但將此系列的楚系文字（⟨image⟩、⟨image⟩、⟨image⟩、⟨image⟩）隸定爲從「圭」（從紐盍部）之字，

〔註526〕馬承源主編：《上海博物館藏戰國楚竹書（三）》（上海：上海古籍出版社，2003年12月），頁157。

〔註527〕劉樂賢：〈讀楚簡札記二則〉，簡帛研究網站2004年5月29日。

〔註528〕陳惠玲：《《上海博物館藏戰國楚竹書（三）·周易》研究》（臺灣師範大學國文教學所碩論，2005年8月），頁203～205。

再比對楚簡本與今傳本文字可相對應之處，與其他家說法相比，較無聲韻通假上的瑕疵，故從之。

【爻辭釋讀】

〈象〉曰：

「由豫，大有得」，志大行也。（頁49）

王弼《注》：

夫不信于物，物亦疑焉，故勿疑則朋合疾也。盍，合也。簪，疾也。
（頁49）

孔穎達《正義》：

「由豫，大有得」者，處豫之時，居動之始，獨體陽爻，爲眾陰之所從，莫不由之以得其豫，故云「由豫」也。「大有得」者，眾陰皆歸，是大有所得。「勿疑，朋盍簪」者，盍，合也。簪，疾也。若能不疑于物，以信待之，則眾陰群朋合聚而疾來也。（頁49）

朱熹《易本義》：

九四卦之所由以爲豫者也，故其如此，而其占爲大有得。然又當至誠不疑，朋類合而從之矣。故又因而戒之。簪，聚也，又速也。（頁88）

南懷瑾、徐芹庭《周易今註今譯》：

豫卦的第四爻（九四），象徵豫卦的自有由來。大有所得。不必懷疑。有朋聚合，簪髮並頭而交歡的現象。（頁123）

玉姍案：各家對於「由豫」、「朋盍簪」看法不同，因而豫卦九四爻辭說法紛紜。筆者以爲九四爲豫卦中唯一的陽爻，有眾陰歸之之象，故「由豫」當從王、孔之說作「由（從）之以得其豫」。「朋盍簪」，王弼以爲朋類會合而疾來。朱熹以爲「簪，聚也，又速也。」筆者以爲故眾陰歸之，有如朋友來集，「簪」作聚或速於文義皆可通。王弼、朱熹之說可從。

今本「九四：由豫，大有得。勿疑，朋盍簪。」意思是：九四獨爲陽爻，眾陰歸從九四，由之以得豫，因此大有所得。象徵能以誠信待之，不須猜疑，朋友自然會合聚而速來。

上博本作「九四：猷夋，大又夏。母頜，塱欰聿。」阜陽本作「九四：由豫，大有得。勿 疑，朋盍簪。」帛書本作「九四：允餘，大有得。勿疑，

俷甲讒。」其義皆與今本同。

1. 上博《周易》：六五：貞疾，夃不死。
2. 阜陽《周易》：六五：貞疾，恆不死。
3. 帛書《周易》：六五：貞疾，恆不死。
4. 今本《周易》：六五：貞疾，恆不死。

【文字考釋】

阜陽本六五爻辭殘，據今本補。

【爻辭釋讀】

〈象〉曰：

六五，「貞疾」，乘剛也。「恆不死」，中未亡也。（頁50）

孔穎達《正義》：

四以剛動爲豫之主，專權執制，非己所乘，故不敢與四專權。而又居中處尊，未可得亡滅之，是以必常至于貞疾，恆得不死而已。（頁50）

朱熹《易本義》：

當豫之時，以柔居尊，沈溺於豫，又乘九四之剛，眾不附而處勢危，故爲貞疾之象。然以其得中，故又爲恆不死之象，即象而觀，占在其中矣。（頁89）

南懷瑾、徐芹庭《周易今註今譯》：

豫卦的第五爻（六五），象徵要貞正自守。有疾病，但常在病中而不會死亡。〔註529〕

玉姍案：六五雖居外卦中位，然九四爲豫卦中唯一的陽爻，其剛強之勢勝過六五。六五雖被九四壓制，然居中處尊，未可得亡；有如人雖有疾，然不至於死之象徵。

今本「六五：貞疾，恆不死。」意思是：六五雖被九四壓制，然居中正而處尊，未可得亡。象徵人能貞正，雖有疾但不至於死亡。

上博本作「六五：貞疾，夃不死。」帛書本作「六五：貞疾，恆不死。」

〔註529〕南懷瑾、徐芹庭註譯：《周易今註今譯》（台北：臺灣商務印書館，2004年5月），頁124。

其義皆與今本同。

 1. 上博《周易》：上六：楩夅，成又愈，亡咎。

 2. 阜陽《周易》：　上六：冥豫，成有渝，无咎。

 3. 帛書《周易》：尚六：冥餘，成或諭，无咎。

 4. 今本《周易》：上六：冥豫，成有渝，无咎。

【文字考釋】

 阜陽本上六爻辭殘，據今本補。

（一）今本「冥豫成」之「冥」，上博本作「」。

 李零以為：

> ![楩]乃「楩」字。「楩」即「楩櫨」之「楩」，見《玉篇》、《廣韻》、《集韻》。楩櫨是木瓜類植物（參《本草綱目》）。其字正像瓜在木上。〔註530〕

徐在國釋此字為「楳」：

> ![楳]當分析為從「木」、「冥」聲，釋為「楳」。此字「木」上所從並非是「日」，右部有一小部分塗黑，當是有意為之，……，與![楳]上半所從同，當釋為「冥」字。說詳另文。「楳」字又見於信陽簡、包山簡、曾侯乙墓簡，李零先生早已釋為「楳」，……簡文「楳」當讀為「冥」。〔註531〕

陳惠玲《《上海博物館藏戰國楚竹書（三）・周易》研究》：

> 《信 1.023》![楳]字，李零讀為「冥」。〔註532〕對照今本作「冥」，李零的推測是很合理的，可惜於字形未加詳說。徐在國肯定李零之說，釋周易楚簡為「楳」字。我們再比對《上博二・容成氏》簡三十七![字]字，從文義的判讀，應是指一種殘疾，可能是和眼睛有關係，……劉釗以為此字是個會意字，即「眇」字的本字。〔註533〕〈容成氏〉![字]字，和簡文「![楳]」字上部件可能相同，「![字]」形季師旭昇以為即「瞑」

〔註530〕李零：〈讀《楚系簡帛文字編》〉，《出土文獻研究・第五集》，（北京：中華書局，1999），頁147。

〔註531〕徐在國：〈上博三《周易》釋文補正〉，簡帛研究網站2004年4月24日。

〔註532〕李零：〈讀《楚系簡帛文字編》〉，《出土文獻研究・第五集》，（北京：中華書局，1999），頁147。

〔註533〕劉釗：〈容成氏釋讀一則（二）〉，簡帛研究網站2003年4月6日。

的本字，〔註534〕以塗黑一邊表示目瞑看不清的意思，而「瞑」字是後起的形聲字。故簡文此字隸爲「榠」，讀爲「冥」與今本作「冥」同。〔註535〕

玉姍案：簡文「![字]」構形特殊，目前李零、徐在國、季師等學者傾向以爲此字上部與〈上博二・容成氏〉![字]字可能相同，即「瞑」的初文，〔註536〕故![字]當分析爲從「木」、「冥（瞑）」聲，釋爲「榠」。於形、音、義皆可通，故從之。

（二）今本「成有渝」之「渝」，帛書本作「成或諭」。上博本「渝」作「愈」。

玉姍案：今本「成有渝」之「渝」，帛書本作「成或諭」。古書中常有「或」「有」相通之例。如《周禮・考工記・梓人》：「毋或若女不寧侯。」鄭注：「或，有也。」〔註537〕今本比卦初六「終來有它吉」，帛書本作「冬來或池吉」。

「愈」、「渝」、「諭」上古音皆爲喻四侯部，聲韻俱同，可相通。

【爻辭釋讀】

〈象〉曰：

冥豫在上，何可長也？（頁50）

王弼《注》：

過豫不已，何可長乎？故必渝變然後无咎。（頁50）

孔穎達《正義》：

處動豫之極，極豫盡樂，乃至于冥昧之豫，而成就也。如俾晝作夜，不能休已，滅亡在近。有渝无咎者，渝變也，若能自思改變，不爲冥豫，乃得无咎也。（頁50）

朱熹《易本義》：

以陰柔居豫極，爲昏冥於豫之象，以其動體，故又爲其事雖成而能

〔註534〕季師旭昇主編：《上海博物館藏戰國楚竹書（三）讀本》（台北：萬卷樓，2005年10月），頁44。

〔註535〕陳惠玲：《《上海博物館藏戰國楚竹書（三）・周易》研究》（臺灣師範大學國文教學所碩論，2005年8月），頁154。

〔註536〕季師旭昇主編：《上海博物館藏戰國楚竹書（三）讀本》（台北：萬卷樓，2005年10月），頁44。

〔註537〕（漢）鄭玄注，（唐）賈公彥疏：《周禮注疏》（台北：藝文印書館，1989年），頁649。

有渝之象。戒占者如是,則能補過而无咎,所以廣遷善之門也。(頁
89)

南懷瑾、徐芹庭《周易今註今譯》:

豫卦的第六爻(上六),有幽冥晦暗的象徵。即使成功,也會變了。
但沒有災咎。(頁125)

玉姍案:「冥豫成有渝」斷句方式有二,一為「冥豫,成有渝」,朱熹、
李道平、南、徐從之。一為「冥豫成,有渝」程頤、黃忠天〔註538〕從之。若
依本卦「初六:鳴豫」、「六三:盱豫」、「六四:由豫」觀之,筆者以為「冥
豫,成有渝」之斷句似乎較符合本卦爻辭行文方式。

上六處豫卦之極,有極盡豫樂,甚至冥昧放縱之象徵。若貪豫而行,不
知節制,則滅亡近在眼前。若能自思改變,不溺於冥豫放縱,才能无咎。

今本「上六:冥豫,成有渝,无咎。」意思是:上六處豫卦之極,象徵
極盡豫樂,甚至冥昧放縱;須能自思改變振作,才能避免災咎。

上博本作「上六:槶㕻,成又愈,亡咎。」帛書本作「尚六:冥餘成,
或諭,无咎。」其義皆與今本同。

第十七節　隨　卦

一、卦名釋義

《說文》:「隨,從也。」(頁71)韓康伯云:「順以動者,眾之所隨。」
(頁56)故隨卦之「隨」即取「隨從、跟隨」之義。

〈序卦〉曰:「豫必有隨也,故受之以隨。」(頁187)孔穎達《正義》曰:
「鄭玄云:喜樂而出,人則隨從。孟子曰:吾君不游,吾何以休?吾君不豫,
吾何以助?此之謂也。王肅云:歡豫人必有隨,隨者皆以為人君喜樂,歡豫
則以為人所隨。」(頁56)玉姍案:人君喜樂而出,氣氛歡豫,人皆樂於隨從,
故隨卦在豫卦之後。

隨卦,今本卦畫作「☳」,上兌澤,下震雷。〈象〉曰:「澤中有雷,隨。
君子以嚮晦入宴息。」(頁56)雷藏澤中,君子觀察此象,而能了解萬物隨時
而漸次進入安息歸藏的道理,故君子當隨於自然天時運行之勢,知動而動、

─────────────

〔註538〕黃忠天:《周易程傳註評》(高雄:復文圖書出版社,2006年12月),頁154。

知止而止。

二、卦爻辭考釋

（一）卦辭考釋

1. 上博《周易》：陵：元、鄉、物、貞，亡咎。
2. 阜陽《周易》：隋：元、亨、利、貞，无咎。卜病者……。
3. 帛書《周易》：隋：元、亨、利、貞，无咎。
4. 今本《周易》：隨：元、亨、利、貞，无咎。

【文字考釋】

阜陽本卦辭殘，據今本補。

（一）今本作「隨」，上博本作「（陵）」，帛書本作「隋」。阜陽本卦名缺，依六三爻辭補「隋」字。

季師以爲簡文「陵」字，爲「隓」之繁體，「隓」之初文爲「陸」。西漢文字才改從土、隋聲：

> 《郭店·唐虞之道》簡 26：「四肢倦陸。」「陸」（玉姍案：《郭·唐 26》）當即「隓」之初文，從阜、從二土，會「土」從高處墮落之意。或加邑、田、山等，《上博三·周易》：「九三，欽其腓，執其陵。」對應今本《周易》，「陵」作「隨」，是此字即「隓」之繁體無疑，〔註 539〕

陳惠玲《《上海博物館藏戰國楚竹書（三）·周易》研究》：

> 惠玲案：季師旭昇以爲簡文「陵」字，爲「隓」之繁體，「隓」之初文爲「陸」。西漢文字才改從土、隋聲……從季師之說。西漢作「墮」字，初文爲「陸」。〔註 540〕（《郭·唐》26），繁體作（《包》2.230）、（《包》2.163）、（《包》2.171）、（《包》2.138）、（《包》2.22）、（《上三·易》26），《說文》小篆「隓」聲化爲「差」聲。楚系文字部件，我們不能直接視作從「差」聲，「左」字左上爲象左手之形，而「陸」之繁體所加的手形皆在右，因此從季師之

〔註 539〕季師旭昇：《說文新證·下》（台北：藝文印書館，2004 年 11 月），頁 262。

〔註 540〕陳惠玲原案：袁師國華以爲此字當作「懈」，94 年 8 月 21 日口考時所提。

說至小篆作「陸」才聲化爲「坴」聲。西漢文字作圖（《老子乙》244 下）從土、隋聲。「隨」,《說文》:「從也。從辵,墮省聲。」因此上博簡「陵」、「陸」字與今本作「隨」同字。〔註541〕

　　玉姍案:今本作「隨」,上博本卦辭作「陵（陵）」,九四爻辭作「陸（陸）」,帛書本作「隋」。上博本字作「陵」,左部略殘,但仍可看出爲「阝」,右部上爲兩個「土」形,下爲「又」形。季師以爲圖（《郭·唐》26）爲「墮（墮）」之初文,從阜、從二土,會「土」從高處墮落之意,與上博本九四爻辭作「陸」字形同。上博本「陵」字即在圖形下加「又」之繁體,故隸定爲「陵」。今本「隨」與阜陽本、帛書本「隋」上古音皆爲邪紐歌部,聲韻皆同,可以通假。

【卦辭釋讀】

　　〈彖〉曰:

　　　隨,剛來而下柔,動而說,隨。大亨貞无咎,而天下隨時,隨時之義大矣哉。(頁56)

〈象〉曰:

　　　澤中有雷,隨。君子以嚮晦入宴息。(頁56)

孔穎達《正義》:

　　　「元亨」者,于相隨之世,必大得亨通。若其不大亨通,則无以相隨,逆于時也。「利貞」者,相隨之體,須利在得正。隨而不正,則邪僻之道,必須利貞也。「无咎」者,有此四德,乃无咎。(頁56)

朱熹《易本義》:

　　　隨,從也。以卦變言之。本自困卦九來居初,又自噬嗑九來居五,而自未濟來者兼此二變,皆剛來隨柔之義。以二體言之,爲此動而彼說,亦隨之義,故爲隨。己能隨物,物來隨己,彼此相從,其通易矣。故其占爲元亨,然必利於貞,乃得无咎。若所隨不貞,則雖大亨而不免於有咎矣。春秋傳,穆姜女曰,有是四德,隨而无咎,我皆无之,豈隨也哉。今按四德雖非本義,然其下云云,深得占法

〔註541〕陳惠玲:《《上海博物館藏戰國楚竹書（三）·周易》研究》(臺灣師範大學國文教學所碩論,2005 年 8 月),頁216~217。

之意。（頁89～90）

南懷瑾、徐芹庭《周易今註今譯》：

隨卦。具有根元的、亨通的、利益的、貞正的四種德性。沒有災咎。

（頁126）

玉姍案：隨卦上兌澤，下震雷，象徵雷藏澤中，故隨卦有能知萬物隨於自然天時運行之勢而動靜的象徵。「元亨利貞」，依孔穎達、朱熹文義，當爲「元亨，利貞」二德說，但孔穎達《正義》後又有「有此四德，乃无咎」，前後矛盾，筆者揣想，孔穎達「有此四德，乃无咎」一說，應是受《左傳・襄公九年》：「姜曰：『亡，是於《周易》曰：「隨：元、亨、利、貞，无咎。」元，體之長也。亨，嘉之會也。利，義之和也。貞，事之幹也。……。有四德者，隨而無咎。』」〔註542〕之影響。南、徐則以爲「元、亨、利、貞」四德說。筆者以爲隨卦不如乾、坤二卦爲萬物之根源，而是雷藏澤中，能知萬物隨於自然天時運行之勢而動靜的象徵，故「元」釋爲大較元始義更佳。因有《左傳》爲證，故此採四德說，但「元」應釋爲大義。

今本「隨：元、亨、利、貞，无咎。」意思是：隨卦能隨於自然運行而知動靜，故有巨大的、亨通的、有利的、貞正的象徵。能有此四德，故沒有災咎。

上博本作「陜：元、鄉、杒、貞，亡咎。」阜陽本作「隨：元、亨、利、貞，无咎。卜病者……。」帛書本作「隋：元亨，利貞，无咎。」其義均與今本同。

（二）爻辭考釋

1. 上博《周易》：初九：官又愈，貞吉。出門交又工。

2. 阜陽《周易》：初九：官有渝，貞吉。出門交有功。……吉。

3. 帛書《周易》：初九：官或諭，貞吉。出門交有功。

4. 今本《周易》：初九：官有渝，貞吉。出門交有功。

【文字考釋】

阜陽本初九爻辭殘，據今本補。

〔註542〕（晉）杜預注，（唐）孔穎達正義：《春秋左傳正義》（台北：藝文印書館，1989年），頁526

（一）帛書本、今本「出門交有功」之「功」，上博本作「工」。

　　玉姍案：「工」、「功」二字上古音皆爲見紐東部，可通假。《禮記‧月令》：「功有不當」，《呂氏春秋‧孟冬紀》「功」作「工」。

【爻辭釋讀】

〈象〉曰：

　　「官有渝」，從正吉也。「出門交有功」，不失也。（頁56）

王弼《注》：

　　居隨之始，上无其應，无所偏繫，動能隨時，意无所主者也。隨不以欲，以欲隨宜者也。故官有渝變，隨不失正也。出門无違，何所失哉！（頁56）

孔穎達《正義》：

　　官謂執掌之職。人心執掌，與官同稱，故人心所主，謂之「官渝變」也。此初九既无其應，无所偏繫，可隨則隨，是所執之志有能渝變也。唯正是從，故「貞吉」也。「出門交有功」者，所隨不以私欲，故見善則往隨之，以此出門，交獲其功。「隨不以欲，以欲隨宜」者，若有其應，則有私欲。以无偏應，是所隨之事不以私欲，有正則從，是以欲隨其所宜也。（頁56）

朱熹《易本義》：

　　卦以物隨爲義，爻以隨物爲義。初九以陽居下，爲震之主。卦之所以爲隨者也，既有所隨，則有所偏主而變其常矣。惟得其正則吉，又當出門以交，不私其隨，則有功也。（頁90）

南懷瑾、徐芹庭《周易今註今譯》：

　　隨卦的第一爻（初九），象徵主管職事的官位有了變化。須要貞正自守，纔是吉的。如果出門交接的對象，會有功利。（頁128）

　　玉姍案：「官」，孔穎達以爲人心所主。于省吾以爲通「觀」，「觀有渝，謂觀有變也。」〔註543〕南、徐以爲「主事之官」。筆者以爲初九居隨卦之始，无所相應偏繫，當隨正而從之，所隨不以私欲，故從孔穎達釋爲「人心所主」似乎較佳。隨善而往，以此出門，則能交獲其功而得貞吉。

　　今本「初九：官有渝，貞吉。出門交有功。」意思是：初九居隨卦之始，

───────────────

〔註543〕于省吾：《易經新證》（台北：藝文印書館，1975年9月），頁96～97。

无所偏繫，象徵主管人之心能隨時變化，隨其正而從之，如此則可貞正得吉，出門則能交獲其功。

上博本作「初九：官有渝，貞吉。出門交有功。……吉。」阜陽本作「初九：官有渝，貞吉。出門交有功。……吉。」帛書本作「初九：官或諭，貞吉。出門交有功。」其義均與今本同。

1. 上博《周易》：六二：係少子，遊丈夫。
2. 阜陽《周易》：六三〈二〉：係小子，失丈夫。卜……。
3. 帛書《周易》：六二：係小子，失丈夫。
4. 今本《周易》：六二：係小子，失丈夫。

【文字考釋】

（一）阜陽本「六二」誤作「六三」。

玉姍案：阜陽本「六三」當爲「六二」之筆誤，此據今本修訂。

（二）帛書本、今本「失丈夫」之「失」，上博本作「遊」。

玉姍案：簡文「遊」字，是楚系文字「失」的特殊寫法。見本論文第二章第八節比卦九五爻文字考釋。

【爻辭釋讀】

〈象〉曰：

　　「係小子」，弗兼與也。（頁56）

王弼《注》：

　　陰之爲物，以處隨世，不能獨立，必有係也。居隨之時，體分柔弱，而以乘夫剛動，豈能秉志違于所近？隨此失彼，弗能兼與。五處己上，初處己下故曰「係小子，失丈夫」也。（頁56）

孔穎達《正義》：

　　「小子」謂初九也。「丈夫」謂九五也。初九處卑，故稱「小子」。五居尊位，故稱「丈夫」。六二既是陰柔，不能獨立所處，必近係屬初九，故云「係小子」。既屬初九，則不得往應于五，故云「失丈夫」也。（頁56）

朱熹《易本義》：

　　初陽在下而近，五陽正應而遠。二陰柔不能自守以須正應。故其象

　　如此，凶咎可知，不假言矣。」（頁90）

南懷瑾、徐芹庭《周易今註今譯》：

　　隨卦的第二爻（六二），有聯係小子，失去丈夫的象徵。（頁56）

　　玉姍案：六二以柔居陰，其質柔弱，須乘剛而動，但初九與九五不能同時兼得。因此有繫於初九小子，而失去九五丈夫的現象。王弼、孔穎達以下學者多由此立說，此亦從之。

　　今本「六二：係小子，失丈夫。」意思是：六二柔弱，有係隨初九小子，而失去九五丈夫的象徵。

　　上博本作「六二：係少子，遊丈夫。」阜陽本作「六三〈二〉：係小子，失丈夫。卜……。」帛書本作「六二：係小子，失丈夫。」其義均與今本同。

1. 上博《周易》：六晶：係丈夫，遊少子。陸求又㝵，杒尻貞。
2. 阜陽《周易》：六三：係丈夫，失小子。隋有求得，利虛貞。卜家……
3. 帛書《周易》：六三：係丈夫，失小子。隋有求得，利居貞。
4. 今本《周易》：六三：係丈夫，失小子。隨有求得，利居貞。

【文字考釋】

　　阜陽本六三爻辭殘，據今本補。

（一）今本「隨有求得」，上博本作「陸求又㝵」，帛書本作「隋有求得」。

　　玉姍案：廖名春以為「『陸求又㝵』即『隨，求有得』。是說隨從，則要求會有所實現。……儘管王弼本、帛書《易經》本、阜陽漢簡本皆作『隨有求得』，但比較起來，還是楚簡本的『隨求有得』語意更順暢。」〔註544〕陳惠玲以為「楚簡本六三爻作『係丈夫，遊少子。陸求又㝵，杒尻貞。』是說六三依附著九四剛爻的丈夫，雖失去小子，但只要隨從，就能求而有所得，所以更應該貞正自處才能得利。因此簡本讀作『隨，求有得』；今本、帛書本、阜陽本亦可讀作「隨有『求得』」，與簡本相去不大。不一定非讀為「隨，有求必得」不可。〔註545〕審其爻辭之義，上博本「陸求又㝵」與阜陽本、帛書本、今本「隨有求得」文義皆可通。目前所見版本中只有上博本作「陸

____

〔註544〕廖名春：〈楚簡《周易》校釋記（二）〉，簡帛網站2004年4月23日。
〔註545〕陳惠玲：《《上海博物館藏戰國楚竹書（三）・周易》研究》（臺灣師範大學國文教學所碩論，2005年8月），頁224。

求又旻」，亦有可能爲抄寫之誤，故不從廖說。

（三）今本「利居貞」之「居」，上博本作「（尻）」，阜陽本作「虛」。
濮茅左以爲「尻」作「居」，但於字形演變無釋：

> 「尻」，《説文・几部》：「尻，処也，从尸、几，尸得几而止也。《孝
> 經》曰：『仲尼尻』，尻，謂閒居如此。」《玉篇》：「與居同。」〔註
> 546〕

季師以爲：

> 「尻」應該是「處」的省體，但是它可能有兩個讀音，一是讀「九
> 魚切」，與「居」同源，音義俱近，因此文獻往往混用無別。……
> 但是，「尻」也可以讀「處」。《包山》簡 238：「囚左尹舵踐遆尻。」
> 一般讀「尻」爲「處」，字做「」。〔註 547〕

陳惠玲《《上海博物館藏戰國楚竹書（三）・周易》研究》：

> 「尻」字，帛書本、今本作「居」。《郭店・成之聞之》簡八、簡三
> 十四，《郭店・性自命出》簡五四、簡六一，《郭店・語叢三》簡十
> 二、簡三六、簡十、簡十一等「尻」釋爲「處」字。《説文》分「居」、
> 「處」二字。……段玉裁的考辨認爲古人借「蹲居」的「居」爲「尻
> 處」的「尻」，後來「尻」字廢，於是作「居處」。……「尻」應該
> 是源，音義俱近，因此文獻往往混用無別……但是「尻」也可以讀
> 「處」。……《上博三・周易》第十六簡、第二十五簡、第二十六
> 簡，「尻」字對照帛書本、今本皆作「居」，更確定「尻」可讀爲「居」。
> 季師推論是可從的。〔註 548〕

韓自強《阜陽漢簡《周易》研究》：

> 「利虛貞」今本與帛書作之「利居貞」。「虛」與「墟」通。《風俗
> 通・山澤》：「今故盧居處高下者亦名墟。」《廣雅・釋詁》：「墟，
> 尻也。」「尻」，《説文》：「處也。從尸得几而止也。」《玉篇》：「尻

〔註 546〕馬承源主編：《上海博物館藏戰國楚竹書（三）》（上海：上海古籍出版社，2003
年 12 月），頁 159。

〔註 547〕季師旭昇：《説文新證・下》（台北：藝文印書館，2004 年 11 月），頁 250～
251。

〔註 548〕陳惠玲：《《上海博物館藏戰國楚竹書（三）・周易》研究》（臺灣師範大學國
文教學所碩論，2005 年 8 月），頁 224～225。

與居同。」《正韻》:「尻,古居字。」是壚亦是居。〔註549〕

玉姍案:帛書本、今本皆作「居」,上博本作「(尻)」,阜陽本作「壚」。季師以爲「尻」、「處」同源:

> 金文從人、几,示人伏於几上休息之意,虍聲,人形足部加止形。
> (玉姍案:例如「(牆盤)」)。戰國文字省略人形作「虍」(玉姍案:例如「(晉.璽彙414)」)。楚文字省略「虍」作「尻」,音同「居」(玉姍案:例如「(楚包2.7)」)。〔註550〕

據此,上博本作「(尻)」,與戰國楚文字「尻(居)」字寫法同。

阜陽本作「壚」,韓自強以爲「壚」從虍得聲,「虍」與「壚」可通,《廣雅‧釋詁》:「壚,尻也。」《正韻》:「尻,古居字。」故「壚」、「居」可通。筆者案:「虍」古音曉紐魚部,「居」古音見紐魚部,二字聲近韻同,可以通假。如今本《老子》十二章:「難得之貨令人行妨」,帛書甲本「貨」(曉紐歌部)作「𧵣」(見紐歌部)。

【爻辭釋讀】

〈象〉曰:

> 「係丈夫」,志舍下也。(頁57)

王弼《注》:

> 陰之爲物,以處隨世,不能獨立,必有係也。雖體下卦,二已據初,將何所附?故舍初係四,志在「丈夫」。四俱无應,亦欲于己隨之,則得其所求矣,故曰「隨有求得」也。應非其正,以係于人,何可以妄曰「利居貞」也?初處己下,四處己上,故曰「係丈夫,失小子」也。(頁57)

孔穎達《正義》:

> 六三陰柔,近于九四,是係于「丈夫」也。初九既被六二之所據,六三不可復往從之,是「失小子」也。「隨有求得」者,三從往隨于四,四亦更无他應,己往隨于四,四不能逆己,是三之所隨,有求而皆得也。「利居貞」者,己非其正,以係于人,不可妄動,唯

〔註549〕韓自強:《阜陽漢簡《周易》研究》(上海:上海古籍出版社,2004年7月),頁114。
〔註550〕季師旭昇:《說文新證‧下》(台北:藝文印書館,2004年11月),頁249。

利在俱處守正，故云「利居貞也」。「四居无應」者，三既无應，四亦

无應，是四與三俱无應也。此六二、六三因陰陽之象，假丈夫、小子

以明人事，餘无義也。（頁 57）

朱熹《易本義》：

丈夫，謂九四。小子，亦謂初也。（頁 91）

南懷瑾、徐芹庭《周易今註今譯》：

隨卦的第三爻（六三），有聯繫丈夫、失去小子的象徵。雖然有隨所

求而得的現象，但自處貞正的更爲有利。（頁 129）

玉姍案：六三以柔爻居陽位，質弱不能獨立，而初九又被六二所據，無法

與六三相係，故曰「失小子」，所以六三只好係於九四，故曰「係丈夫」。失其

位而非正，因此不可妄動，利於居處守貞。王弼以下學者多由此立說，此亦從

之。

今本「六三：係丈夫，失小子。隨有求得，利居貞。」意思是：六三陰柔

不能獨立，有繫於九四丈夫，而失去與初九小子相係的象徵。雖然往隨能有所

得，但此時更利於居處守正。

上博本作「六晶：係丈夫，遊少子。陸求又㝊，秎尻貞。」阜陽本作「六

三：係丈夫，失小子。隋有求得，利虗貞。卜家……」帛書本作「六三：係丈

夫，失小子。隋有求得，利居貞。」其義均與今本同。

1. 上博《周易》：九四：陸又㒸，貞工。又孚才道已明，可咎？

2. 阜陽《周易》：九四：隨有獲，貞凶。有孚在道以明，何咎？……罪。

3. 帛書《周易》：九四：隋有獲，貞凶。有復在道已明，何咎？

4. 今本《周易》：九四：隨有獲，貞凶。有孚在道以明，何咎？

【文字考釋】

阜陽本九四爻辭殘，據今本補。

（一）今本「隨有獲」之「獲」，上博本作「䰅（𦣞）」。

濮茅左隸定爲「雙」，「獲」之初文；或釋爲「𦣞」，讀爲「獲」：

「雙」，屬下簡首字，从佳（玉姍案：當「隹」之誤）、从受，即「隻」

字，「獲」之初文，字見於甲骨文，如：「𤔔」（《京都大學人文科學

研究所藏甲骨文字》一〇五九）、「𤔔」（《殷虛書契續編》二·一六·

四），象雙手捕獲鳥之形。〔註551〕

黃錫全以爲此字作「朧」，讀爲「獲」：

> 據字形當釋爲《說文》的「朧」，《戰國文字編》323 頁對這種字形列
> 入「朧」下是對的，讀爲「獲」。「丹」形右豎與「隹」左豎合書。《汗
> 簡》有訛從「片」者。〔註552〕

陳惠玲《《上海博物館藏戰國楚竹書（三）・周易》研究》：

> 惠玲案：「𢾅」字，原考釋作兩解「雙」或「朧」，黃錫全認爲應釋爲
> 「朧」。同樣字形出現在《上博三・周易》簡三十七作「𢾅」、簡四十
> 八作「𢾅」。據原考釋所引古文資料，「𢾅」（《京都大學人文科學研究
> 所藏甲骨文字》一〇五九）、「𢾅」（《殷虛書契續編》二・一六・四）
> 一個手形在上，另一個在下方，有以雙手捕獲鳥的之形，爲「隻」字，
> 「獲」之初文，和簡文字形不太類似。我們再比對曾出現過的「朧」
> 字，𢾅（《隨縣》91）、𢾅（《包》2.62）、𢾅（《包》2.65）、𢾅（《包》
> 2.94）、𢾅（《包》2.193），其字形和簡文此字同，「丹」作偏旁右豎筆
> 和「隻」字左豎筆共用，因此簡文此字我們從黃錫全之說釋爲「朧」，
> 讀爲「獲」。以窄式隸定應作「朧」。〔註553〕

玉姍案：楚文字中有「朧」字，𢾅（《隨縣》91）、𢾅（《包》2.62）、𢾅（《包》
2.65）、𢾅（《包》2.94）、𢾅（《包》2.193），其字形與上博本簡文𢾅（上 3.周.17）、
𢾅（上 3.周.37）、𢾅（上 3.周.48）寫法相似，「丹」作偏旁右豎筆和「隻」字
左豎筆共用，故從黃錫全之說釋爲「朧」，讀爲「獲」。窄式隸定應作「朧」。

（二）帛書本、今本「貞凶」之「凶」，上博本作「工」。

玉姍案：帛書本、今本「貞凶」之「凶」，上博本作「工」。「工」上古音見
紐東部，「凶」上古音曉紐東部，見、曉聲近，如《蔡侯申鐘》：「自乍訶鐘。」
王輝《古文字通假字典》云：「『訶（曉紐歌部）鐘』讀爲『歌（見紐歌部）鐘』。」

〔註551〕馬承源主編：《上海博物館藏戰國楚竹書（三）》（上海：上海古籍出版社，2003
　　　　年 12 月），頁 159～160。
〔註552〕黃錫全：〈讀上博《戰國楚竹書（三）》箚記六則〉，簡帛研究網站 2004 年 4
　　　　月 29 日。
〔註553〕陳惠玲：《《上海博物館藏戰國楚竹書（三）・周易》研究》（臺灣師範大學國
　　　　文教學所碩論，2005 年 8 月），頁 228～229。

－355－

〔註554〕廖名春以爲「如依楚簡，「凶」作「工」而讀爲「功」，就是說隨從有收穫，一直貞正不二，就會進而有功。文從字順，顯然比「貞凶」好。」〔註555〕陳惠玲以爲「貞凶可釋爲「過於陽剛堅貞，因而有凶」，如此一來較能符合卦象的意思。本文依帛書本、今本作「凶」字，不從廖名春之說。」陳惠玲之說可從。九四陽剛之爻，逼近九五尊位，容易功高震主，引來凶機，故應守正明理，以免得咎。故依帛書本、今本作「凶」字。上博本「工」字，可能爲抄寫者筆誤，或「工」、「凶」聲近韻同，可以通假。

【爻辭釋讀】

〈象〉曰：

> 「隨有獲」，其義凶也。「有孚在道」，明功也。（頁57）

孔穎達《正義》：

> 處說之初，下據二陰，三求係己，不距則獲，故曰「隨有獲」也。居于臣地，履非其位，以擅其民，失其臣道，違其正理，故「貞凶」也。體剛居說而得民心，雖違常義，志在濟物，心存公誠，著信在于正道，有功以明，更有何咎？故云「有孚在道以明，何咎」也。（頁57）

朱熹《易本義》：

> 九四以剛居上之下，與五同德，故其占隨而有獲，然勢陵於五，故雖正而凶。惟有孚在道而明，則上安而下從之，可以无咎也。（頁91）

南懷瑾、徐芹庭《周易今註今譯》：

> 隨卦的第四爻（九四），隨之而來，是有所獲的象徵。雖然堅貞，但也有凶。然而還有孚信而守道，足可以申明其事，何嘗會有災咎？（頁229）

陳惠玲《《上海博物館藏戰國楚竹書（三）・周易》研究》：

> 惠玲案：「有孚在道以明，何咎？」……王、孔、朱、于、黃、南、徐皆以「孚」爲「信」義。《周易》「孚」多作「信」義，高亨作「罰」，〔註556〕於爻義不通。于省吾斷句作「有孚哉！道以明，何咎。」〔註557〕亦可通。「在」字，王弼、孔穎達作「在於」。朱熹云：「有孚在

〔註554〕王輝：《古文字通假字典》（北京：中華書局，2008年2月），頁542。
〔註555〕廖名春：〈楚簡《周易》校釋記（二）〉，簡帛網站2004年4月23日。
〔註556〕高亨《周易古經今注》，（台北：文笙書局，1981年3月），頁64～65。
〔註557〕于省吾：《易經新證》（台北：藝文印書館，1975年9月），頁70。

道而明」，同孔說。本文以爲「在」作「載」義，亦可通。于省吾作「哉」，語助辭，可通。黃師慶萱作「作事符合於道理」，〔註558〕南懷瑾、徐芹庭作「還有孚信而守道」，「有孚在道」的「在」字作連詞「而」。〔註559〕

　　玉姍案：陳惠玲整理各家注「孚」、「在」之義，其結論可從。九四陽爻處外卦之初，雖有才能能得六二、六三之相隨歸附，但居於臣位，履非其位，也易功高震主（九五）引來猜忌，反而招致凶險，故曰「貞凶」。此時必須著信於正道，以明其忠心，才能免於災咎。學者多以爲「孚」爲「信」，此亦從之。賴師貴三則提出「孚」在此可作「俘」，與「有獲」前後呼應。〔註560〕亦提供另一條思考方向。

　　今本「九四：隨有獲，貞凶。有孚在道以明，何咎？」意思是：九四能得六二、六三之相隨歸附而有所獲，但過於陽剛貞正則恐有凶。若能篤信正道，以明其誠，又怎會有災咎呢？

　　上博本作「九四：陸又䐿，貞工。又孚才道已明，可咎？」帛書本作「九四：隋有獲，貞凶。有復在道已明，何咎？」其義均與今本同。

1. 上博《周易》：九五：孚于嘉吉。
2. 阜陽《周易》：九五：復嘉 吉。卜……有患 難者 解。
3. 帛書《周易》：九五：復于嘉吉。
4. 今本《周易》：九五：孚于嘉吉。

【文字考釋】

（一）阜陽本「復嘉吉」比它本少一「于」字。

　　玉姍案：阜陽本「復嘉吉」比它本少一「于」字，可能爲抄手漏寫。

（二）今本「孚于嘉吉」之「嘉」，上博本作「嘉（　　）」。

　　濮茅左以爲當釋「嘉」：

　　　「嘉」，或从「禾」，《包山楚簡》作「　　」（七四）、「　　」（一五九）；《侯馬盟書》作「　　」、「　　」，形同。《爾雅・釋詁》：「嘉」，「美

〔註558〕黃師慶萱：《周易讀本》（台北：三民書局，2001年3月），頁229。
〔註559〕陳惠玲：《《上海博物館藏戰國楚竹書（三）・周易》研究》（臺灣師範大學國文教學所碩論，2005年8月），頁230～232。
〔註560〕賴師貴三於2009年12月17日博士論文發表會中提出。

也」、「善也」。〈象〉曰：「『孚天嘉，吉』，位正中也。」〔註561〕

陳惠玲《《上海博物館藏戰國楚竹書（三）‧周易》研究》：

惠玲案：簡文「𥝩」釋爲「嘉」字無誤。原考釋以爲「嘉」或從「禾」，可疑。「嘉」，甲骨文作𠃜（《甲》10678）從壴從力，金文作𠁣（嘉姬鼎）從壴從力從爪，戰國文字作𥘵（《包》2.74）、𥘵（《包》2.140），戰國文字或省爪，壴形或省爲禾，口形或易爲言。〔註562〕故簡文「𥝩」字，從禾從力從爪，「禾」形爲「壴」形省，釋作「嘉」正確。〔註563〕

玉姍案：「嘉」，甲文作𠃜（《甲》10678）從壴從力，金文作𠁣（嘉姬鼎）從壴、從加、從爪，其原始字義爲何學界至今未有定論。戰國文字或省爪，壴形或省爲禾，口形或易爲言。簡文𥝩之「爪」、「加」部件皆在，「壴」形則省爲「禾」，與侯馬盟書𢼸（晉.侯馬92.5）相似，「𥝩」與「𢼸」的惟一相異處是𢼸字省去「爪」形。故簡文「𥝩」釋爲「嘉」字無誤。

【爻辭釋讀】

〈象〉曰：

「孚于嘉吉」，位正中也。（頁57）

王弼《注》：

履正居中，而處隨世，盡「隨時」之宜，得物之誠，故「嘉吉」也。（頁57）

孔穎達《正義》：

嘉，善也。履中居正，而處隨世，盡隨時之義，得物之誠信，故獲美善之吉也。（頁57）

朱熹《易本義》：

陽剛中正，下應中正，是信于善也。占者如是，其吉宜矣。（頁92）

南懷瑾、徐芹庭《周易今註今譯》：

隨卦第五爻（九五）的象徵，有信孚於嘉慶。吉。（頁130）

〔註561〕馬承源主編：《上海博物館藏戰國楚竹書（三）》（上海：上海古籍出版社，2003年12月），頁160。

〔註562〕參季師旭昇：《說文新證‧上》（台北：藝文印書館，2002年10月），頁396。

〔註563〕陳惠玲：《《上海博物館藏戰國楚竹書（三）‧周易》研究》（臺灣師範大學國文教學所碩論，2005年8月），頁232～233。

　　玉姍案：「嘉」，王弼以爲「善也」。黃師慶萱作「嘉禮」。〔註564〕審其文義，九五履正居中，象徵能夠盡隨時之宜，得物之誠信，而獲嘉吉。筆者以爲「嘉善」之說涵蓋較廣，故從王弼之說。

　　今本「九五：孚于嘉吉。」意思是：九五履正居中，有孚信而得物之誠，有美善之吉。

　　上博本作「九五：孚于嘉吉。」阜陽本作「九五：復嘉吉。卜……有患難者解。」帛書本作「九五：復于嘉吉。」其義均與今本同。

1. 上博《周易》：上六：係而敏之，從乃嚻之。王用宫于西山。

2. 阜陽《周易》：上六：拘係之，乃從維之。王用亨于支山。卜有求……

3. 帛書《周易》：尚九〈六〉：枸係之，乃從鼆之。王用芳于西山。

4. 今本《周易》：上六：拘係之，乃從維之。王用亨于西山。

【文字考釋】

　　阜陽本上六爻辭殘，據今本補。

（一）「上六」，帛書本作「尚九」。

　　玉姍案：帛書本「尚九」當爲「尚六」之筆誤，依今本修訂。

（二）今本「拘係之」，上博本作「係而敏之」，帛書本作「枸係之」。

　　濮茅左以爲：

　　　　「敏」，《玉篇》：「敏，或作扣。」〔註565〕

陳惠玲《《上海博物館藏戰國楚竹書（三）‧周易》研究》：

　　　　惠玲案：「敏」字，《性情論》簡十四、《性自命出》簡二十三也有

　　　　出現，裘錫圭讀爲「厚」、〔註566〕陳偉讀爲「昀」、〔註567〕李零

　　　　讀爲「夠」，〔註568〕「敏」、「昀」、「夠」三字皆從「句」得聲，

〔註564〕黃師慶萱：《周易讀本》（台北：三民書局，2001年3月），頁230。

〔註565〕馬承源主編：《上海博物館藏戰國楚竹書（三）》（上海：上海古籍出版社，2003年12月），頁160。

〔註566〕《郭店楚墓竹簡》，（北京：文物出版社，1998年5日），頁182。

〔註567〕李零：〈郭店楚簡校讀記〉，《道家文化研究第十七輯『郭店楚簡專號』》（北京：生活‧讀書‧新知三聯書店，1999年8月），頁72。

〔註568〕李零：〈郭店楚簡校讀記〉，《道家文化研究第十七輯『郭店楚簡專號』》（北京：生活‧讀書‧新知三聯書店，1999年8月），頁72。

三字可通讀。今本作「拘」亦從「句」得聲，故「敂」可通讀爲「拘」。楚簡本作「係而敂之」未必較今本作「拘係之」流暢。「係」、「拘」當爲同時之動作，難謂有多大之承續關係。〔註569〕

玉姍案：今本「拘係之」，上博本作「係而敂之」，帛書本作「枸係之」。「拘」、「枸」、「敂」皆由「句」得聲，可以通假，當以「拘」爲本字。今本「拘係之」與上博本「係而敂（拘）之」意思相近，只是敘述方式略有不同，故不取廖名春「有『而』字句式更協調。特別是『而』除能表示並列關係外，還能表示順承關係……楚簡的『係而敂（拘）之』較之『拘係之』更勝」〔註570〕之說。

（四）今本「乃從維之」，上博本作「從乃矔之」，帛書本作「乃從矔之」。

張立文《周易帛書今注今譯》：

「乃從矔（維）之」。孫經世經傳釋詞補：「乃，猶又也。」並引本爻辭，云：「言又從而維之也。」……廣雅釋詁二：「維，係也。」「乃從矔（維）之」，言又從而縛綁之。〔註571〕

濮茅左以爲「矔」讀爲「纗」，或讀爲「維」：

「矔」，同「哇」，《集韻》：「哇，或作矔。」讀爲「纗」，或讀爲「維」。《說文·系部》：「纗，維綱中繩也。從糸巂聲。讀若畫，或讀若維。」拘係不從者，既服從，則綏之以德，以係屬其心，中心悅而誠服。〔註572〕

廖名春以爲應讀爲「縱乃懳之」：

「從」讀爲「縱」。……所謂「縱」，即「赦」、「出」。「矔」……疑讀爲「懳」。《說文·心部》：「懳，有二心也。從心，巂聲。」……「縱乃懳之」，是說儘管商紂王釋放了文王，但文王因而產生了背離商紂王的「二心」。〔註573〕

〔註569〕陳惠玲：《《上海博物館藏戰國楚竹書（三）·周易》研究》（臺灣師範大學國文教學所碩論，2005 年 8 月），頁 196。

〔註570〕廖名春：〈楚簡《周易》校釋記（二）〉，簡帛網站 2004 年 4 月 23 日。

〔註571〕張立文（張憲江）：《周易帛書今注今譯》（台北：臺灣學生書局，1991 年），頁 567。

〔註572〕馬承源主編：《上海博物館藏戰國楚竹書（三）》（上海：上海古籍出版社，2003 年 12 月），頁 160。

〔註573〕廖名春：〈楚簡《周易》校釋記（二）〉，簡帛網站 2004 年 4 月 23 日。

陳惠玲《《上海博物館藏戰國楚竹書（三）‧周易》研究》：

> 楚簡本「從乃疄之」與帛書本「乃從麕之」、熹平石經本、今本「乃從維之」，有二處不同。1.楚簡本「從乃」作「從而」解，《儀禮‧燕禮注》：「轉乃爲而者，乃是緩辭。」疏：「乃猶而也。」廖名春「從」作「縱」，於上六爻辭的文意上恐不通順。2.廖名春以爲楚簡本的「疄」、帛書本的「麕」、熹平石經本和王弼本的「維」都是借字，本字當作「懁」，即爲「二心」的意思。今本上六爻辭「拘係之，乃從維之，王用亨于西山。」依卦象來看，上六陰柔，九五陽剛，是要拘繫九五而隨上六，強行挽留，有卑弱係於陽剛之義。因此「維」作「二心」解，意思可能不太適切。楚簡本上句「係而敏之」，下句「從乃疄之」，是說拘束繫縛不從者，從而攜維之。在此「疄」與「維」，義近互用，有「維繫、提攜」之義。楚簡本「疄」，從田、巂（匣／支）聲，與今本「維」（喻／微），聲韻不算近，「疄」當讀爲「攜」，與「維」義近互用。〔註574〕

玉姍案：陳惠玲之分析可從。今本「乃從維之」，上博本作「從乃疄之」，帛書本作「乃從麕之」。上博本作「從乃疄之」即「從而疄之」；今本「乃從維之」之「乃」爲連接詞，即如今日口語中之「於是、就」；「從乃疄之」與「乃從維之」兩種說法意思相近，廖名春以爲「從」作「縱」，恐非也。

今本「維」，上博本作「疄」，帛書本作「麕」。于豪亮《周易帛書》：「麕爲巂的異體字，假作繀。說文：『繀，維綱中繩也。從糸巂聲。讀若畫，或讀若維。』繀字讀若維，自可假作維，因此雟與麕亦可假作維。」〔註575〕濮茅左以爲《集韻》：「畦，或作疄。」「疄」讀爲「繀」，或讀爲「維」。「疄」與「麕」皆由巂得聲，可假借爲「繀」，繀字讀若維，故「疄」與「麕」亦可假作「維」。兩人之說皆可從。陳惠玲以爲「疄」，從田、巂（匣／支）聲，與今本「維」（喻／微），聲韻不算近，「疄」當讀爲「攜（玉姍案：或「繀」字）」，與「維」義近互用。亦可參考。

（五）今本「王用亨于西山」，上博本作「王用亯于西山」，帛書本作「王用芳于西山」。

〔註574〕陳惠玲：《《上海博物館藏戰國楚竹書（三）‧周易》研究》（臺灣師範大學國文教學所碩論，2005 年 8 月），頁 236～237。

〔註575〕于豪亮：〈帛書《周易》〉，《文物》1984 年第 3 期，頁 20。

濮茅左以爲「盲」爲「祭盲」之「盲」。「西山」有二義：

> 「王」，指文王，或泛指。「盲」，獻「祭盲」之「盲」。「西山」，
> 岐山在周西，文王所治之地。文王居岐山之下，一年成邑，二年
> 成都，三年五倍其初，王業興於此，能亨盛其王業於西山。或「西
> 山」指西方險阻之地。〔註576〕

季師以爲此爻中，王既未必是文王，西山亦未必是岐山：

> 學者釋「王用亨于西山」之「王」爲「文王」，或受《易緯乾鑿度》
> 之影響：「譬猶文王，至崇之德，顯中和之美，拘民以禮，係民以
> 義，當此之時，仁恩所加，靡不隨從，咸悅其德，得用道之正，
> 故言「王用亨于西山」。」對於這樣的說法，顧頡剛評之爲「沒有
> 確實的根據」（《參顧頡剛〈周易卦爻辭中的故事〉》）。則王既未必
> 是文王，西山亦未必是岐山，「亨」（與享古本一字）從王弼、孔
> 穎達釋「通」，舊說仍可通。〔註577〕

陳惠玲《《上海博物館藏戰國楚竹書（三）‧周易》研究》：

> 「享」、「亨」同爲「盲」字，後來才分化爲二字。因此楚簡本「盲」
> 字，有可能是「亨」或是「享」。阜陽本、今本作「亨」爲同字，
> 廖名春以爲乃誤書，不必。從王弼、孔穎達釋作「通」即可。爻
> 辭中提到「王」、「西山」，因沒有確實證據，從季師之說，未必是
> 文王、岐山。〔註578〕

　　玉姍案：「享」、「亨」皆爲「盲」字之分化，上博本「盲」字在此應同
今本讀作「亨」，釋亨通義較佳。廖名春以爲「阜陽本、今本作『亨』爲『享』
字之誤」，〔註579〕有待商榷。因爲爻辭中提到「拘係之乃從」，表示有軍事
行動而能執繫俘虜，此爲亨通之象。「王」、「西山」，因沒有確實證據證明其
爲人、地之專名，故未必是專指文王、岐山。

【爻辭釋讀】

〔註576〕馬承源主編：《上海博物館藏戰國楚竹書（三）》（上海：上海古籍出版社，2003
　　　　年12月），頁160。

〔註577〕季師旭昇主編：《上海博物館藏戰國楚竹書（三）讀本》（台北：萬卷樓，2005
　　　　年10月），頁48～49。

〔註578〕陳惠玲：《《上海博物館藏戰國楚竹書（三）‧周易》研究》（臺灣師範大學國
　　　　文教學所碩論，2005年8月），頁238。

〔註579〕廖名春：〈楚簡《周易》校釋記（二）〉，簡帛網站2004年4月23日。

〈象〉曰：

「拘係之」，上窮也。（頁 57）

王弼《注》：

隨之為體，陰順陽者也。最處上極，不從者也。隨道已成，而特不從，故「拘係之乃從」也。「率土之濱，莫非王臣」，而為不從，王之所討也，故「維之，王用亨于西山」也。兌為西方，山者，途之險隔也。處西方而為不從，故王用通于西山。（頁 57）

孔穎達《正義》：

若欲維係此上六，王者必須用兵，通于西山險難之處，乃得拘係也。山謂險阻，兌處西方，故謂「西山」。令有不從，必須維係，此乃王者必須用兵通于險阻之道，非是意在好刑，故曰「王用亨于西山」。（頁 57）

朱熹《易本義》：

居隨之極，隨之固結而不可解者也。誠意之極，可通神明。故其占為王用亨于西山。亨，亦當作祭享之享。自周而言，岐山在西，凡筮祭山川者得之，其誠意如是，則吉也。（頁 92）

南懷瑾、徐芹庭《周易今註今譯》：

隨卦第六爻（上六）的象徵，有須要拘束來繫係它，纔能隨從而維持聯繫。同時而有王者祭祀於西山之神的作用。（頁 130）

玉姍案：上六陰柔，不肯追隨九五，因此九五要拘繫上六，從而攜維之。若以人事比象之，則如欲繫維不服從的對手，王者必須用兵，通于西山險難之處，乃得拘係也。王者用兵非因好刑，而是因為令有不從，必須維係。「亨」，此作通也，指王能順利通過西山險難之處，故曰「王用亨于西山」。上博本「從乃」即「從而」之意，於文意中與帛書本、今本「乃從」可通。南、徐作「有須要拘束來繫係它，纔能隨從而維持聯繫」，又云：「同時而有王者祭祀於西山之神的作用。」前後文似無關連。

今本「上六：拘係之，乃從維之。王用亨于西山。」意思是：上六象拘束繫縛不從者，從而拘係之，因此君王要通過西山險阻之地以打倒不從者。

上博本作「上六：係而敓之，從乃嚻之。王用亯于西山。」阜陽本作「上六：拘係之，乃從維之。王用亨于支山。卜有求……」帛書本作「尚九〈六〉：枸係之，乃從鼉之。王用芳于西山。」其義均與今本同。

第十八節　蠱　卦

一、卦名釋義

《說文》：「蠱，腹中蟲也。春秋傳曰『皿蟲為蠱，晦淫之所生也，梟磔
死之鬼亦為蠱。』」（頁 683）玉姍案：「蠱」，甲骨文作 （《京》454）、（《佚》
723），象聚蟲於皿中之形，讓毒蟲互相噬咬，最後僅存獨活者乃為最毒之蠱
蟲，《說文》作「腹中蟲」，疑誤。孔穎達《正義》曰：「蠱者，事也。褚氏云：
『蠱者，惑也。物既惑亂，終致損壞，當須有事也，有為治理也。故序卦云：
『蠱者，事也』謂物蠱必有事，非謂訓蠱為事』，義當然也。」（頁 57）「蠱」
之本義為最毒之蟲，引伸有惑亂、敗壞之義。物既敗亂而萌生事端，須徹底
治理。故蠱卦之「蠱」採其「多事」之引伸義。

〈序卦〉：「以喜隨人者必有事，故受之以蠱。蠱者，事也。」（頁 187）
李道平《周易集解纂疏》：「愚案：《書‧益稷》曰：『肱股喜哉，元首起哉』。
終之以『庶事康哉』，是以喜隨人者必有事也。然事不生於治而生於亂。孔疏
引褚氏云：『蠱者，惑也。物既惑亂，終致損壞，當須有事也，有為治理也。
故〈序卦〉云：『蠱者，事也』謂物蠱必有事，非謂訓蠱為事。』得其義矣。」
（頁 216）喜隨人者必有事，但事不治則生亂。故蠱卦在隨卦之後。

蠱卦，今本卦畫作「䷑」，上艮山，下巽風。〈象〉曰：「山下有風，蠱。
君子以振民育德。」王弼《注》：「既巽又止，不競爭也。有事而无競爭之患，
故可以有為也。」孔穎達《正義》：「『振民』象『山下有風』；『育德』象山在
上也。」（頁 57）玉姍案：蠱卦卦畫作「䷑」，上艮山，下巽風，象山下有風，
風聚集於此因而生事。君子當效法而有治事精神，用以振興民生，培育德業。

二、卦爻辭考釋

（一）卦辭考釋

1. 上博《周易》：蠱：元鄉，利涉大川。选甲晶日，逡甲晶日。

2. 阜陽《周易》：蠱：元亨，利涉大川。先甲三日，後甲三日。

3. 帛書《周易》：箇：元吉，亨，利涉大川。先甲三日，後甲三日。

4. 今本《周易》：蠱：元亨，利涉大川。先甲三日，後甲三日。

【文字考釋】

　　阜陽本、帛書本卦辭殘，皆據今本補。

（一）今本蠱卦之「蠱」，上博本作「蛊」，帛書本作「箇」。

　　濮茅左以爲「蛊」即「蠱」：

　　　「蛊」即「蠱」字，甲骨文作🐛（甲骨文合集 6016），从虫、從皿，
　　　簡文同。〔註 580〕

　　玉姍案：「蠱」，甲骨文作🐛（《京》454）、🐛（《佚》723），象聚蟲於皿
中之形，讓毒蟲互相噬咬，最後僅存獨活者乃爲最毒之蠱蟲。今楷書寫作
「蠱」，象皿中有三虫，以三虫表示數量之眾也。而甲骨文或作從皿從虫，或
作從皿從蚰，亦象聚蟲於皿中之形。上博簡寫作「蛊」，从虫從皿，與甲骨文🐛
（《京》454）形同。

　　帛書本作「箇」，「箇」、「蠱」古音皆在見紐魚部，聲韻皆同可以相通。

（二）帛書本、今本作「先甲三日」之「先」，上博本作「选」。

　　玉姍案：「选」以「先」爲聲符，故二字可以通假。濮茅左以爲「选爲『先』
之繁文」，〔註 581〕筆者以爲「选」未必爲「先」之繁文，亦有可能爲不同義之
通假字。

（三）今本「元亨」，帛書本殘，僅存「吉亨」二字，據今本補「元」字，較
　　　他本多一「吉」字。

　　玉姍案：今本「元亨」，帛書本殘，僅存「吉亨」二字，據今本補「元」
字，今本與上博本皆無「吉」字。張立文以爲「王弼本、周易集解本、周易
本義本均作『元亨』而無『吉』字。帛書周易本有『吉』字。今依帛書本。」
〔註 582〕但筆者以爲眾版本僅有帛書本有「吉」字，此亦可能爲抄手訛寫，張
說有待商榷。「元亨」謂其事開始便得亨通，「元吉，亨」謂其事開始便吉祥
而亨通。兩種說法意思接近。

【卦辭釋讀】

〔註 580〕馬承源主編：《上海博物館藏戰國楚竹書（三）》（上海：上海古籍出版社，2003
　　　　　年 12 月），頁 161～162。

〔註 581〕馬承源主編：《上海博物館藏戰國楚竹書（三）》（上海：上海古籍出版社，2003
　　　　　年 12 月），頁 162。

〔註 582〕張立文（張憲江）：《周易帛書今注今譯》（台北：臺灣學生書局，1991 年），
　　　　　頁 219。

〈彖〉曰：

蠱，剛上而柔下，巽而止，蠱。蠱，元亨而天下治也。「利涉大川」，
往有事也。「先甲三日，後甲三日」，終則有始，天行也。（頁 57）

〈象〉曰：

山下有風，蠱。君子以振民育德。（頁 57）

孔穎達《正義》：

蠱者，事也。有事營爲，則大得通。有爲之時，利在拯難，故「涉
大川」也。「先甲三日，後甲三日」者，甲者創制之令，既在有爲之
時，不可因仍舊令。今用創制之令以治于人，人若犯者，未可即加
刑罰，以民未習，故先此宣令之前三日，殷勤而語之，又如此宣令
之後三日，更丁寧而語之，其人不從，乃加刑罰也。其褚氏、何氏、
周氏等並同鄭義，以爲「甲」者造作新令之日，甲前三日，取改過
自新，故用辛也。甲後三日，取丁寧之義，故用丁也。今案輔嗣《注》，
「甲者，創制之令」，不云創制之日。又《巽》卦九五「先庚三日，
後庚三日」，輔嗣《注》：「申命令謂之庚」，輔嗣又云：「甲、庚皆申
命之謂。」則輔嗣不以甲爲創制之日，而諸儒不顧輔嗣《注》旨，
妄作異端非也。（頁 57）

朱熹《易本義》：

蠱壞之極，亂當復治，故其占爲元亨而利涉大川。甲，日之始，事
之端也。先甲三日，辛也。後甲三日，丁也。前事過中而將壞，則
可自新以爲後事之端，而不使至於大壞。後事方始而尚新，然更當
致其丁寧之意，以監其前事之失，而不使至於速壞，聖人之戒深也。
（頁 89～90）

南懷瑾、徐芹庭《周易今註今譯》：

蠱卦。具有根元的、亨通的德性。它的現象，有利於涉渡大川。」
在時間上，最適宜於甲日干的前三天，與甲日干的後三天。（頁 132）

陳惠玲《《上海博物館藏戰國楚竹書（三）·周易》研究》：

「蠱」字，先秦典籍所見，多有不正之義，王、孔雖未明言，但應
該也有類似的意思。通考經傳，「蠱」字約有四義：一、《說文》：「蠱，
腹中蟲也。」二、《爾雅·釋詁》：「蠱，疑也。」三、《周易·雜卦
傳》：「蠱則飭也。」四、《周易·序卦傳》：「蠱者事也。」以上四義，

前三義皆有不正之義，第四義雖未明言不正，然恐怕其事也不免有疑惑、不正之處。本文雖從王弼、孔穎達釋「事」，然應有疑惑、不正之義。不正，所以需要革正。……

惠玲案：「先甲三日，後甲三日」歷來眾多解說，條列整理如下：

1. 《子夏傳》云：「先甲三日者，辛、壬、癸也。後甲三日者，乙、丙、丁也。」〔註583〕

2. 馬融云：「甲在東方。艮在東北，故云先甲。巽在東南，故云後甲。所以十日之中，唯稱甲者，甲爲十日之首。蠱爲造事之端，故舉初而明事始也。言所以三日者，不令而誅謂之暴。故令先後各三日，欲使百姓遍習，行而不犯也。」〔註584〕

3. 虞翻云：「震庚也。謂變初至二成離，至三成震。震主庚，離爲日，震三爻在前，故先庚三日，謂益時也。動四至五成離，終上成震，震爻在後，故後庚三日也。巽初失正，終變成震，得位，故无初有終吉。震究爲蕃鮮，白謂巽白，巽究爲躁卦，躁卦謂震也。與蠱先甲三日後甲三日同義。……」〔註585〕

4. 孔穎達云：「先甲三日，後甲三日者，甲者創制之令，既在有爲之時，不可因仍舊令，今用創制之令，以治於人，人若犯者，未可即加刑罰，以民未習，故先此宣令之前三日，殷勤而語之，又如此宣令之後三日，更丁寧而語之，其人不從乃加刑罰也，其褚氏、何氏、周氏等並同。」

5. 《白虎通‧郊祀》云：「祭日用丁與辛何，先甲三日辛也，後甲三日丁也。皆可以接事昊天之日。」〔註586〕

6. 《正義》引鄭義云：「以爲甲者造作新令之日，甲前三日，取改過自新，故用辛也，甲後三日，取丁寧之義，故用丁也。」〔註587〕

7. 王引之曰：「蠱『先甲三日，後甲三日。』巽九五：『先庚三日，

〔註583〕（唐）李鼎祚撰，李一忻點校《周易集解》，（北京：九州出版社，2003年2月），頁121引。

〔註584〕（唐）李鼎祚撰，李一忻點校《周易集解》，（北京：九州出版社，2003年2月），頁121引。

〔註585〕引自于省吾：《易經新證》（台北：藝文印書館，1975年9月），頁98～99。

〔註586〕引自于省吾：《易經新證》（台北：藝文印書館，1975年9月），頁99。

〔註587〕引自于省吾：《易經新證》（台北：藝文印書館，1975年9月），頁99。

後庚三日，吉。』甲庚乃十日之名。先甲三日，後甲三日，先庚
三日，後庚三日，皆行事之吉日也。事必諏日以行，故蠱用先後
甲之辛與丁，巽用先後庚之丁與癸也。」〔註588〕

8. 于省吾以爲蠱爲有事之卦，事必諏日以行。而先後中三日，稱「三」
   者爲約略之詞，即爲先甲數日，後甲數日。〔註589〕

9. 高亨云：「先甲三日後甲三日乃承利涉大川而言，謂筮遇此爻，
   涉大川而利，唯利在甲前之辛日，與甲後之丁日，餘日則不利也。
   故曰，利涉大川，先甲三日後甲三日。」〔註590〕

10. 南懷瑾、徐芹庭以爲：「最適宜於甲日干的前三天，與甲日干的
    後三天。」

    古時以天干來記年、月、日。十天干爲甲、乙、丙、丁、戊、己、
    庚、辛、壬、癸。甲爲天干之首，常用作宣令之日的開始。政令需
    提前公佈，用甲前三日「辛」同音假借爲「新」，有取改過自新之義，
    甲後三日「丁」有叮嚀之義。馬融、孔穎達《正義》引皆有此義。
    此用意爲蠱卦象徵事多，需要加以整頓。〔註591〕

　　玉姍案：「蠱」及「先甲三日」之「甲」作何義解，自古以來說法繁多，
陳惠玲已整理詳細，故不再贅敘。「蠱」字原意爲以皿蓄養毒蟲，故此採其「不
正」之義。「甲」，多數學者以爲即天干計時日之單位，筆者亦以爲蠱卦討論
其事不正而須變革，故先甲三日爲「辛」（同音假借爲「新」，引申有改過自
新之義），後甲三日爲「丁」（引申有叮嚀之義）。

　　今本「蠱：元亨，利涉大川。先甲三日，後甲三日。」意思是：蠱卦是
元始即亨通的，有利於涉渡大川的象徵。在先甲三日的辛日，頒佈新政令進
行革新，在後甲三日的丁日，對人民反復叮嚀，才能徹底整頓。

　　上博本作「盅：元鄉，利涉大川。选甲晶日，逶甲晶日。」其義與今本
同。

　　帛書本作「箇：元吉，亨，利涉大川。先甲三日，後甲三日。」意思是：

〔註588〕引自高亨：《周易古經今注》（台北：文笙書局，1981年3月），頁66。
〔註589〕于省吾：《易經新證》（台北：藝文印書館，1975年9月），頁100～103。
〔註590〕高亨：《周易古經今注》（台北：文笙書局，1981年3月），頁66～67。
〔註591〕陳惠玲：《《上海博物館藏戰國楚竹書（三）·周易》研究》（臺灣師範大學國
　　　　文教學所碩論，2005年8月），頁244～247。

蠱卦是元始即吉祥亨通的，有利於涉渡大川的象徵。在先甲三日的辛日，頒佈新政令進行革新，在後甲三日的丁日，對人民反復叮嚀，才能徹底整頓。

（二）爻辭考釋

1. 上博《周易》：初六：榦父之蛊，又子，攷亡咎，礪冬吉。
2. 阜陽《周易》：初六：榦父之蠱，有子，考无咎，厲冬吉。卜有……。
3. 帛書《周易》：初六：榦父之箇，有子，巧无咎，厲終吉。
4. 今本《周易》：初六：幹父之蠱，有子，考无咎，厲終吉。

【文字考釋】

（一）今本「幹父之蠱」之「幹」，上博本作「𣏾（榦）」。阜陽本、帛書本作「榦」。

濮茅左以爲隸爲「榦」，讀爲「幹」：

「榦」，讀爲「幹」。《類篇》：「幹，能事也。」《玉篇》：「幹，體也。」〈象〉曰：「『幹父之蠱』，意承考也。」幹父之事，承考盡心，承繼其業，一依父命，量事制宜，成父之美。有子如此，父則无咎。〔註592〕

陳惠玲《《上海博物館藏戰國楚竹書（三）・周易》研究》：

惠玲案：「榦」，《說文》：「築牆耑木也。从木，軒聲。」「𣏾」形可作「榦」窄式隸定，或作「榦」寬式隸定。此字亦見《帛書乙》作𣏾、𣏾，爲擎天神木。楚簡本作「榦（榦）」，與今本作「幹」爲同一字。〔註593〕

　　玉姍案：今本「幹父之蠱」之「幹」，上博本作「𣏾（榦）」，阜陽本、帛書本作「榦」。張立文引《爾雅釋詁》：「楨，榦也。」《釋文》：「榦，本又作幹。」〔註594〕陳惠玲以爲「𣏾」形可作「榦」窄式隸定，或作「榦」寬式隸定；上博本「榦（榦）」，與今本「幹」當爲同一字。張、陳二者之說皆可從。

【爻辭釋讀】

〔註592〕馬承源主編：《上海博物館藏戰國楚竹書（三）》（上海：上海古籍出版社，2003年12月），頁162。

〔註593〕陳惠玲：《《上海博物館藏戰國楚竹書（三）・周易》研究》（臺灣師範大學國文教學所碩論，2005年8月），頁248。

〔註594〕張立文（張憲江）：《周易帛書今注今譯》（台北：臺灣學生書局，1991年），頁222。

〈象〉曰：

　　幹父之蠱，意承考也。（頁 58）

王弼《注》：

　　任爲事首，能堪其事，「考」乃无咎也，故曰「有子，考无咎」也。

　　當事之首，是以危也。能堪其事，故「終吉」。（頁 58）

孔穎達《正義》：

　　「幹父之蠱」者，處事之首，以柔巽之質，幹父之事，堪其任也。「有

　　子，考无咎」者，有子既能堪任父事，「考」乃「无咎」也。以其處

　　事之初，若不堪父事，則「考」有咎也。「厲終吉」者，厲，危也。

　　既爲事初，所以危也。能堪其事，所以「終吉」也。（頁 58）

朱熹《易本義》：

　　幹，如木之幹。枝葉之所附而立者也。蠱者，前人已壞之緒，故諸

　　爻皆有父母之象。子能幹之，則飭治而振起矣。初六蠱未深而事易

　　濟，故其占爲有子，則能治蠱而考得无咎，然亦危矣。（頁 93～94）

南懷瑾、徐芹庭《周易今註今譯》：

　　蠱卦的第一爻（初六），象徵能幹父親的事業。有好的兒子，能幹老

　　父的事業。沒有災咎。但要勉勵勤奮，纔能得到終結的吉慶。（頁 134）

陳惠玲《《上海博物館藏戰國楚竹書（三）·周易》研究》：

　　「考」，《禮記·曲禮下》：「生曰父曰母，死曰考曰妣。」故「考」

　　爲「亡父」。本文「考」字取「亡父」義。〔註 595〕

　　　玉姍案：「有子考无咎」斷句方式有二，一爲「有子，考无咎」，「考」爲

「亡父」，王弼、孔穎達皆作此說。一爲「有子考，无咎」「考」通「孝」，于

省吾作此說。〔註 596〕二種斷句意義相近，此依王、孔之說。

　　　「幹」，朱熹以爲「幹，如木之幹。」高亨以爲讀爲「榦」，與「管」音

義皆通。〔註 597〕《說文》：「榦，築牆耑木也。」段《注》：「榦，俗作幹。」

（頁 225）「幹」是築牆時支撐在牆兩端的木材，引申有支持之義。筆者以爲

以「幹」引伸義解之即可，不必再通爲「榦」。

〔註 595〕陳惠玲：《《上海博物館藏戰國楚竹書（三）·周易》研究》（臺灣師範大學國
　　　　　文教學所碩論，2005 年 8 月），頁 251。

〔註 596〕于省吾：《易經新證》（台北：藝文印書館，1975 年 9 月），頁 104。

〔註 597〕高亨《周易古經今注》，（台北：文笙書局，1981 年 3 月），頁 67～68。

初六為蠱卦之初，王弼以為有子能承先軌，堪其任者也；能堪其事，其先父乃能无咎。而繼承之初，雖有危也，但能得終吉。學者多承王弼之說立論，此亦從之。

今本「初六：幹父之蠱，有子，考无咎，屬終吉。」意思是：蠱卦初六象徵能繼承並導正父親的遺業，父親就不會有遺留惡名的災咎。剛開始可能會有危屬，但最後是吉祥的。

上博本作「初六：櫏父之盅，又子，攷亡咎，礪多吉。」阜陽本作「初六：餘父之蠱，有子，考无咎，屬多吉。卜有……」帛書本作「初六：餘父之箇，有子，巧无咎，屬終吉。」其義均與今本同。

1. 上博《周易》：九二：櫏母之盅，不可貞。
2. 阜陽《周易》：九二：幹母之蠱，不可貞。
3. 帛書《周易》：九二：餘母之箇，不可貞。
4. 今本《周易》：九二：幹母之蠱，不可貞。

【文字考釋】

阜陽本、帛書本九二爻辭殘，據今本補。

【爻辭釋讀】

〈象〉曰：

　　「幹母之蠱」，得中道也。（頁 58）

王弼《注》：

　　幹不失中，得中道也。（頁 58）

孔穎達《正義》：

　　居內處中，是幹母事也。「不可貞」者，婦人之性，難可全正，宜屈
　　己剛，不可固守貞正，故云「不可貞」也。（頁 58）

李鼎祚《周易集解》：

　　案：二為陰位，又居於內，女司中饋，故為母象。〔註598〕

朱熹《易本義》：

　　九二剛中，上應六五，子幹母蠱而得中之象。以剛承柔而治其壞，
　　故又戒以不可堅貞，言當巽以入之也。（頁 94）

〔註598〕（清）李道平撰，潘雨廷點校：《周易集解纂疏》（北京：中華書局，2004 年 4 月），頁 220。

南懷瑾、徐芹庭《周易今註今譯》：

　　蠱卦的第二爻（九二），象徵能幹母親的事業。但不可以堅貞不變。

　　（頁 135）

　　玉姍案：二為陰位，又居於內，象徵女司中饋，故為「母象」。王弼以為九二居於內中，此時適宜繼承母親的事業。但九二為陽爻，屬性較為剛直，於繼承之時，需要屈克己剛，雖不失中正之道，又不能一味固守貞正，方能順利，故朱熹云：「以剛承柔而治其壞」。

　　今本「九二：幹母之蠱，不可貞。」意思是：九二居於內卦之中，象能繼承並導正母親的遺業，但不可以太過堅貞剛強。

　　上博本作「九二：梀母之盅，不可貞。」阜陽本作「九二：幹母之蠱，不可貞。」帛書本作「九二：榦母之箇，不可貞。」其義均與今本同。

1. 上博《周易》：九晶：梀父之盅，少又晦，无大咎。
2. 阜陽《周易》：九三：幹父之蠱，小有欮，无大咎。
3. 帛書《周易》：九三：榦父之箇，少有愍，无大咎。
4. 今本《周易》：九三：幹父之蠱，小有晦，无大咎。

【文字考釋】

　　上博本、阜陽本九三爻辭殘，據今本補。

【爻辭釋讀】

〈象〉曰：

　　幹父之蠱，終无咎也。（頁 58）

王弼《注》：

　　履得其位，以正幹父，雖小有悔，終无大咎。（頁 58）

孔穎達《正義》：

　　幹父之蠱，小有悔者，以剛幹事而无應，故小有悔也。无咎者，履得其位，故終无大咎也。（頁 58）

朱熹《易本義》：

　　過剛不中，故小有悔。巽體得正，故无大咎。（頁 94）

南懷瑾、徐芹庭《周易今註今譯》：

　　蠱卦的第三爻（九三），象徵能幹父親的事業。雖然小有懊悔。但沒

有大的災咎。（頁 135）

玉姍案：九三以剛爻居陽位，以陽剛之態繼承父業，王弼以爲九三陽剛又無應，故「有悔」；但能履得其位，所以沒有大災咎。朱熹以爲九三過剛不中，因此小有悔。二說皆可，此採王弼之說。

今本作「九三：幹父之蠱，小有晦，无大咎。」意思是：九三陽剛而無應，象徵能以剛強之態繼承導正父親的遺業，雖然稍有懊悔，卻沒有大災咎。

上博本作「九晶：榦父之盅，少又晦，无大咎。」阜陽本作「九三：幹父之蠱，小有咎，无大咎。」帛書本作「九三：榦父之箇，少有愨，无大咎。」其義均與今本同。

1. 上博《周易》：六四：裕父之蠱，往見吝。
2. 阜陽《周易》：六四：裕父之蠱，往見吝。
3. 帛書《周易》：六四：浴父之箇，往見閵。
4. 今本《周易》：六四：裕父之蠱，往見吝。

【文字考釋】

上博本、阜陽本六四爻辭部份均殘，據今本補。

（一）今本「裕父之蠱」之「裕」，帛書本作「浴」。

玉姍案：「裕」、「浴」古音皆爲喻四屋部，聲韻皆同，故可通假。

【爻辭釋讀】

〈象〉曰：

「裕父之蠱」，未得也。（頁 58）

《周易集解》引虞翻云：

裕，不能爭也。孔子曰「父有爭子，則身不陷于不義。」（頁 221）

孔穎達《正義》：

「裕父之蠱」者，體柔當位，幹不以剛，而以柔和能容裕父之事也。
「往見吝」者，以其無應，所往之處，見其鄙吝，故「往未得」也。
（頁 58）

朱熹《易本義》：

以陰居陰，不能有爲。寬裕以治蠱之象也。如是，則蠱將日深，故往則見吝。戒占者不可如是也。（頁 94）

南懷瑾、徐芹庭《周易今註今譯》：

> 蠱卦的第四爻（六四），有須以寬容優裕以處理父親事情的象徵。如
> 果再往前去，面前便會見到塞吝的現象。（頁 136）

玉姍案：六四以柔居陰，故不適宜強爭，王弼、孔穎達以爲「裕」爲柔和，虞翻引《中庸》曰：「寬裕溫柔」，二者意思相近皆可。黃師慶萱以爲「寬容父親過失而不去改正」，〔註600〕筆者以爲黃師說法近於故意縱容，王、孔「手段過於柔和」之說法近有心無力，蠱卦旨在繼承導正先人遺業，故王、孔說法較佳。意指承繼父業時，若手段過於柔和，且無外力相支援，此時無法步步爲營、小心謹慎，則易生災吝。

今本「六四：裕父之蠱，往見吝。」意思是：六四體柔無應，象徵以寬緩柔和的手段承繼父親事業，如只知往前直衝而不謹慎，則必見悔吝。

帛書本作「六四：浴父之箇，往見閵。」其義與今本同。

1. 上博《周易》：六五：幹父之蠱，用譽。
2. 阜陽《周易》：六五：幹父之蠱，用譽。
3. 帛書《周易》：六五：榦父之箇，用輿。
4. 今本《周易》：六五：幹父之蠱，用譽。

【文字考釋】

上博本、阜陽本六五爻辭均殘，據今本補。

【爻辭釋讀】

〈象〉曰：

> 「幹父用譽」，承以德也。（頁 58）

《周易集解》引荀爽云：

> 體和應中，承陽有實。用斯幹事，榮譽之道也。（頁 221）

孔穎達《正義》：

> 「幹父之蠱，用譽」者，以柔處尊，用中而應，以此承父，用有聲譽。（頁 58）

朱熹《易本義》：

> 柔中居尊，而九二承之以德，以此幹蠱，可致聞譽，故其象占如此。

〔註600〕黃師慶萱：《周易讀本》（台北：三民書局，2001 年 3 月），頁 238。

（頁 95）

南懷瑾、徐芹庭《周易今註今譯》：

　　蠱卦第五爻（六五）的象徵。幹承老父的事業，須用養成聲譽。（頁
　　136）

　　玉姍案：六五以柔處尊，而承應上九，故有剛柔並濟之象。以此承父，
必定能有好聲譽。

　　今本「六五：幹父之蠱，用譽。」意思是：六五以柔處尊而承應上九，
象能繼承並導正父親的遺業，因此能獲得好的聲譽。

　　帛書本作「六五：榦父之箇，用輿。」其義與今本同。

1. 上博《周易》：上九：不事王侯，高尚其事。
2. 阜陽《周易》：上九：不事王矦，高上其事。卜史……。
3. 帛書《周易》：尚九：不事王矦，高尚其德。兇
4. 今本《周易》：上九：不事王侯，高尚其事。

【文字考釋】

　　上博本、阜陽本上九爻辭殘，皆據今本補。

（一）帛書本較其他版本多一「兇」字。

　　玉姍案：帛書本較他本多一「兇」字。韓自強以爲「『志』即可爲後人效
法，帛書卻曰『兇』」於爻義相左。」〔註601〕由爻辭「不事王侯，高尚其德」
看來，是正面而可爲效法之事，實在不太可能導致「凶」的結果。且今所見
《上博》本、《阜陽》本、《周易集解》本、《周易本義》本皆亦無「凶」字，
極有可能爲帛書本寫手誤植。張立文提出：「不爲王侯任使則是高尚的事，是
對於隱者、不仕者的贊揚。然帛書周易作『上九：不事王侯，高尚其事，兇。』
則是對不爲王侯任使，自以爲德行高尚的譴責，一褒一貶，意思完全相反。」
〔註602〕提供另一思考方向。

【爻辭釋讀】

〔註601〕韓自強：《阜陽漢簡《周易》研究》（上海：上海古籍出版社，2004 年 7 月），
　　　　頁 116。
〔註602〕張立文（張憲江）：《周易帛書今注今譯》（台北：臺灣學生書局，1991 年），
　　　　頁 227。

〈象〉曰：

　　不事王侯，志可則也。（頁 58）

孔穎達《正義》：

　　最處事上，不復以世事爲心，不係累于職位，故不承事王侯。但自

　　尊高慕，尚其清虛之事，故云高尚其事也。（頁 58）

朱熹《易本義》：

　　剛陽居上，在事之外，故爲此象，而占與戒，皆在其中矣。（頁 95）

南懷瑾、徐芹庭《周易今註今譯》：

　　蠱卦第六爻（上九）的象徵。不去從事王侯的事業，但高尚其志，

　　作自己本分的事。（頁 137）

陳惠玲《《上海博物館藏戰國楚竹書（三）·周易》研究》：

　　帛書本作「尚九：不事王庹（侯），高尚其德。兒（凶）。」斷辭作「凶」，

　　疑是上九不得其位，而又無應。六五陰柔，不得爲卦之主，若上九又

　　崇尚清虛之事，則無首頭領率，因此爲凶。以時代而論，秦漢以後大

　　一統，君權日高，不事王侯，自然是凶。東漢嚴光（字子陵）不事王

　　侯，高尚其事，而能得到光武帝的優容，史上極爲少見。〔註603〕

　　玉姍案：「不事王侯」之「事」，孔穎達以爲「承事」、「侍奉」之義，指以
臣下身分侍奉王侯。南、徐以爲是「從事」之義，意指追求從事王侯事業。二
者明顯意思不同。審度爻辭，上九處事之極，象徵遠離事務，不復以世事爲念，
崇尚清虛之事，故曰「高尚其事」故二說似乎皆可通。此暫從孔穎達舊說。

　　今所見上博本、阜陽本、王弼本、周易集解本、周易本義本均無「凶（兒）」
字，唯有帛書本多一「兒」字，導致文義完全相反。今本「上九：不事王侯，
高尚其事。」王弼、孔穎達以爲上九最處事上，不復以世事爲心，不係累于
職位，故不承事王侯。但自尊高慕，尚其清虛之事，故云「高尚其事」也；
對於「不事王侯，高尚其事」並未下吉凶褒貶之斷語。而帛書周易作「上九：
不事王侯，高尚其事，兒。」張立文則認爲是對不爲王侯任使，自以爲德行
高尚的譴責，可備一說。

　　今本「上九：不事王侯，高尚其事。」意思是：上九處於上位，而不承
事王侯，崇尚清虛之事。

〔註603〕陳惠玲：《《上海博物館藏戰國楚竹書（三）·周易》研究》（臺灣師範大學國
　　　　文教學所碩論，2005 年 8 月），頁 256。

阜陽本作「上九：不事王侯，高上其事。卜史……。」其意與今本同。

帛書本作「尙九：不事王侯，高尙其德。兇。」意思是：上九處上位，而不承事王侯，崇尙清虛之德，如此作爲會導致凶險。

第十九節　臨　卦

一、卦名釋義

《說文》：「臨，監也。從臥、品聲。」（頁 392）〈彖〉曰：「臨，剛浸而長，說而順，剛中而應，大亨以正，天之道也，至于八月有凶，消不久也。」（頁 58）孔穎達《正義》：「〈序卦〉云：『臨，大也。』以陽之浸長，其德壯大，可以監臨於下，故曰臨也。」（頁 58）「臨」爲監臨之義，臨卦認爲君子當壯大其德，以監臨於下。

〈序卦〉曰：「蠱者，事也。有事而後可大，故受之以臨。」（頁 187）《周易集解》引崔覲曰：「有蠱元亨，則可大之業成。故曰『有事然後可大』也。」（頁 222）〈彖〉：「蠱元亨而天下治。」天下治，則可大之業成矣。故臨卦在蠱卦之後。

臨卦今本卦畫作「䷒」，下兌澤，上坤地。〈象〉曰：「澤上有地，臨。君子以教思无窮，容保民无疆。」（頁 58）孔穎達《正義》：「澤上有地者，欲見地臨於澤，在上臨下之義，故云澤上有地也。君子以教思无窮者，君子於此臨卦之時，其下莫不喜說和順，在上但須教化思念无窮已也。欲使教恒不絕也，容保民无疆者，容謂容受也，保安其民，无有疆境，象地之闊遠，故云无疆也。」（頁 58）《周易集解》引荀爽曰：「澤卑地高，高下相臨之象也。」（頁 224）玉姍案：臨卦下兌澤，上坤地，故有澤上有地、在上臨下之象。九五君子觀之而體悟君上臨於下民，當保安其民，无有疆境，而使教化恒久無窮也。

二、卦爻辭考釋

（一）卦辭考釋

1. 上博《周易》：【缺簡】

2. 阜陽《周易》：林：元亨，利貞，至于八月有凶。

3. 帛書《周易》：林：元亨，利貞，至于八月有凶。

4. 今本《周易》：臨：元亨，利貞，至于八月有凶。

【文字考釋】

　　阜陽本、帛書本卦辭殘，皆據今本補。

（一）今本「臨」，阜陽本、帛書本均作「林」。

　　玉姍案：今本「臨」，阜陽本、帛書本均作「林」。「臨」、「林」上古音均為來紐侵部，聲韻皆同，故二字可通。

【卦辭釋讀】

〈彖〉曰：

　　臨，剛浸而長。說而順。剛中而應，大亨以正，天道也。至于八月有凶。消不久也。（頁58）

《周易集解》引鄭玄曰：

　　臨，大也。陽氣自此浸而長大，陽浸長矣。而有四德，齊功于乾，盛之極也。（頁227）

王弼《注》：

　　陽轉進長，陰道日消，君子日長，小人日憂，「大亨以正」之義。八月陽衰而陰長，小人道長，君子道消也，故曰「有凶」。（頁59）

孔穎達《正義》：

　　以陽之浸長，其德壯大，可以監臨於下，故曰「臨也」。剛既浸長，說而且順，又以剛居中，有應於外，大得亨通，而利正也，故曰「元亨利貞也」。至于「八月有凶」者，以物盛必衰，陰長陽退，臨為建丑之月，從建丑至于七月建申之時，三陰既盛，三陽方退，小人道長，君子道消，故八月有凶也，以盛不可終保，聖人作易以戒之也。（頁59）

朱熹《易本義》：

　　臨，進而臨逼於物也。二陽進長以逼於陰，故為臨，十二月之卦也。又其為卦，下兌說，上坤順。九二以剛居中，上應六五，故占者大亨而利於正。然至於八月當有凶也。八月，謂自《復》卦一陽之月，至於《遯》卦二陰之月，陰長陽遯之時也。或曰：八月，謂夏正八月，於卦為觀，亦臨之反對也。又因占而戒之。（頁95）

南懷瑾、徐芹庭《周易今註今譯》：

　　象辭冬季十二月二陽昇騰於四陰之下的現象。但本卦的卦辭，卻以

至於八月有凶而言，這是什麼道理呢？因爲十二辟卦中代表八月的
觀卦，恰與臨卦互反相綜，變成二陽息退於四陰之上的現象。根據
陰陽互相消息而形成勝負的道理。所以便說「八月有凶」。（頁138）

玉姍案：漢代象數易學孟喜卦氣圖，以公、辟、侯、大夫、卿，分當六
十卦，而十二消息卦皆值辟位，爲故又名「十二辟卦」。今列表於下：〔註604〕

卦名	復卦	臨卦	泰	大壯	夬卦	乾卦	姤卦	遯卦	否卦	觀卦	剝卦	坤卦
月份	十一月	十二月	一月	二月	三月	四月	五月	六月	七月	八月	九月	十月
又名	子月	丑月	寅月	卯月	辰月	巳月	午月	未月	申月	酉月	戌月	亥月

代表八月的觀卦（卦畫作「☶☷」）與代表十二月的臨卦（卦畫作「☱☷」）
卦畫互反相綜，根據陰陽互相消息而形成勝負的道理。所以便說「八月有凶」。

臨卦有二陽在下，陽之浸長，象徵其德壯大，可以監臨於下；陽轉進長，
陰道日消，君子日長，小人日憂，有大亨以正之義。但代表八月的觀卦（卦
畫作「☶☷」）與代表十二月的臨卦（卦畫作「☱☷」）卦畫互反相綜，二者陰陽
互相牴觸，而形成陽衰陰長，有小人道長君子道消之象徵，故有凶。

今本作「臨：元亨，利貞，至于八月有凶。」意思是：臨卦二陽在下，
其德壯大，有元亨利於貞正之德。但代表八月的觀卦與代表十二月的臨卦卦
畫互反相綜，二者陰陽相牴而形成陽衰陰長，有小人道長君子道消之象徵，
故有凶。

帛書本作「林：元亨，利貞，至于八月有凶。」意思與今本同。

（二）爻辭考釋

1. 上博《周易》：【缺簡】

2. 阜陽《周易》：初九：咸臨，貞吉。

3. 帛書《周易》：初九：禁林，貞吉。

4. 今本《周易》：初九：咸臨，貞吉。

〔註604〕按《舊唐書》卷三十四，頁 1235～1236 表（台北：鼎文書局，1987 年）重
新繪製。

【文字考釋】

阜陽本、帛書本初九爻辭殘，皆據今本補。

（一）今本「咸臨」之「咸」，帛書本作「禁」。

玉姍案：今本「咸臨」之「咸」，帛書本作「禁」。「禁」上古音見紐侵部，「咸」上古音匣紐侵部、二字聲紐皆為牙音，韻部相同，故二字可通。如馬王堆帛書《老子》乙本卷前古佚書《經法・道法》：「虛無有，秋稿成之，必有刑名。」「稿」（見紐宵部）讀為「毫」（匣紐宵部）。張立文以為「禁」、「咸」均有「則」或「常」之義，義同古通，此爻釋為經常。〔註605〕但依傳統易學之說，「咸」於此爻中當釋為「感」，故不從張說。

【爻辭釋讀】

〈象〉曰：

　　咸臨貞吉，志行正也。（頁59）

《周易集解》引虞翻曰：

　　咸，感也。得正應四，故「貞吉」也。（頁225）

王弼《注》：

　　咸，感也；感，應也。有應於四，感以臨者也。四履正位而已應焉，
　　志行正者也。以剛感順，志行其正，以斯臨物，正而獲吉也。（頁59）

朱熹《易本義》：

　　卦為二陽，遍臨四陰，故二爻皆有咸臨之象。初九剛而得正，故其
　　占為貞吉。（頁96）

南懷瑾、徐芹庭《周易今註今譯》：

　　臨卦的第一爻，有都受感召而來臨的象徵。具有貞正而吉慶的現象。
　　（頁139）

玉姍案：初九以陽爻居臨之始，以剛正感應於六四之柔順，六四亦履正而相應，志行得正，以此貞德而臨物，故能得正而獲吉。學者多由此立說，此亦從之。

今本作「初九：咸臨，貞吉。」意思是：初九以剛正感應於六四柔順，六四亦履正相應，以此臨物，故能得貞正而獲吉。

〔註605〕張立文（張憲江）：《周易帛書今注今譯》（台北：臺灣學生書局，1991年），頁445。

帛書本作「初九：禁林，貞吉。」意思與今本同。

1. 上博《周易》：【缺簡】
2. 阜陽《周易》：九二：咸臨，吉，无不利。
3. 帛書《周易》：九二：咸林，吉，无不利。
4. 今本《周易》：九二：咸臨，吉，无不利。

【文字考釋】

阜陽本九二爻辭殘，據今本補。

【爻辭釋讀】

〈象〉曰：

「咸臨，吉，无不利」，未順命也。（頁59）

《周易集解》引虞翻曰：

得中多譽。兼有四陰。體復初。元吉。故「无不利」。（頁225）

王弼《注》：

有應在五，感以臨者也。剛勝則柔危，而五體柔，非能同斯志者也。若順於五，則剛德不長，何由得「吉，无不利」乎？全與相違，則失於感應，其得「感，臨吉，无不利」，必未順命也。（頁59）

孔穎達《正義》：

「咸臨吉」者，咸，感也。有應於五，是感以臨而得其吉也。「无不利」者，二雖與五相應，二體是剛，五體是柔，兩雖相感，其志不同，若純用剛往，則五所不從；若純用柔往，又損己剛性。必須商量事宜，有從有否，乃得「无不利」也。（頁59）

朱熹《易本義》：

剛得中而勢上進，故其占吉而不利也。（頁96）

南懷瑾、徐芹庭《周易今註今譯》：

臨卦的第二爻（九二），也有都受感召而來臨的象徵。是吉的。沒有什麼不利。（頁140）

玉姍案：九二應於六五，剛柔相感，是能得其吉而无不利。

今本作「九二：咸臨，吉，无不利。」意思是：九二應於六五，剛柔相感，是能得其吉而无不利。

　　帛書本作「九二：咸林，吉，无不利。」意思與今本同。

　　1. 上博《周易》：【缺簡】

　　2. 阜陽《周易》：六三：甘臨，无攸利，既憂之，无咎。

　　3. 帛書《周易》：六三：甘林，无攸利，既憂之，无咎。

　　4. 今本《周易》：六三：甘臨，无攸利，既憂之，无咎。

【文字考釋】

　　阜陽本六三爻辭殘，據今本補。

【爻辭釋讀】

〈象〉曰：

> 甘臨，位不當也。既憂之，咎不長也。（頁59）

孔穎達《正義》：

> 「甘臨」者，謂甘美諂佞也。履非其位，居剛長之世，而以邪說臨
> 物，故「无攸利」也。「既憂之无咎」者，既，盡也，若能盡憂其危，
> 則剛不害正，故无咎也。（頁59）

朱熹《易本義》：

> 陰柔不中正，而居下之上，爲以甘說臨人之象。其占固其所利，然
> 能憂而改之，則無咎也。勉人遷善，爲教深矣。（頁96～97）

南懷瑾、徐芹庭《周易今註今譯》：

> 臨卦的第三爻（六三），有甘願來臨的象徵。但無所利。既能處之以
> 憂患的心情，便沒有災咎。（頁140）

　　玉姍案：「甘臨」，王弼、孔穎達、朱熹以爲「以甘美諂佞之說臨人」；虞翻以爲「土爰稼穡作甘，兌口銜坤（土），故曰甘臨」；南懷瑾以爲「甘願來臨」。筆者以爲六三以陰居陽位，陰柔不中正，「以甘美諂佞之說臨人」之說法較能呼應六三「陰柔不正」之特質，故此從王、孔之說。

　　今本「六三：甘臨，无攸利，既憂之，无咎。」意思是：六三陰柔不中正，有以甘美諂佞之說臨人的象徵，這是無由得利的。但若能憂而改之，則沒有咎吝。

　　帛書本作「六三：甘林，无攸利，既憂之，无咎。」意思與今本同。

　　1. 上博《周易》：【缺簡】

2. 阜陽《周易》：六四：至臨，无咎。

3. 帛書《周易》：六四：至林，无咎。

4. 今本《周易》：六四：至臨，无咎。

【文字考釋】

阜陽本六四爻辭殘，據今本補。

【爻辭釋讀】

〈象〉曰：

至臨，无咎位當也。（頁 59）

《周易集解》引虞翻曰：

至，下也。謂下至初，應當位，有實，故「无咎」。（頁 225）

孔穎達《正義》：

履順應陽，不畏剛長，而已應之，履得其位，能盡其至極之善而爲

臨。故云「至臨」。以柔不失正，故「无咎」也。（頁 59）

朱熹《易本義》：

處得其位，下應初九，相臨之至，宜無咎者也。（頁 97）

南懷瑾、徐芹庭《周易今註今譯》：

臨卦的第四爻（六四），象徵臨到。沒有災咎。（頁 141）

玉姍案：六四以柔居陰，處得其位而下應初九，履順應陽，盡臨至極之
善，所以沒有災咎。學者多由此立說，此亦從之。

今本「六四：至臨，无咎。」意思是：六四履順應陽，能盡監臨之善，
所以沒有災咎。

帛書本作「六四：至林，无咎。」意思與今本同。

1. 上博《周易》：【缺簡】

2. 阜陽《周易》：六五：知臨，大君之義，吉。

3. 帛書《周易》：六五：知林，大君之宜，吉。

4. 今本《周易》：六五：知臨，大君之宜，吉。

【文字考釋】

阜陽本、帛書本六五爻辭殘，皆據今本補。

（一）今本「大君之宜」之「宜」，阜陽本均作「義」。

　　玉姍案：今本「大君之宜」之「宜」，阜陽本均作「義」。「義」與「宜」古音均為疑紐歌部，聲韻均同可以通假。

【爻辭釋讀】

〈象〉曰：

　　　　大君之宜，行中之謂也。（頁 59）

《周易集解》引荀爽曰：

　　　　五者，帝位。大君，謂二也。宜升上居五位，吉，故曰「知臨，大君之宜」也。二者處中，行升居五，五亦處中，故曰「行中之謂也」。（頁 226）

孔穎達《正義》：

　　　　處於尊位，履得其中，能納剛以禮，用建其正，不忌剛長而能任之，故聰明者竭其視聽，知力者盡其謀能，是知為臨之道，大君之所宜以吉也。（頁 59）

朱熹《易本義》：

　　　　以柔居中，下應九二，不自用而任人，乃知之事，而大君之宜，吉之道也。（頁 97）

南懷瑾、徐芹庭《周易今註今譯》：

　　　　臨卦的第五爻（六五），象徵以睿知的莅臨。這是適宜於大君的爻象。是吉的。（頁 141）

　　玉姍案：六五處於尊位，柔而居中，象徵以睿智為監臨之道，能任用有能者，有能者亦為其效力，這是適宜於大君的爻象，故能得吉。

　　今本作「六五：知臨，大君之宜，吉。」意思是：六五處於尊位，以睿智為監臨之道，這是適宜於大君的爻象，故能得吉。

　　阜陽本作「六五：知臨，大君之義，吉。」帛書本作「六五：知林，大君之宜，吉。」意思與今本同。

　1. 上博《周易》：【缺簡】

　2. 阜陽《周易》：上六：敦臨吉，无咎。

　3. 帛書《周易》：上六：敦林吉，无咎。

　4. 今本《周易》：上六：敦臨吉，无咎。

【文字考釋】

阜陽本、帛書本上六爻辭殘，皆據今本補。

【爻辭釋讀】

〈象〉曰：

敦臨之吉，志在內也。（頁 59）

《周易集解》引荀爽曰：

上應于三，欲因三升二，過應于陽，敦厚之意，故曰：「敦臨，吉无咎」。（頁 226）

孔穎達《正義》：

敦，厚也。上六處坤之上，敦厚而爲臨，志在助賢，以敦爲德。故云「敦臨，吉」。雖在剛長，而志行敦厚，剛所以不害，故无咎也。（頁 59）

朱熹《易本義》：

居卦之上，處臨之終，敦厚於臨，吉而無咎之道也，故其象占如此。（頁 79）

南懷瑾、徐芹庭《周易今註今譯》：

臨卦的第六爻（上六），象徵敦厚以臨下，是吉的。沒有災咎。（頁 142）

玉姍案：上六居卦之上，處臨之終，象徵以敦厚而監臨。志行敦厚，故能吉而無咎。學者多由此立說，此亦從之。

今本作「上六：敦臨吉，无咎。」意思是：上六居卦之上，象徵以敦厚而監臨。志行敦厚，故能吉而無咎。

帛書本作「上六：敦林吉，无咎。」意思與今本同。

第二十節　觀　卦

一、卦名釋義

《說文》：「觀，諦視也。從見、雚聲。」（頁 412）〈象〉曰：「大觀在上，順而巽，中正以觀天下。」（頁 59）孔穎達《正義》：「居中得正，以觀於天下，謂之觀也。此釋觀卦之名。」（頁 59）「觀」爲諦視之義，觀卦認爲君子當居中得正，以觀於天下。賴師貴三則提出「觀」原指高臺，因可望遠而引申有

望遠觀看之義。〔註606〕《左傳·宣公十二年》:「君盍築武軍而收晉尸以爲京觀?」注:「積尸封土其上謂之京觀。」〔註607〕可備一說。

〈序卦〉曰:「臨者,大也。物大然後可觀,故受之以觀。」(頁187)《周易集解》引崔覲曰:「言德業大者,可以觀政于人,故受之以觀也。」(頁222)德業大者,可以觀政於民。故觀卦在臨卦之後。

觀卦今本卦畫作「☴☷」,下坤地,上巽風。〈象〉曰:「風行地上,觀。先王以省方觀民設教。」(頁59)孔穎達《正義》:「風行地上者,風主號令,行于地上,猶如先王設教,在於民上,故云『風行地上,觀也』。『先王以省方觀民設教』者,以省視萬方,觀看民之風俗,以設於教,非諸侯以下之所爲,故云『先王』也。」(頁59)《周易集解》引《九家易》曰:「先王謂五。應天順民,受命之王也。風行地上,草木必偃,枯槁朽腐,獨不從風,謂應外之爻。天地氣絕,陰陽所去,象不化之民,五刑所加,故以省察四方,觀視民俗,而設其教也。言先王德化,光被四表,有不賓之民,不從法令,以五刑加之,以齊德教也。」(頁231)玉姍案:觀卦下坤地,上巽風,故有風行於地之象。九五君子觀之而體悟風行草偃,當觀視民俗,而施教化民。

二、卦爻辭考釋

(一)卦辭考釋

1. 上博《周易》:【缺簡】

2. 阜陽《周易》:觀:盥而不薦,有孚顒若。

3. 帛書《周易》:觀:盥而不尊,有復顒若。

4. 今本《周易》:觀:盥而不薦,有孚顒若。

【文字考釋】

阜陽本、帛書本卦辭殘,皆據今本補。

(一)今本「盥而不薦」之「薦」,帛書本作「尊」。

玉姍案:今本「盥而不薦」之「薦」,帛書本作「尊」。《說文》:「尊,酒

〔註606〕賴師貴三於2009年12月17日博士論文發表會中提出。

〔註607〕(晉)杜預注,(唐)孔穎達正義:《春秋左傳正義》(台北:藝文印書館,1989年),頁397。

器也。從酉廾以奉之。」《說文》:「薦,獸之所食艸。」「尊」、「薦」上古音均爲精紐文部,聲韻皆通,故二字可通。

【卦辭釋讀】

〈彖〉曰:

　　大觀在上,順而巽,中正以觀天下,觀。盥而不薦,有孚顒若,下觀而化也。觀天之神道,而四時不忒,聖人以神道設教,而天下服矣。(頁59)

《周易集解》引馬融曰:

　　盥者,進爵灌地,以降神也。此是祭祀盛時,及神降薦牲,其禮簡略,不足允也。國之大事,唯祀與戎。王道可觀,在于祭祀。祭祀之盛,莫過初盥降神。故孔子曰:「諦自既灌而往者,吾不欲觀之矣。」此言及薦簡略,則不足觀也。以下觀上,見其至盛之禮,萬民信敬,故雲「有孚顒若」。孚,信。顒,敬也。(頁227)

孔穎達《正義》:

　　觀者,王者道德之美而可觀也,故謂之觀。「觀盥而不薦」者,可觀之事,莫過宗廟之祭盥,其礼盛也。薦者,謂既灌之後,陳薦籩豆之事,故云「觀盥而不薦」也。「有孚顒若」者,孚,信也。但下觀此盛禮,莫不皆化,悉有孚信而顒然。故云「有孚顒若」。「盡夫觀盛則下觀而化」者,「觀盛」謂觀盥礼盛則休而止,是觀其大,不觀其細,此是下之效上,因觀而皆化之矣。故「觀至盥則有孚顒若」者,顒是嚴正之貌,若爲語辭,言「下觀而化」,皆孚信容貌儼然也。(頁59~60)

朱熹《易本義》:

　　觀者,有以示人而爲人所仰也。九五居上,四陰仰之,又內順外巽,而九五以中正示天下,所以爲觀。盥,將祭而潔手也。薦,奉酒食以祭也。顒然,尊敬嚴之貌。言致其潔清而不輕自用,則其孚信在中,而顒然可仰。戒占者當如是也。或曰「有孚顒若」,謂在下之人,信而仰之也。此卦四陰長而二陽消,正爲八月之卦,而名卦繫辭,更取他義,亦扶陽抑陰之意。(頁98)

南懷瑾、徐芹庭《周易今註今譯》:

　　觀卦的現象,象徵齋戒或參與祭祀時的盥洗,但不親加薦祭。猶如己有服信於人心,不必另行作爲,只需齊莊中正以觀臨天下,如此

便可以了。（頁 143）

玉姍案：觀下坤地、上巽風，象徵風行於地，君子行教化，而王者道德之美可觀也。盥，將祭而盥洗潔淨雙手。薦，奉薦酒食以祭神明。常人總以為奉薦酒食以祭神明才是祭禮的高潮，也是最值得注目的場景。但教化之目的在於潔淨百姓之心，猶如盥洗能潔淨雙手一般。故君子行教化，當重視潔淨民心的潛在功能，而非好大喜功的熱鬧場面，故曰「盥而不薦」；孚信在中，則君子之德嚴正可仰。

今本作「觀：盥而不薦，有孚顒若。」意思是：觀卦有君子行教化而風行草偃的象徵。君子行教化，當重視潔淨民心的功能，而非好大喜功的熱鬧場面，有如重視祭祀時的盥禮而非薦禮；則孚信在其中，而君子之德嚴正可仰。

帛書本作「觀：盥而不𡩛，有復顓若。」意思與今本同。

（二）爻辭考釋

1. 上博《周易》：【缺簡】
2. 阜陽《周易》：初六：童觀，小人无咎，君子吝。卜次……
3. 帛書《周易》：初六：童觀，小人无咎，君子閵。
4. 今本《周易》：初六：童觀，小人无咎，君子吝。

【文字考釋】

阜陽本初六爻辭殘，據今本補。

【爻辭釋讀】

〈象〉曰：

初六童觀，小人道也。（頁 60）

孔穎達《正義》：

「童觀」者，處於觀時，而最遠朝廷之美觀。是柔弱不能自進，无所鑒見，唯如童稚之子而觀之，為「小人无咎，君子吝」者。為此觀看，趣在順從而已，無所能為。於小人行之，纔得无咎，若君子行之，則鄙吝也。（頁 60）

朱熹《易本義》：

卦以觀視為義，據九五為主也。爻以觀占為義，皆觀乎九五也。初六陰柔在下，不能遠見，童觀之象，小人之道，君子之羞也。故其

占在小人則无咎，君子得之則可羞矣。（頁99）

南懷瑾、徐芹庭《周易今註今譯》：

　　觀卦的第一爻（初六），象徵童子的觀察。對於小人來說，沒有什麼
　　災咎的，如果是對君子來講，便有塞咎了。（頁144～145）

　　玉姍案：初六以柔爻處觀卦之初，柔弱而不能自進，无所遠見，猶如童
稚之子而觀之。若爲小人則无咎，若爲君子，處大觀之時，而爲童觀，則有
吝。學者多由此立說，此亦從之。

　　今本作「初六：童觀，小人无咎，君子吝。」意思是：初六處觀之初，
柔弱而不能自進，无所遠見，猶如童子的見識。若爲小人則无咎；若爲君子，
處大觀之時而作童觀，則有吝。

　　阜陽本作「初六：童觀，小人无咎，君子吝。卜次……」帛書本作「初
六：童觀，小人无咎，君子闚。」意思皆與今本同。

1. 上博《周易》：【缺簡】

2. 阜陽《周易》：六二：闚觀，利女子貞。

3. 帛書《周易》：六二：覝觀，利女貞。

4. 今本《周易》：六二：闚觀，利女貞。

【文字考釋】

　　阜陽本六二爻辭殘，據今本補。

（一）阜陽本作「利女子貞」，較帛書本、今本多一「子」字異文。

　　玉姍案：帛書本、今本「利女貞」，阜陽本比它本多出「子」字異文。由
於帛書本、今本均無「子」字，阜陽本「子」字可能爲衍文。「女」與「女子」
義同，於文義無差。

（二）今本「闚觀」之「闚」，帛書本作「覝」。

　　玉姍案：今本「闚觀」之「闚」，帛書本作「覝」。「覝」從圭得聲，上
古音爲見紐支韻；「闚」上古音爲溪紐支韻，二字聲近韻同，可通假。如今複
姓「司空」，《珍秦齋藏印・戰國篇》25：「司空（溪紐東部）」作「司工（見
紐東部）」。

【爻辭釋讀】

〈象〉曰：

閱觀女貞，亦可醜也。（頁 60）

《周易集解》引侯果云：

得位居中，上應于五。窺觀朝美，不能大觀。處大觀之時，而爲窺觀。女正則利，君子則醜也。（頁 233）

孔穎達《正義》：

「闚觀，利女貞」者，既是陰爻，又處在卦內，性又柔弱，唯闚窺而觀，如此之事，唯利女之所貞，非丈夫所爲之事也。「猶有應焉，不爲全蒙」者，六二以柔弱在內，猶有九五剛陽與之爲應，則爲有闚窺，不爲全蒙，童蒙如初六也，故能闚而外觀。（頁 60）

朱熹《易本義》：

陰柔居內而觀乎外，「闚觀」之象，女子之正也，故其占如此。丈夫得之，則非所利也。在丈夫則爲醜也。（頁 99）

南懷瑾、徐芹庭《周易今註今譯》：

觀卦的第二爻（六二），象徵偏狹的觀察。利於女子的貞正。（頁 145）

玉姍案：六二以柔而處於內卦之中，象徵女性之柔順。古者女子不能任意出門，僅能由門內觀視屋外，所觀有限，故曰「闚觀」。處觀而居中得位，正如柔順寡見的婦人之道，故曰「利女貞」。若爲女子則得貞正，若丈夫得之則因柔順寡見而有醜。學者多由此立說，此亦從之。

今本作「六二：闚觀，利女貞。」意思是：六二象徵柔順寡見的婦人之道。此爻利於女子的貞正。

帛書本作「六二：現觀，利女貞。」意思與今本同。

1. 上博《周易》：【缺簡】

2. 阜陽《周易》：六三：觀我產進退。吏君先進而後退復……

3. 帛書《周易》：六三：觀我生進退。

4. 今本《周易》：六三：觀我生進退。

【文字考釋】

阜陽本六三爻辭殘，據今本補。

（一）帛書本、今本「觀我生進退」，阜陽本作「觀我產進退」。

玉姍案：帛書本、今本「觀我生」，阜陽本作「觀我產」。韓自強以爲「『生』，產也。《廣雅釋親》：『人十月而產。』《正字通》：『婦生子曰產。物生亦曰產，本生之地曰產』。『產』與『生』義同。」〔註608〕可從。

【爻辭釋讀】

〈象〉曰：

> 觀我生進退，未失道也。（頁60）

王弼《注》：

> 居下體之極，處二卦之際，近不比尊，遠不「童觀」，觀風者也。居此時也，可以「觀我生進退」也。（頁60）

孔穎達《正義》：

> 「觀我生進退」者，「我生」，我身所動出，三居下體之極，是有可進之時，又居上體之下，復是可退之地，遠則不爲童觀，近則未爲觀國，居在進退之處，可以自觀我之動出也。故時可則進，時不可則退，觀風相幾，未失其道，故曰「觀我生進退」也。道得名「生」者，道是開通生利萬物，故《繫辭》云「生生之謂易」，是道爲「生」也。（頁60）

朱熹《易本義》：

> 我生，我之所行也。六三居下之上，可進可退，故不觀九五，而獨觀己所行之通塞以爲進退，占者宜自審也。（頁99）

南懷瑾、徐芹庭《周易今註今譯》：

> 觀卦的第三爻（六三），象徵觀察我自己生存的進退。（頁145）

玉姍案：「觀我生」，王弼、孔穎達、朱熹皆以爲觀省自我之動靜通塞，以作爲進退依據；此從之。南懷瑾以爲是觀察我自己生存的進退，意思亦相近。

六三居下體之極，遠則不爲初九童觀，近則未爲九五觀國，居在進退之處，可以觀省自我之動靜通塞，作爲進退依據。故時可則進，時不可則退，觀風相幾，未失其道。學者多由此立說，此亦從之。

今本作「六三：觀我生進退。」意思是：六三居下體之極，可以觀省自我之動靜通塞，作爲進退依據。

〔註608〕韓自強：《阜陽漢簡《周易》研究》（上海：上海古籍出版社，2004年7月初版），頁117。

阜陽本作「六三：觀我產進退。吏君先進而後退復……」帛書本作「六三：觀我生進退。」意思均與今本同。

1. 上博《周易》：【缺簡】
2. 阜陽《周易》：六四：觀國之光，利用賓于王。
3. 帛書《周易》：六四：觀國之光，利用賓于王。
4. 今本《周易》：六四：觀國之光，利用賓于王。

【文字考釋】

阜陽本、帛書本六四爻辭殘，皆據今本補。

【爻辭釋讀】

〈象〉曰：

> 觀國之光，尚賓也。（頁 60）

王弼《注》：

> 居觀之時，最近至尊，「觀國之光」者也。居近得位，明習國儀者也。故曰「利用賓于王」也。（頁 60）

孔穎達《正義》：

> 最近至尊，是「觀國之光」。「利用賓于王」者，居在親近而得其位，明習國之禮儀，故曰「利用賓于王庭」也。（頁 60）

朱熹《易本義》：

> 六四最近於五，故有此象。其占爲利於朝覲仕進也。（頁 100）

南懷瑾、徐芹庭《周易今註今譯》：

> 觀卦第四爻（六四）的象徵，可以觀光於上國，有利於進用於賢賓於王者的現象。象辭說：所謂可以觀光於上國，這是說它有尊重客卿的賢者的象徵。（頁 146）

玉姍案：六四以柔居陰，最近於九五，象徵以客賓身分觀國之光，利用親近九五之王，觀習國之禮儀。學者多由此立說，此亦從之。

今本作「六四：觀國之光，利用賓于王。」意思是：六四最近於九五，象徵以客賓身分觀國之光，有利於親近王者。

帛書本作「六四：觀國之光，利用賓于王。」意思與今本同。

1. 上博《周易》：【缺簡】

2. 阜陽《周易》：九五：觀我產，君子无咎。

3. 帛書《周易》：九五：觀我生，君子无咎。

4. 今本《周易》：九五：觀我生，君子无咎。

【文字考釋】

　　阜陽本九五爻辭殘。今本「觀我生」，阜陽本根據六三爻辭補作「觀我產」，其餘皆據今本補。

【爻辭釋讀】

〈象〉曰：

　　觀我生，觀民也。（頁60）

王弼《注》：

　　居於尊位，爲觀之主，宣弘大化，光于四表，觀之極者也。上之化下，猶風之靡草，故觀民之俗，以察己道。（頁60）

孔穎達《正義》：

　　九五居尊，爲觀之主，四海之內，由我而觀，而教化善，則天下有君子之風；教化不善，則天下著小人之俗。故觀民以察我道，有君子之風著，則无咎也。故曰「觀我生，君子无咎」也。（頁60）

朱熹《易本義》：

　　九五陽剛中正以居尊位，其下四陰，仰而觀之，君子之象也。故戒居此位，得此占者，當觀己所行，必其陽剛中正亦如是焉，則得無咎也。此夫子以義言之，明人君觀己所行，不但一身之得失，又當觀民德之善否，以自省察也。（頁100）

南懷瑾、徐芹庭《周易今註今譯》：

　　觀卦第五爻（九五），有觀顧民生和我自己一樣的象徵，具有君子的現象，沒有災咎。（頁146）

　　玉姍案：「觀我生」，當依本卦六三爻釋爲「觀省自我之動靜通塞（作爲進退依據）」；南懷瑾釋「觀我生」爲「觀顧民生」，可能是由王弼《注》「觀民之俗，以察己道」引伸而來。

　　九五居尊，爲觀之主，但身爲人君，不僅應反觀自己一身之得失，又當觀四海之內民德之善否，以自省察，如此則无咎也。學者多由此立說，此亦從之。

　　今本作「九五：觀我生，君子无咎。」意思是：九五居尊爲觀之主，象

徵人君不僅觀己一身之得失，又當觀四海之內民德之善否，以自省察，如此則能无咎。

帛書本作「九五：觀我生，君子无咎。」意思與今本同。

1. 上博《周易》：【缺簡】
2. 阜陽《周易》：上九：觀其生，君子无咎。
3. 帛書《周易》：尚九：觀其生，君子无咎。
4. 今本《周易》：上九：觀其生，君子无咎。

【文字考釋】

阜陽本上九爻辭殘，據今本補。

【爻辭釋讀】

〈象〉曰：

　　觀我生，觀民也。（頁60）

王弼《注》：

　　「觀我生」，自觀其道也；「觀其生」，爲民所觀者也。不在於位，最處上極；高尚其志；爲天下所觀者也。處天下所觀之地；可不慎乎？故君子德見，乃得无咎。（頁60）

孔穎達《正義》：

　　最處上極，高尚其志，生亦道也。爲天下觀其已之道，故云「觀其生」也。「君子无咎」者，既居天下可觀之地，可不慎乎？故居子謹慎，乃得無咎也。（頁60）

朱熹《易本義》：

　　上九陽剛居尊位之上，雖不當事任，而亦爲下所觀，故其戒辭略與五同。但以我爲其，小有主賓之異耳。（頁100）

南懷瑾、徐芹庭《周易今註今譯》：

　　觀卦第六爻，有反觀它的民生的象徵，具有君子的現象，沒有災咎。
　　（頁146）

　　玉姍案：「觀其生」，觀天下之民生也。上九處觀之極，既居天下可觀之地，爲天下觀其已之道。以陽居陰，象徵不在於位，而最處上極，故須謹慎，乃得無咎也。學者多由此立說，此亦從之。

今本作「上九：觀其生，君子无咎。」意思是：上九處觀之極，爲天下觀民生之道。但君子不在其位，故須謹慎才能無咎。

帛書本作「尙九：觀其生，君子无咎。」意思與今本同。

第二十一節　噬嗑卦

一、卦名釋義

《說文》：「噬，啗也喙也。從口、筮聲。」（頁 56）又《說文》：「嗑，多言也。從口、盍聲。讀若甲。」（頁 60）〈彖〉曰：「頤中有物，曰噬嗑。」（頁 61）孔穎達《正義》：「噬，齧也。嗑，合也。物在於口，則隔其上下，若齧去其物，上下乃合，而得亨也。此卦之名，假借口象以爲義，以喻刑法也。凡上下之間有物間隔，當須用刑法去之，乃得亨通，故云『噬嗑，亨也』。」（頁 61）「噬嗑」爲口中有物，齧而合之之義。噬嗑卦假借口象以喻刑法。凡上下之間有物間隔，當用刑法去之。

〈序卦〉曰：「可觀而後有所合，故受之以噬嗑。嗑者，合也。」（頁 187）《周易集解》引崔覲：「言可觀政于人，則有所合于刑矣，故曰可觀而有所合。」（頁 253）李道平撰《周易集解纂疏》：「觀政之道，不外勸懲。教所以勸，刑所以懲也。在觀之家，則教以勸之，而易合者合。在噬嗑之家，則刑以懲之，而不合者亦合。明於五刑以弼五教，故言『可觀政于人，則有所合于刑矣』，是『可觀而後有所合』之義。人不合者，則刑以合之，物不合者則噬以嗑之，故曰『嗑者，合也』。」（頁 253）爲政者，觀其不合之人以刑合之，如故物不合者則噬以嗑之。故噬嗑卦在《觀》卦之後。

噬嗑卦今本卦畫作「䷔」，下震雷，上離火。〈象〉曰：「雷電噬嗑，先王以明罰勑法。」（頁 61）孔穎達《正義》：「雷電，噬嗑者，但噬嗑之象，其象在口，雷電非噬嗑之體，但噬嗑象外物，既有雷電之體，則雷電欲取明罰勑法，可畏之義。故連云『雷電』也。」（頁 61）《周易集解》引侯果曰：「雷所以動物，電所以照物。雷電震照，則萬物不能懷邪。故先王則之，明罰敕法，以示萬物，欲萬方一心也。」（頁 247）玉姍案：噬嗑下震雷，上離火，故有雷電震照之象。君子觀雷電可畏而領悟當明罰敕法，以示萬物。

二、卦爻辭考釋

（一）卦辭考釋

1. 上博《周易》：【缺簡】
2. 阜陽《周易》：□（筮）閘：亨，利用□（獄）。□（訟）者……
3. 帛書《周易》：□（筮嗑：亨，利用獄。）
4. 今本《周易》：噬嗑：亨，利用獄。

【文字考釋】

帛書本卦辭殘，據今本補，但卦名可依帛書本六二爻辭補「筮」字。

（一）今本「噬嗑」，阜陽本作「筮閘」。帛書本依其六二爻辭補作「筮」。

韓自強《阜陽漢簡《周易》研究》：

韓按：「筮閘」，今本作「噬嗑」，帛書本作「筮□」，下字缺。但帛書繫辭作「筮蓋」或「筮閘」。「筮閘」與阜易同。……「噬」，《說文》：「啗也。」「筮」、「噬」同祭部字，阜易和帛書借「筮」為「噬」。……「閘」，《說文》：「開閉門也。從門甲聲。」段注：「謂樞轉軋軋有聲。」「閘」又音「閤」，《廣韻》：「閘，音頜，閉門也。」是「閘」與「嗑」音同，「合」與「閉」義近，故通。……「蓋」、「嗑」、「甲」、「閘」同為葉部字，古相通，故阜易、帛書借「閘」為「嗑」，以「甲」為「蓋」。〔註609〕

玉姍案：今本「噬嗑」，阜陽本作「筮閘」。「噬」以「筮」為聲符，故二字可通。「嗑」與「閘」上古音皆為見紐葉部，故可通假。

【卦辭釋讀】

〈彖〉曰：

頤中有物，曰「噬嗑」。噬嗑而亨，剛柔分動而明，雷電合而章，柔得中而上行，雖不當位，利用獄也。（頁61）

王弼《注》：

凡物之不親，由有間也。物之不齊，由有過也。有間與過，齧而合之，所以通也。刑克以通，獄之利也。（頁61）

〔註609〕張立文（張憲江）：《周易帛書今注今譯》（台北：臺灣學生書局，1991年），頁118。

孔穎達《正義》：

> 噬，齧也。嗑，合也。物在於口，則隔其上下，若齧去其物，上下乃合而得亨也。此卦之名，假借口象以爲義，以喻刑法也。凡上下之間，有物間隔，當須用刑法去之，乃得亨通，故云「噬嗑，亨」也。「利用獄」者，以刑除間隔之物，故「利用獄」也。（頁61）

朱熹《易本義》：

> 噬，齧也。嗑，合也。物有間者，齧而合之也。爲卦上下二陽而中虛，頤口之象。九四一陽間於其中，必齧之而後合，故爲「噬嗑」。其占當得亨通者，有間故不通，齧之而合，則亨通矣。（頁101）

南懷瑾、徐芹庭《周易今註今譯》：

> 噬嗑卦具有亨通的德性，同時也有利用於決斷訟獄的象徵。（頁148）

玉姍案：噬嗑下雷上電，有威動而明的象徵。比之於人事，正如治獄之道。凡上下之間，有物間隔，當用刑法去之，乃得亨通。學者多由此立說，此亦從之。

今本作「噬嗑：亨，利用獄。」意思是：噬嗑有威動而明的象徵，故能亨通；能利用刑法治獄。

阜陽本作「筮闇：亨，利用獄。訟者……」意思與今本同。

（一）卦辭考釋

1. 上博《周易》：【缺簡】
2. 阜陽《周易》：初九：屨校戚趾，无咎。……轂囚者桎梏吉不凶。
3. 帛書《周易》：初九：句校滅止，无咎。
4. 今本《周易》：初九：屨校滅趾，无咎。

【文字考釋】

帛書本初九爻辭殘，據今本補。

（一）阜陽本較他本多出「……轂囚者桎梏吉不凶。」等異文。

玉姍案：阜陽《周易》在「卦、爻辭的後邊，保存了許多卜問具體事項的卜辭。」「……轂囚者桎梏吉不凶。」可能是若卜問被桎梏的囚者之事，則有吉而不凶之結果。

（二）今本「屨校滅趾」之「屨」，帛書本作「句」。

玉姍案：今本「屨校滅趾」之「屨」，帛書本作「句」。「句」、「屨」上古音皆爲見紐侯部，故可通假。

（三）今本「屨校滅趾」之「滅」，阜陽本作「烕」。

韓自強《阜陽漢簡《周易》研究》：

「烕」，今本作「滅」，《說文》：「烕，滅也。從火戌，火死於戌，陽氣至戌而盡，詩曰：『赫赫周室，褒姒烕之』。」《釋文》：「本亦作滅。」「滅」、「烕」音義相同。〔註610〕

玉姍案：「滅」由「烕」得聲，二字音義皆同，故可通。

【爻辭釋讀】

〈象〉曰：

屨校滅趾，不行也。（頁61）

《周易集解》引干寶云：

得位于初，顧震知懼，小微大戒，以免刑戮，故曰「无咎」矣。（頁240）

王弼《注》：

小懲大誡，乃得其福，故「无咎」也。「校」者，以木絞校者也。即械也。校者取其通名也。（頁61）

孔穎達《正義》：

「屨校滅趾」者，「屨」謂著而履踐也。「校」謂所施之械也。處刑之初，居无位之地，是受刑之人，非治刑之主，凡過之所始，必始於微，積而不已，遂至於著。罰之所始，必始於薄刑，薄刑之不已，遂至於誅。在刑之初，過輕戮薄，必校之在足，足爲懲誡，故不復重犯。故校之在足。已沒其趾，桎其小過，誡其大惡，過而能改，乃是其福，雖復滅趾，可謂无咎。故言「屨校滅趾，无咎」也。（頁61）

朱熹《易本義》：

初、上無位，爲受刑之象，中四爻爲用型之象。初在卦始，罪薄過

〔註610〕張立文（張憲江）：《周易帛書今注今譯》（台北：臺灣學生書局，1991年），頁118。

小，又在卦下，故爲「屨校滅趾」之象。止惡於初，故得無咎。占
者小傷而無咎。（頁 102）

南懷瑾、徐芹庭《周易今註今譯》：

噬嗑卦的第一爻（初九），象徵著一個最初犯有輕微的刑法的人，
被加上腳鐐的刑具，將他的足趾完全納入腳鐐之中。這種初犯，在
他所犯不重，罪過不大時，即加以申誡，使它能有所警惕，不敢再
犯法，這於他自己日後的爲人，於國家的法律而論，都是沒有災咎
的。（頁 150）

玉姍案：《周易集解》引侯果云：「校者，以木夾足止行也。」「校」如
今世之腳鐐。初九處噬嗑卦之初，象徵初犯輕刑之人。因罪輕刑薄，故僅以
桎梏腳鐐限制行動，以示懲戒之義。小懲大誡，使他能有所警惕，日後不敢
再犯，不論對他自身或對國家法律而言，皆是有利之事，因此而无咎。學者
多由此立說，此亦從之。

今本作「初九：屨校滅趾，无咎。」意思是：初九象徵初犯輕刑之人，
僅以桎梏腳鐐限制行動，使他能有所警惕，日後不敢再犯。不論對他自身或
社會而言，都能沒有災咎。

阜陽本作「初九：屨校威趾，无咎。……轂囚者桎梏吉不凶。」意思是：
初九象徵初犯輕刑之人，僅以桎梏腳鐐限制行動，使他能有所警惕，日後不
敢再犯。不論對他自身或社會而言，都能沒有災咎。……若卜問被桎梏的囚
犯，結果是吉而非凶。

帛書本作「初九：句校滅止，无咎。」意思與今本同。

1. 上博《周易》：【缺簡】

2. 阜陽《周易》：六二：筮膚威鼻，无咎。

3. 帛書《周易》：六二：筮膚滅鼻，无咎。

4. 今本《周易》：六二：噬膚滅鼻，无咎。

【文字考釋】

阜陽本六二爻辭殘，據今本補。

【爻辭釋讀】

〈象〉曰：

噬膚滅鼻，乘剛也。（頁 61）

王弼《注》：

> 噬，齧也。齧者，刑克之謂也。處中得位，所刑者當，故曰「噬膚」
> 也。乘剛而刑，未盡順道，噬過其分，故「滅鼻」也。刑得所疾，
> 故雖滅鼻而无咎也。膚者，柔脆之物也。（頁 61）

孔穎達《正義》：

> 「无咎」者，用刑得其所疾，謂刑中其理，故无咎也。（頁 61）

朱熹《易本義》：

> 祭有膚鼎，蓋肉之柔脆，噬而易嗑者。六二中正，故其所治如噬膚
> 之易。然以柔承剛，故雖甚易，亦不免傷滅其鼻，占者雖傷而終无
> 咎也。（頁 102）

南懷瑾、徐芹庭《周易今註今譯》：

> 本卦的第二爻有噬啃了皮膚和斷滅了鼻子的象徵。象徵著決斷獄情
> 的人，他的決斷獄情很容易，就像食輕柔的皮膚，斷滅了鼻子的樣
> 子，這是沒有咎咎的。（頁 151）

玉姍案：六二處中得位，象徵施刑者用刑中當，即使刑罰剛強而有噬膚
滅鼻之患，因六二柔順中正，得中其理，故能无咎。南懷瑾以爲「噬膚滅鼻」
意指「決斷獄情很容易」，不如王、孔以爲「刑中其理」較能呼應「六二處
中得位，柔順中正」的特點。故此從王、孔舊說。

今本作「六二：噬膚滅鼻，无咎。」意思是：六二處中得位，象徵施刑
者用刑中當，即使刑罰過程有噬膚滅鼻之患，因六二柔順中正，得中其理，
故能无咎。

阜陽本作「六二：筮膚威鼻，无咎。」帛書本作「六二：筮膚滅鼻，无
咎。」意思均與今本同。

1. 上博《周易》：【缺簡】

2. 阜陽《周易》：六三：筮腊肉，遇毒，小吝无咎。

3. 帛書《周易》：六三：筮腊肉，愚毒，少闟无咎。

4. 今本《周易》：六三：噬腊肉，遇毒，小吝无咎。

【文字考釋】

阜陽本六三爻辭殘，據今本補。

（一）今本「遇毒」之「遇」，帛書本作「愚」。

　　玉姍案：「愚」、「遇」皆由「禺」得聲，故可通假。

【爻辭釋讀】

　　〈象〉曰：

　　　遇毒，位不當也。（頁 61）

《周易集解》引虞翻云：

　　　毒謂矢毒也。失位承四，故「小吝」。與上易位，利用獄成豐，故「无咎」也。（頁 241）

王弼《注》：

　　　處下體之極，而履非其位，以斯食物，其物必堅。豈唯堅乎？將遇其毒。「噬」以喻刑人，「腊」以喻不服，「毒」以喻怨生。然承於四，而不乘剛，雖失其正，刑不侵順，故雖「遇毒，小吝，无咎」。（頁 61）

孔穎達《正義》：

　　　「噬腊肉」者，「腊」是堅剛之肉也，「毒」者，苦惡之物也。三處下體之上，失政刑人，刑人不服，若齧其腊肉，非但難齧，亦更生怨咎，猶噬腊而難入，復遇其毒味然也。三以柔不乘剛，刑不侵順道，雖有遇毒之吝，於德亦无大咎，故曰「噬腊肉，遇毒。小吝，无咎」也。（頁 61）

朱熹《易本義》：

　　　腊肉，謂獸腊，全體骨而爲之者，堅韌之物也。陰柔不中正，治人而人不服，爲噬腊遇毒之象。占雖小吝，然時當噬嗑，於義爲無咎也。（頁 102）

南懷瑾、徐芹庭《周易今註今譯》：

　　　本卦的第三爻，有噬堅硬的腊肉，而遇陳久味厚，很難下口的象徵。這是小有不如意，而沒有大的災咎的。就像治獄之人，遇陳久難斷的案件，一時難斷理，而略感棘手的樣子。（頁 152）

　　玉姍案：「腊肉」，堅韌之肉。「毒」，《說文》：「毒，厚也。」（頁 22）「毒」釋爲「厚」正與「腊肉」之堅韌難嚼相呼應，故此從《說文》之釋也。王弼、孔穎達以爲「毒」爲苦惡之物，以喻怨生，亦可通。《周易集解》引虞翻「毒

謂矢毒也」，食肉與矢毒似無相當關聯依據，故不從之。

六三以柔爻處下體之上，象徵陰柔不中正，治人而人不服，更招生怨咎；有如齧咬厚而堅韌的腊肉，難以咀嚼下嚥。然六三柔不乘剛，刑不侵順，道雖有遇毒之吝，於德亦无大咎。學者多由此立說，此亦從之。

今本作「六三：噬腊肉，遇毒，小吝无咎。」意思是：六三陰柔不正，治人而人不服，更招生怨咎；有如齧咬腊肉，卻因厚而堅韌難以下嚥。然六三以柔而行，雖有小吝而无大咎。

阜陽本作「六三：筮腊肉，遇毒，小吝无咎。」帛書本作「六三：筮腊肉，愚毒，少閵无咎。」意思均與今本同。

1. 上博《周易》：【缺簡】
2. 阜陽《周易》：九四：噬乾肺，得金矢，利鞎貞吉。卜有求也。求……後吉。
3. 帛書《周易》：九四：筮乾瓅，得金矢，根貞吉。
4. 今本《周易》：九四：噬乾肺，得金矢，利艱貞吉。

【文字考釋】

阜陽本九四爻辭殘，據今本補。帛書本作「根貞吉」，較他本缺一「利」字。

（一）今本「噬乾肺」之「肺」，帛書本作「瓅」。

張立文《周易帛書今注今譯》：

> 釋名釋形體：「體，第也。骨肉毛血表裡大小相次第也。」「體」為骨肉毛血等肉體。……「乾瓅」即「乾體」，謂乾肉體，包括骨肉。「乾肺」亦是乾的帶骨的肉。義同相通。〔註611〕

玉姍案：今本「噬乾肺」之「肺」，帛書本作「瓅」。「肺」上古音莊紐脂部，「瓅」從「豊」得聲，上古音來紐脂部，韻部同，但聲紐分屬齒、舌音。張立文以為「瓅」疑讀為「體」，「體」為骨肉毛血等肉體。《釋文》：「馬云：『有骨謂之肺。』」「肺」為帶骨之碎肉，「體」為骨肉毛血等肉體，二字義近可通，可從。

〔註611〕張立文（張憲江）：《周易帛書今注今譯》（台北：臺灣學生書局，1991年），頁650～651。

（二）今本「利艱貞吉」，阜陽本作「利囏貞吉」。帛書本作「根貞吉」，較
他本缺一「利」字。

玉姗案：帛書本作「根貞吉」，較他本缺一「利」字。現存三種版本中
只有帛書本作缺一「利」字，極可能為抄手筆誤漏寫。

【爻辭釋讀】

〈象〉曰：

利艱貞吉，未光也。（頁62）

《周易集解》引陸績云：

肉有骨，謂之肺。離為乾肉，又為兵矢。失位用刑，物亦不服。若
噬有骨之幹肺也。「金矢」者，取其剛直也。噬肺雖複艱難，終得
中其剛直，雖獲正吉，未為光大也。（頁242）

王弼《注》：

雖體陽爻，為陰之主，履不獲中，而居其非位，以斯噬物，物亦不
服，故曰「噬乾肺」也。金，剛也。矢，直也。噬乾肺而得剛直，
可以利於艱貞之吉，未足以盡通理之道也。（頁62）

孔穎達《正義》：

金，剛也。矢，直也。雖刑不能服物，而能得其剛直也。「利艱貞
吉」者，既得剛直，利益艱難，守貞正之吉，猶未能光大通理之道，
故〈象〉云「未光也」。（頁62）

朱熹《易本義》：

肺，肉之帶骨者，與「胾」通。《周禮》：「獄訟，入鈞金束史，而
後聽之。」九四以剛居柔，得用刑之道，故有此象。言所噬愈堅，
而得聽訟之宜也。然必利於艱難正固則吉，戒占者宜如是也。（頁
103）

南懷瑾、徐芹庭《周易今註今譯》：

本卦的第四爻（九四），位於兩陰之間，他的治獄，有噬堅硬的乾
肺的象徵。在這種情形之下，須像金一樣的剛，如箭一樣的直，去
處理，雖治獄艱難，然而尤須在艱難之中，保守正道，不可循私，
方能吉利。（頁152）

玉姗案：「肺」，〈子夏傳〉作「脯」；孔穎達言「臠肉之乾者。」來知德

云：「乾肉之有骨者。」諸說皆爲堅硬之乾肉也。九四以陽居陰，履不獲中，居其非位，以此施刑治人，人皆不服，猶如噬咬帶骨的乾肉般難以下嚥入喉。「金」爲剛強之象。「矢」爲正直之象；「得金矢」意謂刑雖不能服人，但其理剛直。既得剛直，若欲得其利，在艱難中更須守正，方能得吉。學者多由此立說，此亦從之。

今本作「九四：噬乾肺，得金矢，利艱貞吉。」意思是：九四居其非位，以此施刑治人，人皆不服，猶如噬咬帶骨的乾肉般難以入喉。刑雖不能服人，但其理剛直；若欲得其利，在艱難中更須守正，方能得吉。

帛書本作「九四：筮乾璘，得金矢，根貞吉。」意思是：九四居其非位，以此施刑治人，人皆不服，猶如噬咬帶骨的乾肉般難以入喉。刑雖不能服人，但其理剛直；在艱難中更須守正，方能得吉。

1. 上博《周易》：【缺簡】
2. 阜陽《周易》：六五：筮乾肉，得黃金，貞厲 无咎。
3. 帛書《周易》：六五：筮 乾肉 ， 得黃 金，貞厲 无咎。
4. 今本《周易》：六五：噬乾肉，得黃金，貞厲无咎。

【文字考釋】

阜陽本六五爻辭殘，據今本補。

（一）阜陽本、今本「得黃金」，帛書本作「愚毒」。

韓自強《阜陽漢簡《周易》研究》：

　　阜易和今本六五「筮乾肉，得黃金」，帛書本作「筮乾肉，愚毒」，帛書可能把六三的爻辭抄入六五爻辭裡了。〔註612〕

玉姍案：阜陽本、今本「得黃金」，帛書本作「愚毒」。現存三種版本中只有帛書本作「愚毒」，韓自強以爲可能是抄手誤將六三的爻辭抄入六五爻辭，此從之。

【爻辭釋讀】

〈象〉曰：

　　貞厲无咎，得當也。（頁62）

〔註612〕張立文（張憲江）：《周易帛書今注今譯》（台北：臺灣學生書局，1991年），頁118。

王弼《注》：

　　處得尊位，以柔乘剛，而居於中，能行其戮者也。履不正而能行其
　　戮，剛勝者也。噬雖不服，得中而勝，故曰「噬乾肉，得黃金」也。
　　（頁 62）

孔穎達《正義》：

　　「噬乾肉」者，乾肉，堅也。以陰處陽，以柔乘剛，以此治罪於人，
　　人亦不服，如似噬乾肉也。「得黃金」者，黃，中也；金，剛也。
　　以居於中，是黃也。以柔乘剛，是金也。既中而行剛，能行其戮，
　　剛勝者也，故曰「得黃金」也。「貞厲无咎」者，已雖不正，刑戮
　　得當，故雖貞正自危而无咎害。位雖不當，而用刑得當，故〈象〉
　　云「得當」也。（頁 62）

朱熹《易本義》：

　　噬乾肉，難於膚而易於腊、肺者也。黃，中色。金，亦謂鈞金。六
　　五柔順而中，以居尊位，用刑於人，人無不服，故有此象。然必貞
　　厲乃得無咎，亦戒占者之辭也。（頁 103）

南懷瑾、徐芹庭《周易今註今譯》：

　　本爻以柔處尊位，斷決獄案，有噬乾肉不太容易的象徵。須以中道，
　　再輔之以剛強，在守著正道，而不偏私，如此似乎很艱厲了，但是
　　並無災咎。（頁 153）

　　玉姍案：六五以陰處陽，以柔乘剛，刑之於人，人亦不服，如同噬咬堅
韌的乾肉。然處得尊位，以柔乘剛而居於中，故如黃金般的中正堅剛之德，
刑戮得當，故雖貞厲而能无咎。學者多由此立說，此亦從之。

　　今本作「六五：噬乾肉，得黃金，貞厲无咎。」意思是：六五以柔乘剛，
刑之於人，人亦不服，如同噬咬堅韌的乾肉。然處尊位而居於中，有如黃金
般的中正堅剛之德，雖然貞正嚴厲，而能无災咎。

　　阜陽本作「六五：筮乾肉，得黃金，貞厲无咎。」意思與今本同。

　　帛書本作「六五：筮乾肉，愚毒，貞厲无咎。」意思是：六五以柔乘剛，
刑之於人，人亦不服，如同噬咬乾肉，厚韌難以下嚥。然處尊居中，雖然貞
正嚴厲而能无咎。

　　1. 上博《周易》：【缺簡】

2. 阜陽《周易》： 上九 ：何 校 滅耳， 凶 。

3. 帛書《周易》：尚九：荷校滅耳，兇。

4. 今本《周易》：上九：何校滅耳，凶。

【文字考釋】

阜陽本上九爻辭殘，據今本補。

（一）阜陽本、今本「何校滅耳」之「何」，帛書本作「荷」。

玉姍案：「荷」以「何」爲聲符，故二字可通。

【爻辭釋讀】

〈象〉曰：

何校滅耳，聰不明也。（頁 62）

王弼《注》：

及首非誡，滅耳非懲，凶莫甚焉。（頁 62）

孔穎達《正義》：

「何校滅耳，凶」者，「何」謂擔何，處罰之極，惡積不改，故罪
及其首。何擔枷械，滅沒於耳，以至誅殺。以其聰之不明，積惡致
此，故〈象〉云「聰不明也」。（頁 62）

朱熹《易本義》：

何，負也。過極之陽，在卦之上，惡極罪大，凶之道也，故其象占
如此。滅耳，蓋罪其聽之不聰也。若能審聽而早圖之，則無此凶矣。
（頁 103）

南懷瑾、徐芹庭《周易今註今譯》：

本爻有擔荷著刑具，遮滅了耳朵的象徵，這是非常凶害，而不吉的。
（頁 153）

玉姍案：上九「何校滅耳」與初九「屨校滅趾」相對而言。「何校滅耳」
是形容背荷著沉重刑具，刑具厚重遮蔽了耳朵的樣子，代表人犯重罪，處以
重刑，這是大凶。學者多由此立說，此亦從之。

今本作「上九：何校滅耳，凶。」意思是：上九處噬嗑之極，象徵人犯
重罪，被處以重刑，背荷著沉重刑具，甚至遮蔽耳朵的樣子，這是凶象。

帛書本作「尚九：荷校滅耳，兇。」意思均與今本同。

第二十二節　賁　卦

一、卦名釋義

《說文》：「賁，飾也。從貝、卉聲。」（頁282）「賁」爲文飾之義。孔穎達《正義》：「賁，飾也。以剛柔二象，交相文飾也。」（頁62）賁卦之「賁」即取文飾之義。

〈序卦〉曰：「嗑者，合也。物不可以苟合而已，故受之以賁。」（頁187）《周易集解》引崔覲：「言物不可苟合于刑，當須以文飾之，故受之以賁。」（頁253）物不可僅求苟合，須以文彩飾之。故賁卦在噬嗑卦之後。

賁卦今本卦畫作「䷕」，下離火，上艮山。〈象〉曰：「山下有火，賁。君子以明庶政，无敢折獄。」（頁62）王弼《注》：「處賁之時，止物以文明，不可以威刑，故君子以明庶政而无敢折獄。」（頁62）《周易集解》引王廙曰：「山下有火，文相照也。夫山之爲體，層峰峻嶺，峭巘參差。直置其形，已如雕飾。複加火照，彌見文章。賁之象也。」（頁247）玉姍案：賁卦下離火，上艮山，故有山下有火，更照見層峰崔巍之象。君子觀此而領悟當止物以文明，而不以威刑，是以君子當用心以興明庶政，而非費心於審理案件。

二、卦爻辭考釋

（一）卦辭考釋

1. 上博《周易》：【缺簡】
2. 阜陽《周易》：賁：亨，小利有卤往。卜……
3. 帛書《周易》：蘩：亨，小利有攸往。
4. 今本《周易》：賁：亨，小利有攸往。

【文字考釋】

帛書本卦辭殘，卦名依帛書本六二爻辭補作「蘩」，其餘經文據今本補。

（一）今本「賁其須」之「賁」，帛書本作「蘩」。

玉姍案：今本「賁其須」之「賁」，帛書本作「蘩」。「蘩」上古音並紐元部、「賁」上古音幫紐文部，二字均爲唇音，韻部相近，故可通。如《尚書・堯典》：「黎民於變時雍。」《漢書・地理志》引「變」（幫紐元部）作「卞」（並

紐元部）。

【卦辭釋讀】

〈彖〉曰：

賁「亨」，柔來而文剛，故亨。分剛上而文柔，故「小利有攸往」。天文也。文明以止，人文也。觀乎天文以察時變。觀乎人文以化成天下。（頁62）

《周易集解》引鄭玄云：

賁，文飾也。離為日，天文也。艮為石，地文也。天文在下，地文在上，天地二文，相飾成賁者也。猶人君以剛柔仁義之道飾成其德也。剛柔雜，仁義合，然後嘉會禮通，故「亨」也。（頁245）

孔穎達《正義》：

「賁」，飾也。以剛柔二象交相文飾也。「賁，亨」者，以柔來文剛而得亨通，故曰「賁，亨」也。「小利有攸往」者，以剛上文柔，不得中正，故不能大有所往，故云「小利有攸往」也。（頁62）

朱熹《易本義》：

內離而外艮，有文明而各得其分之象，故為賁。占者以其柔來文剛，陽得陰助，而離明於內，故為亨。以其剛上文柔，而艮止於外，故「小利有攸往」。（頁105）

南懷瑾、徐芹庭《周易今註今譯》：

賁的卦象，是亨通的。它象徵著可以有小利，並且可以有所往。（頁154）

玉姍案：賁有文飾的象徵。離為日火，象徵天文；艮為山石，象徵地文。天文在下，地文在上，天地二文，相飾成賁。猶如人君能以仁義之道飾成其德，故能亨通。但象徵剛強的艮在上，而象徵文柔的離在下，不得中正，不能大有所往，僅能「小利有攸往」。學者多由此立說，此亦從之。

今本作「賁：亨，小利有攸往。」意思是：賁有天地二文相飾成賁的象徵，故能亨通。但剛強的艮在上，而文柔的離在下，不得中正，僅能有小利，而且利於所往。

阜陽本作「賁：亨，小利有囷往。卜……」意思與今本同。

（二）爻辭考釋

1. 上博《周易》：【缺簡】
2. 阜陽《周易》：初九：賁其止，舍車而徒。
3. 帛書《周易》：初九：蘩其趾，舍車而徒。
4. 今本《周易》：初九：賁其趾，舍車而徒。

【文字考釋】

　　阜陽本、帛書本初九爻辭殘，皆據今本補。

（一）今本「賁其趾」之「趾」，阜陽本作「止」。

　　玉姍案：今本「賁其趾」之「趾」，阜陽本作「止」。甲骨文「止」字象人之腳底板，腳指頭省為三個，三可以代表多。〔註613〕「趾」加足為形符，強調足趾之義。

【爻辭釋讀】

　　〈象〉曰：

　　　　舍車而徒，義弗乘也。（頁63）

王弼《注》：

　　　　安夫徒步以從其志者也。故飾其趾，舍車而徒，義弗乘之謂也。（頁63）

孔穎達《正義》：

　　　　在賁之始，以剛處下，居於无位之地，乃棄於不義之車，而從有義之徒步，故云「舍車而徒」，以其志行高絜，不苟就輿乘，是以義不肯乘，故〈象〉云「義弗乘」也。（頁63）

朱熹《易本義》：

　　　　剛德明體，自賁而下，為舍非道之車，而安於徒步之象。占者自處當如是也。（頁105）

南懷瑾、徐芹庭《周易今註今譯》：

　　　　賁卦的初九，有修飾他的足趾，捨棄不義的車子，而寧肯徒行的象徵。（頁156）

　　玉姍案：初九處賁卦之初，以剛處下，以人體比擬，則猶如修飾其腳趾部位。剛德明體，故寧可捨棄不義之車，而安於徒步。學者多由此立說，此

────────────────

〔註613〕季師旭昇：《說文新證·上》（台北：藝文印書館，2002年10月），頁97。

亦從之。

今本「初九：賁其趾，舍車而徒。」意思是：初九處賁卦之初，猶如修飾其腳趾部位。剛德明體，故寧可捨棄不義之車，而安於徒步。

阜陽本作「初九：賁其止，舍車而徒。」帛書本作「初九：蘩其趾，舍車而徒。」意思均與今本同。

1. 上博《周易》：【缺簡】
2. 阜陽《周易》：六二：賁其須。
3. 帛書《周易》：六二：蘩其須。
4. 今本《周易》：六二：賁其須。

【文字考釋】

阜陽本、帛書本六二爻辭殘，皆據今本補。

【爻辭釋讀】

〈象〉曰：

賁其須，與上興也。（頁63）

王弼《注》：

得其位而无應，三亦无應，俱无應而比焉，近而相得者也。（頁63）

孔穎達《正義》：

「賁其須」者，須是上須於面，六二常上附於三，若似賁飾其須也，循其所履，以附於上，與上同爲興起，故〈象〉云「與上興」也。（頁63）

朱熹《易本義》：

二以陰柔居中正，三以陽剛而德正，皆無應與，故二附三而動，有賁須之象。占者宜從上之陽剛而動也。（頁105）

玉姍案：「須」，鬚也。「賁其須」者，六二上附於九三，有如鬚附著於面。循其所履，以附於上，似賁飾其鬚也。學者多由此立說，此亦從之。

今本作「六二：賁其須。」意思是：六二上附於九三，有如鬚附著於面，而修飾其鬚的象徵。

阜陽本作「六二：賁其須。」意思與今本同。

1. 上博《周易》：【缺簡】

2. 阜陽《周易》：九三：賁如濡如，永貞吉。

3. 帛書《周易》：九三：緊茹濡茹，永貞吉。

4. 今本《周易》：九三：賁如濡如，永貞吉。

【文字考釋】

阜陽本九三爻辭殘，據今本補。

（一）今本「賁如濡如」之「如」，帛書本作「茹」。

玉姍案：「茹」以「如」爲聲符，故二字可通。

【爻辭釋讀】

〈象〉曰：

永貞之吉，終莫之陵也。（頁 63）

王弼《注》：

處下體之極，居得其位，與二相比，俱履其正，和合相潤，以成其
文者也。既得其飾，又得其潤，故曰「賁如濡如」也。（頁 63）

孔穎達《正義》：

「賁如濡如」者，賁如，華飾之貌。濡如，潤澤之理。居得其位，
與二相比，和合文飾而有潤澤，故曰「賁如濡如」。其美如此，長保
貞吉，物莫之陵，故〈象〉云「永貞之吉，終莫之陵」也。（頁 63）

朱熹《易本義》：

一陽居二陰之間，得其賁而潤澤者也。然不可溺於所安，故有永貞
之戒。（頁 105）

南懷瑾、徐芹庭《周易今註今譯》：

九三有文飾、潤澤的樣子，如永遠守著正道，就吉利。（頁 157）

玉姍案：九三處下體之極，以陽爻居陽位，居得其位，與二附比，俱履
其正，和合相潤，而成其文彩。既得其飾，又得其潤，故能永保其貞正。學
者多由此立說，此亦從之。

今本作「九三：賁如濡如，永貞吉。」意思是：九三與六二附比，和合
相潤而成其文飾，故能永保其貞正。

帛書本作「九三：緊茹濡茹，永貞吉。」意思與今本同。

1. 上博《周易》：【缺簡】

2. 阜陽《周易》：六四：賁如皤如，白馬翰如，非寇婚媾。

3. 帛書《周易》：六四：繁茹番茹，白馬骹茹，非寇闓詬。

4. 今本《周易》：六四：賁如皤如，白馬翰如，匪寇婚媾。

【文字考釋】

阜陽本六四爻辭殘，據今本補。

（一）今本「賁如皤如」之「皤」，帛書本作「番」。

玉姍案：今本「賁如皤如」之「皤」，帛書本作「番」。「皤」以「番」爲聲符，故二字可通。

（二）今本「白馬翰如」之「翰」，帛書本作「骹」。

張立文《周易帛書今注今譯》：

> 「骹」、「翰」同聲系古通。爾雅釋詁：「楨，幹也。」釋文：「幹，本又作幹，又作翰。」詩崧高：「戎有良翰。」鄭箋：「翰，幹也。」
> 〔註614〕

玉姍案：今本「白馬翰如」之「翰」，帛書本作「骹」。「翰」上古音匣紐元部，「骹」上古音見紐元部，二字韻同、聲紐皆爲牙音，故二字可通。

（三）今本「匪寇婚媾」，帛書本作「非寇闓詬」。

請見本論文第二章第三節屯卦六二【文字考釋】（二）。「詬」上古音曉紐侯部，「媾」上古音見紐侯部，二字韻同、聲紐皆爲牙音，故二字可通。如馬王堆帛書《老子》乙本卷前古佚書《經法‧道法》：「虛無有，秋稿成之，必有刑（形）名。」「稿」（見紐宵部）讀爲「毫」（匣紐宵部）。

【爻辭釋讀】

〈象〉曰：

> 六四，當位疑也。匪寇婚媾，終无尤也。（頁63）

《周易集解》引崔覲云：

> 以其守正待應，故「終无尤也」。（頁250）

王弼《注》：

> 有應在初，而閡於三，爲己寇難，二志相感，不獲通亨，欲靜則疑

〔註614〕張立文（張憲江）：《周易帛書今注今譯》（台北：臺灣學生書局，1991年），頁202。

初之應，欲進則懼三之難，故或飾或素，內懷疑懼也。鮮絜其馬，翰如以待，雖履正位，未敢果其志也。三爲剛猛，未可輕犯，匪寇乃婚，終无尤也。（頁63）

孔穎達《正義》：

「賁如皤如」者，皤是素白之色，六四有應在初，欲往從之，三爲已難，故已猶豫，或以文絜，故「賁如」也。或守質素，故「皤如」也。「白馬翰如」者，但鮮絜其馬，其色翰如，徘徊待之，未敢輕進也。「匪寇婚媾」者，若非九三爲已寇害，乃得與初爲婚媾也。（頁63）

朱熹《易本義》：

皤，白也。馬，人所乘也。人白馬亦白矣。四與初相賁者，乃爲九三所隔而不得遂，故皤如。而其往求之心，如飛翰之疾也。然九三剛正，非爲寇者也，乃求婚媾耳。故其象如此。（頁106）

南懷瑾、徐芹庭《周易今註今譯》：

六四與初九爲正應，故有賁如的象徵，但爲九三所阻隔，故不能馬上相從，因有皤如的象徵。但他想往的心如白馬飛翰一樣的急切，像白馬一樣的快速，這並不是想做盜寇，以侵略他人，而是求婚媾的關係。（頁158）

　　玉姍案：「翰如」，王弼未釋，孔穎達以爲「其色翰如」，朱熹、南懷瑾則以爲「如飛翰之疾」，說法不同。

　　《說文》：「翰，天雞也，赤羽。」「翰」之本義爲一種赤羽錦雞。《禮記・檀弓上》：「戎事乘翰，牲用白。」鄭玄《注》：「翰，白色馬也。」揚雄《太玄・應卦》：「龍翰于天，貞栗其鱗。」「翰」爲高飛之義。孔穎達之說乃援引自《禮記・檀弓》，朱熹、南、徐則引用《太玄》中「翰」爲高飛之義。二說皆有所本。筆者以爲，若依孔穎達之說，則「翰如」釋爲白淨貌，與「皤如」前後呼應。若依朱熹、南懷瑾之說，「翰」爲高飛之疾，則用以形容六四欲往求與初九婚媾，然因遭九三阻隔，其心雖急如欲飛往，其行卻受限而徘徊待之。二種解釋在此皆可通，此暫從孔穎達之說。賴師貴三則提出「皤如」、「白馬」、「翰如」均代表「質素」，「賁如」則爲文飾。「賁如皤如」正是在白馬上加以裝飾，亦即「文質彬彬」之貌，〔註615〕提供另一種思考方向。

〔註615〕賴師貴三於 2009 年 12 月 17 日博士論文發表會中提出。

六四欲與初九相應，但遭九三阻隔，內懷疑懼未敢彰顯，故由人至馬均飾之以低調的純素；雖履正位，但未敢輕進也。九三剛猛，未可輕犯，但六四並非盜寇而是欲與初九婚媾，故最終能沒有怨尤。

今本作「六四：賁如皤如，白馬翰如，匪寇婚媾。」意思是：六四欲與初九相應，但遭九三阻隔，內懷疑懼，故人與馬皆飾之以質素；但六四並非盜寇，而是欲與初九婚媾，故最終能沒有怨尤。

帛書本作「六四：繁茹番茹，白馬鞣茹，非寇闒詬。」意思與今本同。

1. 上博《周易》：【缺簡】
2. 阜陽《周易》：六五：賁于丘園，束帛戔戔，吝，終吉。……後吉。
3. 帛書《周易》：六五：繁于丘園，束白戔戔，闒，終吉。
4. 今本《周易》：六五：賁于丘園，束帛戔戔，吝，終吉。

【文字考釋】

阜陽本、帛書本六五爻辭殘，皆據今本補。

（一）今本「束帛戔戔」之「帛」，帛書本作「白」。

玉姍案：今本「束帛戔戔」之「帛」，帛書本作「白」。「帛」以「白」為聲符，故二字可通。

【爻辭釋讀】

〈象〉曰：
六五之吉，有喜也。（頁63）

王弼《注》：
處得尊位，為飾之主，飾之盛者也。施飾於物，其道害也，施飾丘園，盛莫大焉。（頁63）

孔穎達《正義》：
「丘園」是質素之處，六五處得尊位，為飾之主，若能施飾在於質素之處，不華侈費用，則所束之帛，戔戔眾多也。「吝，終吉」者，初時儉約，故是其吝也，必儉約之吝，乃得終吉，而有喜也。「為飾之主，飾之盛者」，若宮室輿服之屬，五為飾主。若施設華飾在於輿服宮館之物，則大道損害也。「施飾丘園，盛莫大焉」者，丘謂丘墟，園謂園圃，唯草木所生，是質素之處，非華美之所，若能施飾，每

事質素，與丘園相似，盛莫大焉。故「賁于束帛，丘園乃落」者，「束帛」，財物也。舉「束帛」言之，則金銀珠玉之等皆是也。（頁63）

朱熹《易本義》：

六五柔中，爲賁之主。敦本尚實，得賁之道，故有丘園之象。然陰性吝嗇，故有束帛戔戔之象。「束帛」，薄物；「戔戔」，淺小之意。人而如此，雖可羞吝，然禮奢寧儉，故得終吉。（頁106）

南懷瑾、徐芹庭《周易今註今譯》：

本爻的六五爻，有修飾於丘園，整束著純樸的布帛，有些殘傷不整的樣子。他是有吝咎的。但居亂世能如此，終能吉利。（頁158）

玉姍案：「束帛」，《儀禮・士冠禮》：「主人酬賓，束帛儷皮。」《注》：「飲賓客而從之以財貨曰『酬』，所以申暢厚意也。束帛，十端也。儷皮，兩鹿皮也。」《周禮・大宗伯・疏》：「束者十端，每端丈八尺，皆兩端合卷，總爲五匹，故云『束帛』也。」「束帛」是古代餽贈聘問之禮物，以帛之兩端相向捲之而成一匹，五匹爲一束，故稱「束帛」。朱熹以爲「束帛，薄物」恐非也。孔穎達以爲「束帛，財物也。舉『束帛』言之，則金銀珠玉之等皆是也。」此從之。

關於六五爻辭的解釋相當紛歧，筆者以爲諸說中唯獨孔穎達能點明「六五尊位爲賁飾之主」的特殊地位，以及爲何要「賁于丘園」與「終吉」的理由，故此從孔說。六五處尊位爲賁飾之主，若施設華飾在於本來就非常華美的輿服宮館，則有流於奢靡之憂而損大道。若能施飾於生長草木之丘墟園圃，則是施飾於質素之上，則盛莫大焉。初時雖有儉約之吝，但乃得終吉。

今本作「六五：賁于丘園，束帛戔戔，吝，終吉。」意思是：六五爲賁飾之主，施飾於質素丘園，不流於無謂的奢靡。初雖有儉約之吝，但能得最終之吉。

帛書本作「六五：繫于 丘園 ，束 白戔戔，閵，終 吉 。」意思與今本同。

1. 上博《周易》：【缺簡】
2. 阜陽《周易》：上九：白賁，无 咎。
3. 帛書《周易》： 尚九：白繫 ，无 咎 。
4. 今本《周易》：上九：白賁，无咎。

【文字考釋】

阜陽本、帛書本上九爻辭殘，皆據今本補。

【爻辭釋讀】

〈象〉曰：

白賁无咎，上得志也。（頁 63）

《周易集解》引干寶云：

白，素也。延山林之人，采素士之言，以飾其政，故「上得志」也。

（頁 252）

孔穎達《正義》：

處飾之終，飾終則反素，故在其質素，不勞文飾，故曰「白賁，无咎」也。守志任眞，得其本性，故〈象〉云「上得志也」，言居上得志也。（頁 63）

朱熹《易本義》：

賁極反本，復於无色，善補過矣。故其象占如此。（頁 106）

南懷瑾、徐芹庭《周易今註今譯》：

上九有純白太素樸質，以修飾自身的象徵，它是沒有災咎的。（頁 159）

玉姍案：上九處賁飾之終，裝飾至極則反趨素樸，其質素而不勞文飾，象徵能守志任眞，得其本性，故能無咎。學者多由此立說，此亦從之。

今本作「上九：白賁，无咎。」意思是：上九處賁飾之終，裝飾之極則反趨素樸、不勞文飾，象徵能守志任眞，得其本性，故能無咎。

阜陽本作「上九：白賁，无咎。」意思與今本同。

第二十三節　剝　卦

一、卦名釋義

《說文》：「剝，裂也。從刀、彔。彔，刻也。彔亦聲。一曰剝，割也。」（頁 182）「剝」爲剝裂、剝落之義。孔穎達《正義》：「剝者，剝落也。今陰長變剛，剛陽剝落，故稱剝也。」（頁 63）剝卦之「剝」即取剝裂、剝落之義。

〈序卦〉曰：「致飾然後通則盡矣，故受之以剝。剝者，剝也。」（頁 187）《周易集解》引崔覲：「以文致飾，則上下情通，故曰『致飾然後通』也。文

者致理，極而无救則盡矣。盡，猶剝也。」（頁 253）文飾至極則盡矣，文滅其質，久而必剝。故剝卦在賁卦之後。

剝卦今本卦畫作「☶☷」，下坤地，上艮山。〈象〉曰：「山附于地，剝。上以厚下安宅。」（頁 64）王弼《注》：「厚下者，牀不見剝也。安宅者，物不失處也。厚下安宅，治剝之道也。」（頁 64）《周易集解》引陸績曰：「艮為山，坤為地。山附于地，謂高附于卑，貴附于賤，君不能制臣也。」又《周易集解》引盧氏曰：「上，君也。宅，居也。山高絕于地。今附地者，明被剝矣。屬地時也。君當厚錫于下，賢當卑降于愚，然後得安其居。」（頁 255）玉姍案：剝下坤地，上艮山，故有山附于地之象，君子觀此而領悟厚下安宅乃治剝之道也。

二、卦爻辭考釋

（一）卦辭考釋

1. 上博《周易》：【缺簡】
2. 阜陽《周易》：剝：不利有攸往。┈┈冬得不喜，罪人不吉。
3. 帛書《周易》：剝：不利有攸往。
4. 今本《周易》：剝：不利有攸往。

【文字考釋】

阜陽本卦辭殘，皆據今本補。

【卦辭釋讀】

〈彖〉曰：

剝，剝也。柔變剛也，不利有攸往，小人長也。順而止之，觀象也。君子尚消息盈虛，天行也。（頁 63）

孔穎達《正義》：

剝者，剝落也。今陰長變剛，剛陽剝落，故稱「剝」也。小人既長，故「不利有攸往」也。（頁 63）

朱熹《易本義》：

剝，落也。五陰在下而方生，一陽在上而將盡，陰盛長而陽消落，九月之卦也。陰盛陽衰，小人壯而君子病。又內坤而外艮，有順時

而止之象。故占得之者，不可以有所往也。（頁107）

南懷瑾、徐芹庭《周易今註今譯》：

剝卦剝奪剝落的時候，是不利於有所前往。（頁160）

玉姍案：剝卦象為五陰爻在下，一陽獨在上而將盡，有陰盛陽衰，小人既壯而君子道消的象徵，故不利有攸往。學者皆由此立說，此亦從之。

今本作「剝：不利有攸往。」意思是：剝卦有陰盛陽衰，小人既壯而君子道消的象徵，故不利有所往。

帛書本作「剝：不利有攸往。」意思與今本同。

（二）爻辭考釋

1. 上博《周易》：【缺簡】

2. 阜陽《周易》：初六：僕牀以足，蔽貞，兇。卜……

3. 帛書《周易》：初六：剝臧以足，戴貞，兇。

4. 今本《周易》：初六：剝牀以足，蔑貞，凶。

【文字考釋】

阜陽本初六爻辭殘，據今本補。

（一）今本「剝」，阜陽本作「僕」。

玉姍案：今本「剝」，阜陽本作「僕」。「剝」上古音幫紐屋部，「僕」上古音並紐屋部，韻同聲近，可通假。《尚書‧堯典》：「共工方（幫紐陽部）鳩僝功」，《史記‧五帝本紀》：「共工旁（並紐陽部）聚布功」。今本旅卦六二「得童僕」，帛書本「童」亦作「剝」。

（二）今本「剝牀以足」之「牀」，帛書本作「臧」。

玉姍案：「牀」上古音牀紐陽部，「臧」上古音精紐陽部，韻同、聲皆為齒音，故可通假，如《師訇鼎》：「白（伯）大師不（丕）乍小子」，于豪亮《陝西省扶風縣強家村出土虢季家族銅器銘文考釋》云「乍」（精紐鐸部）讀為「助」（牀紐魚部）；談、侵旁轉，二字可通。

（三）今本「蔑貞」之「蔑」，阜陽本作「蔽」，帛書本作「戴」。

張立文《周易帛書今注今譯》：

「戴」是「蔑」的或體，「蔑」亦可作「幭」。說文：「幭，蓋幭也。

從巾蔑聲。一曰襌被。」……「幭」、「蔑」同聲系，古相通。〔註616〕

韓自強《阜陽漢簡《周易》研究》：

　　「薎」，今本作「蔑」，帛書本作「戴」。《玉篇》：「瞙本作薎，俗作瞙。」

　　目眰紅腫作「瞙」。「瞙」與「蔑」古相通。〔註617〕

　　玉姍案：今本「蔑貞」之「蔑」，帛書本作「戴（戴）」阜陽本作「薎」。
張立文以為「戴」為「蕨（幭）」之或體，韓自強以為「薎」為「瞙」之或體，
皆可從。「蕨（幭）」、「薎（瞙）」均從蔑得聲，可以通假。

【爻辭釋讀】

〈象〉曰：

　　剝牀以足，以滅下也。（頁64）

《周易集解》引侯果曰：

　　以柔處下，履非其正，咎也。苟能絜誠肅恭不怠，雖置羞于地，可
　　以薦奉，況藉用白茅，重慎之至，何咎之有矣。（頁255）

王弼《注》：

　　剝牀之足，滅下之道也。下道始滅，剛隕柔長，則正削而凶來也。（頁
　　64）

孔穎達《正義》：

　　「剝牀以足」者，牀者，人之所以安處也。在剝之初，剝道從下而
　　起，剝牀之足，言牀足已剝也，下道始滅也。「蔑貞，凶」者，蔑，
　　削也。貞，正也。下道既蔑，則以侵削其貞正，所以凶也。（頁64）

朱熹《易本義》：

　　剝自下起，滅正則凶。故其占如此。蔑，滅也。（頁107）

南懷瑾、徐芹庭《周易今註今譯》：

　　初六有剝落牀之足的象徵，如果沒有守著正道，則必遭凶災。（頁
　　162）

　　玉姍案：初六處剝卦之初，剝道從下而起，以位置而言有如剝牀之足，

〔註616〕張立文（張憲江）：《周易帛書今注今譯》（台北：臺灣學生書局，1991年），
　　　　頁166。
〔註617〕韓自強：《阜陽漢簡《周易》研究》（上海：上海古籍出版社，2004年7月），
　　　　頁121。

牀足已剝，象徵下道始滅。下道既滅，則侵削其貞正，所以有凶。學者多由此立說，此亦從之。

今本作「初六：剝牀以足，蔑貞，凶。」意思是：初六處剝卦之初，剝道從下而起，有如剝牀之足，象徵侵削其貞正，所以有凶。

阜陽本作「初六：僕牀以足，蔑貞，兇。卜……」帛書本作「初六：剝臧以足，戠貞，兇。」意思與今本同。

1. 上博《周易》：【缺簡】
2. 阜陽《周易》：六二：僕牀以辨，蔑貞，凶。
3. 帛書《周易》：六二：剝臧以辯，戠貞，兇。
4. 今本《周易》：六二：剝牀以辨，蔑貞，凶。

【文字考釋】

阜陽本六二爻辭殘，據今本補。

（一）今本「剝牀以辨」之「辨」，帛書本作「辯」。

玉姍案：「辯」、「辨」上古音同為並紐元部，聲韻皆同，可通假。《禮記‧喪服‧四制注》：「謂喪事辦所不當共也。」釋文：「本又作辯。」

【爻辭釋讀】

〈象〉曰：

剝牀以辨，未有與也。（頁64）

王弼《注》：

辨者，足之上也。剝道浸長，故剝其辨也，稍近於牀，轉欲滅物之所處，長柔而削正，以斯為德，物所棄也。（頁64）

孔穎達《正義》：

辨謂牀身之下，牀足之上，足與牀身分辨之處也。今剝落侵上，乃至於「辨」，是漸近人身，故云「剝牀以辨」也。「蔑貞凶」者，蔑，削也。削除中正之道，故凶也。初六「蔑貞」，但小削而已；六二「蔑貞」，是削之甚極，故更云「蔑貞凶」也。長此陰柔，削其正道，以此為德，則物之所棄，故〈象〉云「未有與」也，言无人與助之也。（頁64）

朱熹《易本義》：

辨，牀幹也，進而上矣。（頁 108）

南懷瑾、徐芹庭《周易今註今譯》：

六二有剝落牀之幹的象徵，不守正道，則凶。（頁 163）

玉姍案：六二以柔居陰，象徵長此陰柔，削其正道，以位置而言象徵已由初六牀足向上延伸至牀之辨（牀身之下，牀足之上，足與牀身分辨之處）的部位，牀辨已剝，即將侵削本體之貞正，故有凶。學者多由此立說，此亦從之。

今本作「六二：剝牀以辨，蔑貞，凶。」意思是：六二以柔居陰，有如牀辨已剝，即將侵削本體之貞正，故有凶。

帛書本作「六二：剝臧以辯，載貞，兌。」意思與今本同。

1. 上博《周易》：【缺簡】
2. 阜陽《周易》： 六三：剝之无咎。
3. 帛書《周易》：六三：剝无咎。
4. 今本《周易》：六三：剝之无咎。

【文字考釋】

阜陽本六三爻辭殘，據今本補。

（一）今本「剝之无咎」，帛書本作「剝无咎」，缺一「之」字。

玉姍案：今本「剝之无咎」，帛書本作「剝无咎」，缺一「之」字。阮元《周易注疏校勘記》：「石經、岳本、閩、監、毛本同。釋文出『剝无咎』，云：『一本作剝之无咎，非』。」《釋文》作「剝无咎」，帛書本「剝无咎」有據。

【爻辭釋讀】

〈象〉曰：

剝之无咎，失上下也。（頁 64）

《周易集解》引荀爽云：

眾皆剝陽，三獨應上，无剝害意，是以「无咎」。（頁 256）

王弼《注》：

與上爲應，群陰剝陽，我獨協焉，雖處於剝，可以「无咎」。（頁 64）

孔穎達《正義》：

六三與上九爲應，雖在剝陽之時，獨能與陽相應，雖失位處剝，而

无咎也。（頁64）

朱熹《易本義》：

眾陰方剝陽，而己獨應之，去其黨而從正，无咎之道也。占者如是，

則得无咎。（頁108）

玉姍案：六三與上九陽爻相應，象徵失去群陰小人之朋，卻能獨應於陽

剛君子，故處剝卦之中而能无咎。學者多由此立說，此亦從之。

今本作「六三：剝之无咎。」意思是：六三獨應於上九陽爻，象徵應於

陽剛君子，故處剝卦之中而能无咎。

帛書本作「六三：剝无咎。」意思與今本同。

1. 上博《周易》：【缺簡】

2. 阜陽《周易》：六四：僕牀以父，兇。□……

3. 帛書《周易》：六四：剝臧以膚，兇。

4. 今本《周易》：六四：剝牀以膚，凶。

【文字考釋】

阜陽本六四爻辭殘，據今本補。

（一）今本「剝牀以膚」之「膚」，阜陽本作「父」。

玉姍案：「膚」上古音幫紐魚部，「父」上古音並紐魚部，二字韻同、聲

皆為唇音，可通假。如《尚書‧堯典》：「共工方（幫紐陽部）鳩僝功」，《史

記‧五帝本紀》「方」（幫紐陽部）作「旁」（並紐陽部）。

【爻辭釋讀】

〈象〉曰：

剝牀以膚，切近災也。（頁64）

《周易集解》引王肅云：

在下而安人者，牀也。在上而處牀者，人也。……牀剝盡，以及人

身，為敗滋深，害莫甚焉。（頁257）

王弼《注》：

初二剝牀，民所以安，未剝其身也，至四剝道浸長，牀既剝盡，以

及人身，小人遂盛，物將失身，豈唯削正，靡所不凶。（頁64）

朱熹《易本義》：

陰禍切身，故不復言蔑貞，而直言凶也。（頁 108）

南懷瑾、徐芹庭《周易今註今譯》：

六四有剝落牀，而致危害到牀上人之肌膚的象徵，他是凶的。（頁 164）

玉姍案：六四剝道浸長，不僅剝落牀體，更甚而侵進及人身肌膚，這是凶的。學者多由此立說，此亦從之。

今本作「六四：剝牀以膚，凶。」意思是：六四剝道浸長，不僅剝落牀體，更甚而進及人身肌膚，這是凶的。

阜陽本作「六四：僕牀以父，兇。□……」帛書本作「六四：剝臧以膚，兇。」意思皆與今本同。

1. 上博《周易》：【缺簡】
2. 阜陽《周易》：六五：貫魚，以宮人寵，无不利。
3. 帛書《周易》：六五：貫魚，食宮人寵，无不利。
4. 今本《周易》：六五：貫魚，以宮人寵，无不利。

【文字考釋】

阜陽本六五爻辭殘，據今本補。

（一）今本「以宮人寵」，帛書本作「食宮人寵」。

玉姍案：「食」上古音神紐職部，「以」上古音喻四之部，之、職二韻可轉，陳師新雄《古音學發微》以為「照穿神審禪古讀端透定」，〔註 618〕喻四古歸定紐，可通假。如《詩・召南・羔羊》：「委蛇（神紐歌部）」，《韓詩》作「逶迤（喻四歌部）」。「籠」、「寵」皆以「龍」得聲，亦可通。

【爻辭釋讀】

〈象〉曰：

以宮人寵，終无尤也。（頁 64）

孔穎達《正義》：

「貫魚以宮人寵」者，處得尊位，為剝之主。剝之為害，小人得寵，以消君子。「貫魚」者，謂眾陰也。駢頭相次，似若貫穿之魚，此六五若能處待眾陰，但以宮人之寵相似，宮人被寵，不害正事，則終无

────────────

〔註 618〕陳師新雄：《古音學發微》(台北：文史哲出版社，1996 年 10 月)，頁 1166～1173。

尤過，无所不利，故云「无不利」，故〈象〉云「終无尤也」。（頁64）

朱熹《易本義》：

魚，陰物。宮人，陰之美而受制於陽者也。五爲眾陰之長，當率其類，受制於陽，故有此象。而占者如是，則無不利也。（頁108）

南懷瑾、徐芹庭《周易今註今譯》：

六五處尊位，爲剝之主，在剝落的時候，小人齊頭並進，像魚貫然相連一樣。君子如能以寵愛宮人嬪妾的態度，使不害正事，則沒有不利的了。（頁164）

玉姍案：六五處尊位，率領初六至六四群陰，如魚貫然相連。群陰象徵小人，六五爲剝之主，處待眾陰之際，若能不予實權，僅給予宮人之寵；宮人是服雜役之人，因不掌實權，被寵不害正事，則終无尤過。學者多由此立說，此亦從之。

今本作「六五：貫魚，以宮人寵，无不利。」意思是：六五處尊位，率群陰如魚貫然相連。六五爲剝之主，處待眾陰小人之際，若僅給予宮人之寵，則小人雖受寵而不害正事，故无尤過且无所不利。

帛書本作「六五：貫魚，食宮人籠，无不利。」意思皆與今本同。

1. 上博《周易》：【缺簡】

2. 阜陽《周易》：上九：碩果不食，君子得輿，小人剝廬。

3. 帛書《周易》：尚九：石果不食，君子得車，小人剝蘆。

4. 今本《周易》：上九：碩果不食，君子得輿，小人剝廬。

【文字考釋】

阜陽本上九爻辭殘，據今本補。

（一）今本「碩果不食」之「碩」，帛書本作「石」。

玉姍案：「碩」以「石」爲聲符，故二字可通。《莊子·外物》：「無石師而能言。」《釋文》：「石本作碩。」

（二）今本「小人剝廬」之「廬」，帛書本作「蘆」。

玉姍案：「廬」、「蘆」皆以「盧」爲聲符，故二字可通。

【爻辭釋讀】

〈象〉曰：

君子得輿，民所載也。小人剝廬，終不可用也。（頁64）

孔穎達《正義》：

處卦之終，獨得完全不被剝落，猶如碩大之果，不爲人食也。「君子得輿」者，若君子而居此位，能覆蔭於下，使得全安，是君子居之，則得車輿也；若小人居之，下无庇蔭，在下之人，被剝徹廬舍也。「君子得輿，民所載」者，釋得輿之義，若君子居處此位，養育其民，民所仰載也。（頁64）

朱熹《易本義》：

一陽在上，剝未進而能復生。君子在上，則爲眾陰所載；小人居之，則剝極於上，自失所覆，而無復「碩果、得輿」之象矣。取象既明，而君子小人其占不同。聖人之情，益可見也。（頁109）

南懷瑾、徐芹庭《周易今註今譯》：

上九有碩大之果不食（不被剝落）的象徵。若大德的君子，則有得到車乘的象徵，若小人有被剝去屋舍的象徵。（頁165）

玉姍案：上九以陽處剝之極，獨得完全，不被剝落，猶如碩大之果，不被人食也。若君子居此位，爲眾陰所載，則能覆蔭於下，使得全安，如同得到車輿的乘載。若小人居之，下方諸陰則如被剝徹廬舍般失去庇蔭。學者多由此立說，此亦從之。

今本作「上九：碩果不食，君子得輿，小人剝廬。」意思是：上九處剝之極，獨得完全不被剝落，猶如碩大之果不被人剝而食之。若君子居此位，則能覆蔭於下使得全安，如同得到車輿的乘載。若小人居之，下方諸陰則如被剝奪廬舍般失去庇蔭。

帛書本作「尙九：石果不食，君子得車，小人剝蘆。」意思皆與今本同。

第二十四節　復　卦

一、卦名釋義

《說文》：「復，往來也。」（頁76）玉姍案：「復」字，甲骨文作 （《鐵》145.1），金文作 （髙比盨），楚文字作「 （逡）」（《上博三.周易.19》），從

攵、𣅀聲，有出入於覆室之義。故復卦之「復」有「往來」、「回復」之義。

〈序卦〉曰：「物不可以終盡，剝窮上反下，故受之以復也。」（頁 187）〈繫辭·下〉：「易窮則變，變則通，通則久。」（頁 167）物極則反於初，剝盡而復，故復卦在剝卦之後。

復卦，今本卦畫作「☷☳」，上坤地，下震雷。〈象〉曰：「雷在地中，復。先王以至日閉關，商旅不行，后不省方。」（頁 65）王弼《注》：「方，事也。冬至陰之復也，夏至陽之復也，故爲復則至於寂然大靜。先王則天地而行者也，動復則靜，行復則止，事復則无事也。」（頁 65）復卦有雷在地中，陽氣復出之義。君子觀之而體悟靜極而後動，天地生生不息之理。

二、卦爻辭考釋

（一）卦辭考釋

1. 上博《周易》：復：亨。出入无疾，朋來无咎。反復其道，七日來復，利有攸往。

2. 阜陽《周易》：復：亨。出入无疾，馮來无咎。反復其道，七日來復，利有攸往。

3. 帛書《周易》：復：亨。出入无疾，𤳹來无咎。反復其道，七日來復，利有攸往。

4. 今本《周易》：復：亨。出入无疾，朋來无咎。反復其道，七日來復，利有攸往。

【文字考釋】

上博本、阜陽本卦辭殘，皆據今本補。

（一）今本作「出入无疾」之「入」，馬王堆漢墓帛書整理小組原釋作「人」。

玉姍案：今本「入」字，馬王堆漢墓帛書整理小組釋文作「人」，此乃字形相近，容易訛誤之故。（詳見本論文第二章第三節屯卦六三【文字考釋】），此處文意作「出入」方合理，是以直接改「人」爲「入」。

【卦辭釋讀】

〈彖〉曰：

「復，亨」，剛反動而以順行，是以「出入无疾」，「朋來无咎」，「反

復其道，七日來復」，天行也。「利有攸往」，剛長也。復，其見天地之心乎。（頁64）

〈象〉曰：

雷在地中，復。先王以至日閉關，商旅不行，后不省方。（頁65）

孔穎達《正義》：

「復亨」者，陽氣反復而得亨通，故云「復亨」也。「出入无疾」者，出則剛長，入則陽反，理會其時，故无疾病也。「朋來无咎」者，朋謂陽也。反復眾陽，朋聚而來，則「无咎」也。若非陽眾來，則有咎，以其眾陽之來，故「无咎」也。「反復其道，七日來復」者，欲速反之，與復而得其道，不可過遠。唯七日則來復，乃合于道也。「利有攸往」者，以陽氣方長，往則小人道消，故「利有攸往」也。（頁64）

朱熹《易本義》：

復，陽復生於下野。剝盡則爲純《坤》十月之卦，而陽氣已生於下矣，積之逾月，然後一陽之體始成而來復。故十有一月，其卦爲復，以其陽既往而復反，故有亨道。……七日者，所占來復之期也。（頁114）

南懷瑾、徐芹庭《周易今註今譯》：

復卦是亨通的，有「出入不遽迫，朋（指陽，剛正之君子）來沒有災咎」的象徵。陽剛還回其道，七日即來復於此。有「利有所往」的現象。（頁166）

玉姍案：復卦爲一陽五陰之卦，有陽氣返復而得亨通的現象。人事行動若能順應天時運行，則能出入無疾，志同道合的朋類也會聚集而來，自然能無災咎。當陽剛之氣返回其道，依天時七日來復的自然運行規律，則能利有所往。

今本「復：亨。出入无疾，朋來无咎。反復其道，七日來復，利有攸往。」意思是：復卦有陽氣返復而得亨通的現象。人事行動若能順應天時運行，則能出入無疾，志同道合的朋類也會聚集而來，沒有災咎。當陽剛之氣返回其道，依天時七日來復的自然運行規律，則能利有所往。

阜陽本作「復：亨。出入无疾，馮來无咎。反復其道，七日來復，利有攸往。」帛書本作「復：亨。出人无疾，堋來无咎。反復其道，七日來復，利有攸往。」其義皆與今本同。

（二）爻辭考釋

1. 上博《周易》：初九：不遠復，无祗悔，元吉。
2. 阜陽《周易》：初九：不遠復，无智悔，元吉。卜……。
3. 帛書《周易》：初九：不遠復，无提愍，元吉。
4. 今本《周易》：初九：不遠復，无祗悔，元吉。

【文字考釋】

上博本、阜陽本初九爻辭殘，皆據今本補。

（一）今本「无祗悔」之「祗」，阜陽本作「智」，帛書本作「提」。

玉姍案：「祗」古音知紐脂部，「提」古音定紐脂部，「智」古音端紐支部。端、定聲近，《睡虎地秦墓竹簡・封診式・癘》：「鼻腔壞，刺其鼻不嚏。」「嚏」（端紐質部）讀爲「噴嚏」之「嚏」（定紐質部）。脂、支旁轉；故「祗」、「提」、「智」可通假。

【爻辭釋讀】

〈象〉曰：

「不遠」之復，以脩身也。（頁65）

王弼《注》：

復之不速，遂至迷凶。不遠而復，幾悔而反，以此修身，患難遠矣。錯之于事，其殆庶幾乎？故「元吉」也。（頁65）

孔穎達《正義》：

「不遠復」者，最處復初，是始復者也。既在陽復，即能從而復之，是之而不遠，即能復也。「无祗悔，元吉」者，韓氏云：「祗，大也。」既能速復，是无大悔，所以大吉。（頁65）

朱熹《易本義》：

一陽復生於下，復之主也。祗，抵也。又居事初，失之未遠，能復於善，不抵於悔，大善而吉之道也。（頁111）

南懷瑾、徐芹庭《周易今註今譯》：

初九有失之不遠，即立即恢復善道的象徵，它是不至於有悔恨的，它有大吉利的象徵。（頁168）

玉姍案：孔穎達引韓氏以爲「祗」作「大」，釋「無大悔」。朱熹作「抵」，

釋作「不抵於悔」。筆者以爲。初九處復卦之初，即使有失，也能失之不遠，立即回復善道，因此不會有大悔吝，「祇」作「大」較佳，故從孔穎達之說。

今本「初九：不復遠，无祇悔，元吉。」意思是：初九處於復卦之初，有失之未遠，速回復善道的象徵，因此不會招致大的悔吝，而能得大吉。

阜陽本作「初九：不遠復，无𠱾悔，元吉。卜……。」帛書本作「初九：不遠復，无提㥁，元吉。」其義皆與今本同。

1. 上博《周易》：六二：休復，吉。
2. 阜陽《周易》：六二：休復，吉。卜……出妻皆復……。
3. 帛書《周易》：六二：休復，吉。
4. 今本《周易》：六二：休復，吉。

【文字考釋】

上博本、阜陽本六二爻辭殘，據今本補。等異文。

【爻辭釋讀】

〈象〉曰：

「休復」之吉，以下仁也。（頁 65）

王弼《注》：

既處中位，親仁善鄰，復之休也。（頁 65）

孔穎達《正義》：

得位處中，最比于初，陽爲仁行，己在其上，附而順之，是降下于仁，是休美之復，故云「休復吉」也。以其下仁，所以「吉」也。

故〈象〉云「休復之吉，以下仁也」。（頁 65）

朱熹《易本義》：

柔順中正，近於初九而能下之。復之休美，吉之道也。（頁 111）

南懷瑾、徐芹庭《周易今註今譯》：

六二有休止既往之非，而回復善道的象徵，它是吉利的。（頁 169）

玉姍案：「休復」之「休」，王弼、孔穎達、朱熹以爲「休，美也」，南懷瑾以爲「休止」。六二以陰爻居柔位，可謂得位處中，亦能親比初九而得吉，筆者以爲「休美之復」較「休止」意爲佳，故此從之王弼、孔穎達舊說。

今本「六二：休復，吉。」意思是說：六二得位處中，能回頭親比初九，

故爲休美之復，能得吉象。

阜陽本作「六二：休復，吉。卜……出妻皆復……。」帛書本作「六二：休復，吉。」其義皆與今本同。

1. 上博《周易》：六三：頻復，厲，无咎。
2. 阜陽《周易》：六三：頻復，厲，无咎。
3. 帛書《周易》：六三：編復，厲，无咎。
4. 今本《周易》：六三：頻復，厲，无咎。

【文字考釋】

上博本、阜陽本六三爻辭殘，皆據今本補。

（一）今本「頻復」之「頻」，帛書本作「編」。

玉姍案：「編」古音幫紐眞部，「頻」古音並紐眞部。二字聲近韻同，可通假。如《尚書·堯典》：「黎民於變時雍。」《漢書·地理志》「變」（幫紐元部）作「卞」（並紐元部）。

【爻辭釋讀】

〈象〉曰：

「頻復」之厲，義无咎也。（頁65）

王弼《注》：

頻，頻蹙之貌也。處下體之終，雖愈于上六之迷，已失復遠矣，是以蹙也。（頁65）

孔穎達《正義》：

「頻復」者，頻謂頻蹙。六三處下體之上，去復稍遠，雖勝于上六迷復，猶頻蹙而復。復道宜速，謂蹙而求復也。去復猶近，雖有危厲，于義无咎。故〈象〉云「義无咎」也。（頁65）

朱熹《易本義》：

以陰居陽，不中不正，又處動極，復而不固。屢失屢復之象。屢失故危，復則无咎。（頁65）

南懷瑾、徐芹庭《周易今註今譯》：

本卦六三有數次失誤，而數次復於善道的象徵，雖很危厲，但它是沒有災咎的。（頁169）

玉姍案：六三以柔爻居陽位，有失位之虞，象徵暫時迷遠而蹙。雖有危厲，但若能因蹙而求復，未至于迷，則雖危而无咎。

今本「六三：頻復，厲，无咎。」意思是：六三以陰居陽，有失位之虞。象徵因憂戚而求復，過程雖有危厲，但終能無咎。

帛書本作「六三：編復，厲，无咎。」其義與今本同。

1. 上博《周易》：六四：中行獨復。
2. 阜陽《周易》：六四：中行獨復。
3. 帛書《周易》：六四：中行獨復。
4. 今本《周易》：六四：中行獨復。

【文字考釋】

上博本、阜陽本六四爻辭殘，皆據今本補。

【爻辭釋讀】

〈象〉曰：

「中行獨復」，以從道也。（頁65）

王弼《注》：

四上下各有二陰而處厥中，履得其位而應于初，獨得所復，順道而反，物莫之犯，故曰「中行獨復」也。（頁65）

孔穎達《正義》：

處于上卦之下，上下各有二陰，己獨應初，居在眾陰之中，故云「中行」。獨自應初，故云「獨復」。（頁65）

朱熹《易本義》：

四處群之中，而獨與初應，爲與眾俱行，而獨能從善之象。當此之時，陽氣甚微，未足以有爲，故不言吉，然理所當然，吉凶非所論也。（頁111）

南懷瑾、徐芹庭《周易今註今譯》：

六四有處於中行，而獨自回復善道的象徵。（頁169）

玉姍案：六四以柔爻居陰位，可謂得其位也。又應於初九陽爻，有獨自回復善道的象徵。故曰「六四：中行獨復。」

今本「六四：中行獨復。」意思是：六四得位且應於初九陽爻，順著中

道而行，就有獨自回復善道的象徵。

　　阜陽本「六四：中行獨復。」帛書本作「六四：中行獨復。」義與今本同。

　　1. 上博《周易》：六五：臺遑，亡愿。

　　2. 阜陽《周易》：六五：敦復，无咎。……得。

　　3. 帛書《周易》：六五：敦復，无愿。

　　4. 今本《周易》：六五：敦復，无悔。

【文字考釋】

　　上博本、阜陽本六五爻辭殘，皆據今本補。

（一）今本作「敦復」之「敦」，上博本作「臺」。

　　陳惠玲《《上海博物館藏戰國楚竹書（三）·周易》研究》：

　　　　「臺」字半殘，但依稀可判斷。「敦」字，從攴，臺聲，「敦」、「臺」

　　　　二字同音假借。楚簡本「臺」字通今本「敦」字，有「厚」義。〔註619〕

　　玉姍案：「敦」字從攴、臺聲，故「敦」、「臺」二字同音可以通假。

【爻辭釋讀】

　　〈象〉曰：

　　　　「敦復，无悔」，中以自考也。（頁66）

《周易集解》引侯果云：

　　　　體柔居剛，无應失位，所以有悔。能自考省，動不失中，故曰「无

　　　　悔」矣。（頁267）

王弼《注》：

　　　　居厚而履中，居厚則无怨，履中則可以自考，雖不足以及「休復」

　　　　之吉，守厚以復，悔可免也。（頁66）

孔穎達《正義》：

　　　　處坤之中，是敦厚于復，故云「敦復」。既能履中，又能自考成其行。

　　　　既居敦厚物，无所怨，雖不及六二之「休復」，猶得免于悔吝，故云

　　　　「无悔」也。（頁66）

朱熹《易本義》：

〔註619〕陳惠玲：《《上海博物館藏戰國楚竹書（三）·周易》研究》（臺灣師範大學國
　　　　文教學所碩論，2005年8月），頁266。

以中順居尊，而當復之時，敦復之象，无悔之道也。（頁112）

南懷瑾、徐芹庭《周易今註今譯》：

六五有敦厚以復回善道的象徵，它是沒有悔誤的。（頁170）

玉姍案：六五以柔爻居外卦之中，王弼以爲居厚履中，所以無怨無悔。孔穎達以爲處坤之中，故有敦厚之復。學者多根據王、孔之說立論，本文亦從之。

今本「六五：敦復，无悔。」意思是：六五居厚履中，有敦厚於復的象徵，如此則可以沒有悔吝。

上博本作「六五：臺遆，亡愍。」阜陽本「六五：敦復，无悔。……得。」帛書本作「六五：敦復，无愍。」其義與今本同。

1. 上博《周易》：上六：迷復，凶，有災眚。用行師，終有大敗；以其國君，凶。至于十年，不克征。

2. 阜陽《周易》：上六：迷復，兇，有災眚。用行師，終有大敗；以其國君，凶。至于十年，不克征。

3. 帛書《周易》：尚六：迷復，兇，有茲省。用行師，終有大敗；以其國君，凶。至十年，弗克正。

4. 今本《周易》：上六：迷復，凶，有災眚。用行師，終有大敗；以其國君，凶。至于十年，不克征。

【文字考釋】

上博本、阜陽本上六爻辭殘，皆據今本補。

（一）今本「至于十年」，帛書本作「至十年」。

玉姍案：今本「至于十年」，帛書本作「至十年」，較今本缺一「于」字。但兩版本文義可通。

【爻辭釋讀】

〈象〉曰：

「迷復」之凶，反君道也。（頁66）

王弼《注》：

最處復後，是迷者也。以迷求復，故曰「迷復」也。用之行師，難用有克也，終必大敗。用之于國，則反乎君道也。大敗乃復量斯勢

也。雖復十年修之，猶未能征也。（頁 66）

孔穎達《正義》：

「迷復凶」者，最處復後，是迷闇于復。「以迷求復」，所以「凶」
也。「有災眚」者，闇于復道，必无福慶，唯有災眚也。「用行師，
終有大敗」者，所為既凶，故用之行師，必无克勝，唯「終有大敗」
也。「以其國君凶」者，以，用也。用此迷復于其國內，則反違君道，
所以凶也。「至于十年不克征」者，師敗國凶，量斯形勢，雖至十年
猶不能征伐。（頁 66）

朱熹《易本義》：

以陰居復終，終迷不復之象，凶之道也，故其占如此。以，猶及也。
（頁 112）

南懷瑾、徐芹庭《周易今註今譯》：

上六有以迷妄而求復的象徵，它是凶的，同時也有災害，如用以行
兵作戰，終必有大敗。而且凶害連及他的國君，雖至於十年之久，
還不能恢復國勢，不能征討他人。（頁 170）

玉姍案：上六處於復卦之終，有遠離復道而迷失之象，此為凶兆必有災
眚。如果反應在人事的用兵行軍上，將有大敗的結果。用於國家，則是違反
君道，亦有凶險。雖然以十年時間修治，但仍不能出征。王弼以下學者多由
此立說，此亦從之。

今本「上六：迷復，凶，有災眚。用行師，終有大敗；以其國君，凶。
至于十年，不克征。」意思是：上六有遠離復道而迷失之象，此為凶兆必有
災禍。用以行兵作戰，終必大敗。以此輔佐國君，亦有凶險。雖經歷十年修
治，但仍不宜出征。

帛書本作「尚六：迷復，兇，有茲省。用行師，終有大敗；以其國君，
凶。至十年弗克正。」其義均與今本同。

第二十五節　无妄卦

一、卦名釋義

《說文》：「妄，亂也。」（頁 629）孔穎達《正義》：「『无妄』者，以剛為

內主，動而能健，以此臨下，物皆无敢詐僞虛妄。」（頁 66）卦名无妄是「不虛妄、不邪亂」的意思。

〈序卦〉曰：「復則不妄矣，故受之以无妄。」（頁 187）《周易集解》引崔覲云：「物復其本，則爲誠實，故言復則无妄矣。」（頁 269）言人心之始本誠，能復其本善，則歸於誠實，不虛妄、不邪亂。故无妄在復卦之後。

无妄卦今本卦畫作「䷘」，上乾天，下震雷。〈象〉曰：「天下雷行，物與无妄，先王以茂對時育萬物。」（頁 66）天下有雷行，萬物不亂序，皆順時而生長。先王觀察此象，而能順應天時，對待天下萬物。

二、卦爻辭考釋

（一）卦辭考釋

1. 上博《周易》：亡忘：元鄉，祊貞。丌非邆又禙，不祊又卣逬。
2. 阜陽《周易》：无亡：元亨，利貞。其非延有眚，不利有卣往。卜雨不雨不……。齊=不吏君，不吉，田魚不得。
3. 帛書《周易》：无孟：元亨，利貞。非正有省，不利有攸往。
4. 今本《周易》：无妄：元亨，利貞。其匪正有眚，不利有攸往。

【文字考釋】

（一）今本「无妄」，上博本作「亡忘」，阜陽本作「无亡」，帛書本作「无孟」。
濮茅左以爲「忘」爲本字，「亡」、「孟」、「妄」疑爲借字：

「忘」，音與「孟」、「妄」通。「亡忘」，同「无孟」、「无妄」，……
「忘」，《爾雅》：「棄，忘也。」《增修互注禮部韻略》：「忘，不誌也、
忽也、遺也。」竹書作「忘」有「棄」、「遺」之意。〔註620〕

陳惠玲《《上海博物館藏戰國楚竹書（三）・周易》研究》：

惠玲案：上博本作「忘」（微紐陽部）、帛書本作「孟」（明紐陽部）、
今本作「妄」（微紐陽部）、阜陽本作「亡」（微紐陽部），皆爲唇音
陽韻可通假。原考釋以爲上博本作「忘」，有「棄」、「遺」之意，並
與《周易・序卦》：「有无妄物，然後可畜。」意思吻合。但〈序卦〉
之意，……李道平疏云：「无妄則誠，誠則實，實則可畜，故曰『有

〔註620〕馬承源主編：《上海博物館藏戰國楚竹書（三）》（上海：上海古籍出版社，2003
年 12 月），頁 164。

无妄然後可畜』也。」〔註621〕通釋全卦，「无妄」以釋「不虛妄」爲佳。故今本「妄」爲本字，其餘「忘」、「望」、「孟」、「亡」爲借字。〔註622〕

玉姍案：今本「无妄」之「无」，上博本作「亡」，典籍之中多有例證，如《易・乾・文言》：「貴而无位，高而无民。」《漢書五行志・下》引「无」作「亡」。

今本「无妄」之「妄」，上博本作「忘」，帛書本作「孟」，阜陽本作「亡」。「妄」、「忘」、「亡」、「孟」古音皆爲明紐陽部，可相通假。「无妄」爲「不虛妄」，故今本「妄」當爲本字，「忘」、「孟」、「亡」爲借字。

（二）今本「其匪正有眚」，上博本作「丌非遑又襠」，阜陽本作「其非延有眚」，帛書本作「非正有省」。

廖名春〈楚簡《周易》校釋記（二）〉：

> 疑「正」和「延」都應讀爲「定」。「定」從「正」聲，故可通用。
> 爻辭是說在「无妄」、毫無希望的情況下，「非定」，不安定而冒進，「有眚」，必有災禍，故云「不利有攸往」。〔註623〕

韓自強《阜陽漢簡《周易》研究》：

> 「延」，今本作正，革卦上六征作「政」，今本「征」字除《无妄卦》作「正」外，餘皆作「征」，帛書「征」字全部寫作「正」。……易中「征」字皆有上伐下義。「政」，從正從戈，字書無，字從戈，亦合伐義。〔註624〕

玉姍案：帛書本「非正有省」，其餘版本如上博本、阜陽本、今本「非」前皆有「其」字，帛書本可能爲抄手漏寫「其」字。

今本「其匪正有眚」之「正」，上博本作「遑」，帛書本作「正」，阜陽本作「延」。「延」，見於《說文》，爲「征」之或體，「延」從「正」得聲，故「延」、

〔註621〕（唐）李鼎祚撰，李一忻點校《周易集解》，（北京：九州出版社，2003年3月），頁375。

〔註622〕陳惠玲：《《上海博物館藏戰國楚竹書（三）・周易》研究》（臺灣師範大學國文教學所碩論，2005年8月），頁273～274。

〔註623〕廖名春：〈楚簡《周易》校釋記（二）〉，簡帛網站2004年4月23日。

〔註624〕韓自強：《阜陽漢簡《周易》研究》（上海：上海古籍出版社，2004年7月），頁124。

「正」可相通假。「遉」今作「復」，有「回復」之義，濮茅左以爲「復正公道」，〔註625〕陳惠玲以爲「回復（省察自我）」，〔註626〕於爻辭皆可通。

今本「其匪正有眚」之「眚」，上博本作「褿」，阜陽本作「眚」，帛書本作「省」。「眚」、「省」古音皆爲疏紐耕部，聲韻皆同可通假。《尚書‧盤庚》：「唯干戈省厥躬。」釋文：「省本作眚。」「褿」以「眚」爲聲符，亦可相通假。

（三）今本「不利有攸往」之「往」，上博本作「造」。

陳惠玲《《上海博物館藏戰國楚竹書（三）‧周易》研究》：

　「造」爲「往」的初文（玉姍案：「造」應爲「坒」之誤），從之從土，

　　加辵部表行動義，戰國文字「土」形或作「壬」形。〔註627〕〔註628〕

玉姍案：「往」之初文爲「坒」。「坒」字從之從土，羅振玉以爲「即往之本字」。季師以爲「之」本即有「往」義，加「土」強化地上行動的意味。〔註629〕據此，「造」應爲後起字，加「辵」更強調「行動」義。

（四）阜陽本比它本多出「卜雨不雨不……。齊=不吏君，不吉，田魚不得」異文。

玉姍案：阜陽《周易》在「卦、爻辭的後邊，保存了許多卜問具體事項的卜辭。」大致可推測「卜雨不雨不……」爲卜問是否降雨。「齊=不吏君，不吉」意思不明，推測可能有不利於爲吏之意。「田魚不得」可能是「畋魚不得」，即捕魚將一無所得。

【卦辭釋讀】

　〈彖〉曰：

　　无妄，剛自外來，而爲主於內。動而健，剛中而應。大亨以正，天
　　之命也。「其匪正有眚，不利有攸往」。无妄之往，何之矣？天命不
　　祐，行矣哉！（頁66）

〔註625〕馬承源主編：《上海博物館藏戰國楚竹書（三）》（上海：上海古籍出版社，2003
　　　　年12月），頁164。
〔註626〕陳惠玲：《《上海博物館藏戰國楚竹書（三）‧周易》研究》（臺灣師範大學國
　　　　文教學所碩論，2005年8月），頁274～275。
〔註627〕參季師旭昇《說文新證‧上》（台北：藝文印書館，2002年10月），頁499。
〔註628〕陳惠玲：《《上海博物館藏戰國楚竹書（三）‧周易》研究》（臺灣師範大學國
　　　　文教學所碩論，2005年8月），頁274～275。
〔註629〕參季師旭昇《說文新證‧上》（台北：藝文印書館，2002年10月），頁499。

〈象〉曰：

天下雷行，物與无妄。先王以茂對時育萬物。（頁66）

孔穎達《正義》：

「无妄」者，以剛爲內主，動而能健，以此臨下，物皆无敢詐僞虛妄，俱行實理，所以大得亨通，利于貞正，故曰「元、亨、利、貞」也。「其匪正有眚不利有攸往」者，物既无妄，當以正道行之。若其匪依正道，則有眚災，不利有所往也。（頁66）

朱熹《易本義》：

无妄，實理自然之謂。史記作无望，謂无所期望而有得焉者，其義亦通。爲卦自訟而變，九自二來而居於初，又爲震主，動而不妄者也，故爲无妄。又二體震動而乾健，九五剛中而應六二，故其占大亨而利於正。若其不正，則有眚，而不利有所往也。（頁112～113）

南懷瑾、徐芹庭《周易今註今譯》：

无妄卦，有元始的、亨通的象徵。必須利於守正不二，如果不正的話，則有災眚，不利有所往。（頁171）

　　玉姍案：无妄今本卦畫作「䷘」，上乾天，下震雷。震爲內卦，故曰「以剛爲主」；乾爲外卦，故曰「動而能健」。以人事而言，若從正道而行，自初始就能大得亨通，是利於貞正之象。若不從正道，則有災禍降臨，不利所往，故依孔穎達「大得亨通，利于貞正」斷句爲「元亨，利貞」。廖名春以爲「无妄，非定，有眚」意指「毫無希望的情況下，不安定而冒進，必有災禍」，筆者以爲「无妄」仍應釋爲「不虛妄、不邪亂」，故不採廖氏之說。

　　今本「无妄：元亨，利貞。其匪正有眚，不利有攸往。」意思是：无妄卦以剛爲內主，動而能健，有大得亨通，利於貞正的象徵。如果不守正道的話，就會有災眚，不利所往。

　　上博本作「亡忘：元鄉，㼅貞。丌非㦎又禥，不㼅又卣逃。」意思是：无妄卦以剛爲內主，動而能健，有大得亨通，利於貞正的象徵。如果不回復省察自我（一味前行），就會有災眚，不利所往。

　　阜陽本作「无亡：元亨，利貞。其非延有眚，不利有卤往。卜雨不雨不……。齊=不吏君，不吉，田魚不得。」意思是：无妄卦以剛爲內主，動而能健，有大得亨通，利於貞正的象徵。若不從正道，則有災禍降臨，不利所往。若卜問是否降雨……。齊=不吏君，不吉。捕魚將一無所得。

帛書本作「无孟：元亨，利貞。非正有省，不利有攸往。」其意與今本同。

（二）爻辭考釋

1. 上博《周易》：初九：亡忘，吉。

2. 阜陽《周易》：初九：无亡。往，吉。卜田魚得而……

3. 帛書《周易》：初九：无孟。往，吉。

4. 今本《周易》：初九：无妄，往，吉。

【文字考釋】

（一）阜陽本比它本多出「卜田魚得而……」等異文。

　　玉姍案：阜陽《周易》在「卦、爻辭的後邊，保存了許多卜問具體事項的卜辭。」「卜田魚得而……」可能爲卜問捕魚是否能有所獲得。

（二）上博本作「亡忘，吉」與他本相較，「吉」字前缺一「往」字：

　　玉姍案：阜陽本、帛書本、〈象〉、今本皆有「往」字，上博本無「往」字，廖名春以爲「楚簡較之帛書本、阜陽漢簡本、王弼本少一『往』字……上博本顯然是脫一『往』字。」〔註630〕可能爲抄手漏寫或脫文而造成，不過於文義並無太大影響。陳惠玲斷句爲「无妄往，吉」，〔註631〕筆者以爲可能是受〈象〉：「无妄之往，得志也。」之影響，但「无妄往」不通，當斷句爲「无妄。往，吉」較佳。

【爻辭釋讀】

　　〈象〉曰：

　　　「无妄」之往，得志也。（頁67）

孔穎達《正義》：

　　體剛居下，以貴下賤，所行教化，不爲妄動，故「往吉」而得志也。

　　（頁67）

朱熹《易本義》：

　　以剛在內，誠之主也，如是而往，其吉可知。故其象占如此。（頁113）

南懷瑾、徐芹庭《周易今註今譯》：

〔註630〕廖名春：〈楚簡《周易》校釋記（二）〉，簡帛網站2004年4月23日。
〔註631〕陳惠玲：《《上海博物館藏戰國楚竹書（三）・周易》研究》（臺灣師範大學國文教學所碩論，2005年8月），頁278。

初九無虛妄，前往則有吉利的象徵。(頁 173)

玉姍案：初九能以陽剛之尊，居下位，行不妄亂，故能前往得志。王弼以下學者多由此推衍，此亦從之。

今本「初九：无妄，往，吉。」意思是：初九體剛處下，象徵無虛妄而前往，這是吉利的。

上博本作「初九：亡忘，吉。」意思是：初九體剛處下，象徵無虛妄，這是吉利的。

阜陽本作「初九：无亡，往吉。卜田魚得而……」帛書本作「初九：无孟，往，吉。」其意皆與今本同。

1. 上博《周易》：六二：不𤕟而穫，不畜之（？），則利有攸往。

2. 阜陽《周易》：六二：不耕穫，不菑畬，則利有攸往。

3. 帛書《周易》：六二：不耕穫，不菑餘，利有攸往。

4. 今本《周易》：六二：不耕穫，不菑畬，則利有攸往。

【文字考釋】

上博本、阜陽本六二爻辭殘，皆據今本補。

（一）上博本作「不𤕟而穫」，較其他版本多一「而」字。

濮茅左以爲「𤕟」即爲「靜」，通讀爲「耕」：

「𤕟」，從井，爭聲，亦當「靜」字，可讀爲「耕」，上古同屬「耕」部韻。「穫」，即「穫」。「畜」，《廣雅》：「畜，養也。」又《説文・田部》：「畜，田畜也。淮南王曰：『玄田爲畜。』」指黑沙土田，生禾特盛，異於他田，宜畜牧。〈象〉曰：『不耕穫』，未富也。」〔註632〕

陳惠玲《《上海博物館藏戰國楚竹書（三）・周易》研究》：

「𤕟」字原考釋以爲從「爭」聲，爲「靜」字，可讀爲「耕」。「爭」（莊紐耕部），「耕」（見紐耕部），二字雖聲紐不同，但上古卻有密切的關係。〔註633〕原考釋之說可從。「靜」從「青」、「爭」二聲，「青」

〔註632〕馬承源主編：《上海博物館藏戰國楚竹書（三）》（上海：上海古籍出版社，2003年 12 月），頁 165。

〔註633〕季師旭昇於《說文新證上》355 頁云：「井在精紐，耕在見紐，二字韻雖同，但聲紐不同。這情形就像創（莊紐。各家莊系的擬音都和精系幾乎一樣）、荊（見紐）在早期金文中是同一個字一樣，應該反映了早期部分精莊系的字和

－440－

從「中」、「井」聲，〔註634〕因此簡文「靗」可視爲「靜」之省。故
上博本作「靗」，與帛書本、今本作「耕」，是可通假的。〔註635〕

玉姍案：上博本作「不靗而穧」，較阜陽本、帛書本、今本多一「而」字。
其他版本如帛書《昭力》引作「不耕而穫（，戎夫之義也）」、《象傳》作「不
耕穫（，未富也。）」、《禮記‧坊記》引作「不耕穫，不菑畬」，《經典釋文》：
「或依注作『不耕而穫』。」帛書《昭力》「不耕而穫」與《經典釋文》「不耕
而穫」，可見古本亦有「不耕而穫」的用法，《經典釋文》「或依注作『不耕而
穫』」之說必然是有據可考，而非空穴來風。當「不耕獲」多一「而」字後，
整個句子就變的非常明朗易懂而合理，因此極有可能在較早的版本中作「不
耕而穫」，後世抄寫的過程中誤漏了「而」字，卻流傳爲今之通行本。「不靗
而穧」與「不耕穫」意同

濮茅左以爲「靗」，從井、爭聲，亦當「靜」字，可讀爲「耕」。陳惠玲
以爲「爭」（莊紐耕部），「耕」（見紐耕部），二字雖聲紐不同，但上古卻有密
切的關係。「靜」從「青」、「爭」二聲，「青」從「屮」、「井」聲，因此簡文
「靗」可視爲「靜」之省，與「耕」可通。二者之說皆有聲韻根據，可從之。

(二) 今本「不菑畬」，帛書本作「不菑餘」。上博本作「不蓄之（？）」，「蓄」
字後一字殘損嚴重，僅存部份字頭，濮茅左隸定爲「之」，但筆者以爲
由殘餘部份實無法判定，故在「之」後加一「（？）」形。

張立文《周易帛書今注今譯》：

　　說文：「畬，三歲治田也。易曰：『不菑畬』。從田余聲。」……「畬」、
　　「餘」古音同通假。〔註636〕

陳惠玲《《上海博物館藏戰國楚竹書（三）‧周易》研究》：

　　上博本作「畜」，上古音爲徹紐覺部，作動詞有「畜養」之義。《詩
　　經‧小雅‧節南山》：「式訛爾心，以畜萬邦。」鄭箋注：「畜，養也。」
　　帛書本、今本、漢陽阜簡、《禮記‧坊記》引皆作「菑」，上古音爲

　　部分見系的字有很密切的關係。」因此，莊、見二紐是有相通的情形。
〔註634〕參季師旭昇《說文新證上冊》，（台北：藝文印書館，2002 年 10 月），頁 423。
〔註635〕陳惠玲：《《上海博物館藏戰國楚竹書（三）‧周易》研究》（臺灣師範大學國
　　　　文教學所碩論，2005 年 8 月），頁 313。
〔註636〕張立文（張憲江）：《周易帛書今注今譯》（台北：臺灣學生書局，1991 年），
　　　　頁 475。

照二之部，有開墾的意思。「畜」、「嗇」聲紐並不近，韻則有旁對轉
關係，但二字字義相近。……楚簡後段殘，廖名春以爲疑補「餘」
字，即「不畜之餘」，本文以爲簡文殘，宜闕疑。〔註637〕

玉姍案：今本「不嗇畬」，帛書本作「不嗇餘」，「畬」、「餘」皆以余爲聲
符，可以通假。

今本《周易》「不嗇畬」，上博本作「不蓄之（？）」，「蓄」字後一字殘損
嚴重，僅存部份字頭，考釋者濮茅左隸定爲「之」，但筆者以爲由殘餘部份實
無法判定，故在「之」後加一「（？）」形。廖名春以爲「『不畜之』後疑殘『餘』
字。」〔註638〕更屬臆測，筆者以爲簡文殘，故暫宜闕疑，以待更多出土資料。

上博本「🔣（畜）」爲曉紐覺部，今本「嗇」爲莊紐之部，聲紐不近，韻
爲旁對轉，因此不太可能有聲音上的通假關係。廖名春、陳惠玲皆以爲「嗇」、
「蓄」二字字義相近。筆者在此提出另外一種假設，「嗇」、「蓄」二字字形相
近，有無可能是今本「嗇」爲「蓄」之訛，或上博本「蓄」爲「嗇」之手誤
呢？「蓄（畜）」之戰國文字作🔣（十鐘）、🔣（帛書丙）、🔣（書也缶）、🔣（雲
夢秦律）；「嗇（嗇）」之戰國文字作🔣（陶彙 3.687）、🔣（貨系 4083）。以字
型看來，「嗇」與「畜」極有可能發生書寫時訛誤，上博本「🔣（畜）」是較
早版本，但由於上博本「🔣」字下殘，故無法確定文義。帛書本與今本皆作
「嗇」，有無可能是漢代之後抄寫之訛，但由於「蓄（畜）」與「嗇（嗇）」字
義相近，因此較難發現有誤而流傳至今？筆者由二字字形相似，有可能訛誤
而提出以上構想，但眞相如何仍須等待更多出土資料以資佐證。

（三）今本「則利有攸往。」帛書本作「利有攸往」，缺一「則」字。

玉姍案：《周易正義》、《周易集解》、朱熹《易本義》「利」字上均有「則」
字，帛書本與各版本相較，「利」字上缺一「則」字，由於各本皆作「則利有
攸往」，筆者以爲帛書本可能因剝蝕或抄手筆誤而缺字，但無「則」字並不引
響文義。

【爻辭釋讀】

〈象〉曰：

〔註637〕陳惠玲：《《上海博物館藏戰國楚竹書（三）‧周易》研究》（臺灣師範大學國
　　　　文教學所碩論，2005 年 8 月），頁 280～281。
〔註638〕廖名春：〈楚簡《周易》校釋記（二）〉，簡帛網站 2004 年 4 月 23 日。

「不耕穫」，未富也。（頁 67）

王弼《注》：

　　不耕而穫，不菑而畬，代終已成而不造也。不擅其美，乃盡臣道，
　　故「利有攸往」。（頁 67）

孔穎達《正義》：

　　「不耕穫，不菑畬」者，六二處中得位，盡于臣道，不敢創首，唯
　　守其終，猶若田農，不敢發首而耕，唯在後穫刈而已。不敢首發新
　　田，唯治其菑熟之地，皆是不爲其始而成其末，猶若爲臣之道，不
　　爲事始而代君有終也。則「利有攸往」者，爲臣如此，則利有攸往，
　　若不如此，則往而无利也。（頁 67）

朱熹《易本義》：

　　柔順中正，因時順理，而无私意期望之心，故有不耕穫不菑畬之象。
　　言其无所爲於前，无所冀於後也。（頁 113～114）

南懷瑾、徐芹庭《周易今註今譯》：

　　六二大夫，須由勞而獲。世上如果有不耕田，就有收穫，不方在開
　　墾新田時，就會有豐收正常的熟田，就可以利於前往了。（頁 174）

陳惠玲《《上海博物館藏戰國楚竹書（三）・周易》研究》：

　　上博本一出，前人對於「不耕穫不菑畬」解釋爲「不耕不穫，不菑
　　不畬」的說法，自然就不可盡信。……王、孔以爲六二處中得位，
　　盡於臣道，不敢創首，只守其終，所以不先耕，只守其後穫，不先
　　開墾，只後守熟田。此皆爲臣之道，不爲事始而代君有終。舊說亦
　　可通，故從王、孔之說。〔註639〕

　　玉姍案：今本「不耕獲」一詞，上博本作「不静而穫」，帛書〈昭力〉中
引作「不耕而穜」，《經典釋文》引作「不耕而穫」，可見較早的版本中的確有
寫爲「不耕而穫」的用法，「不耕而穫」之說必然是有據可考，上博本出現可
爲其例證。

　　當「不耕獲」多一「而」字後，整個句子就變的非常明白易懂，因此極
有可能在較早的版本中作「不耕而穫」，後世抄寫的過程中誤漏了「而」字，
卻流傳爲今之通行本。然古人常云「一分耕耘，一分收穫」，既然如此，爲何

〔註639〕陳惠玲：《《上海博物館藏戰國楚竹書（三）・周易》研究》（臺灣師範大學國
　　　　文教學所碩論，2005 年 8 月），頁 280～281。

卦中會言及「不耕而獲」呢？

《禮記‧坊記》：「子云：『禮之先幣帛也，欲民之先事而後祿也。先財而後禮，則民利；無辭而行情，則民爭。故君子於有饋者弗能見，則不視其饋。』易曰：『不耕穫，不菑畬』，凶。」由以上這段引言，我們可以看到《禮記‧坊記》的作者認為凡事都當按部就班，有所先後；並引易說明不耕種而希望有收穫（或釋為遇到一次類似守株待兔等不勞而獲的事），都是凶的，用以加強之前的論述。既然不勞而獲是值得憂慮之事，為何无妄六二爻辭卻說：「不耕穫，不菑畬，則利有攸往。」因而後世學者紛紛提出自己的見解，如高亨以為：「唯有營利於外而後可，唯有不為農而為商為宦而後可。」〔註640〕廖名春以為：「帛書易傳《昭力》篇說：『不耕而穫（穫）』，戎夫之義也。說明這是指戎夫而言的。……武人可以憑藉戰功獲得爵祿。所以，不耕種也可獲得收穫，獲得祿穀。」〔註641〕但似乎都未臻完美。

筆者以為，王弼其實已經提供了一個很好的觀點。一個農人在自己的田地中流下汗水，因為自己努力耕耘而獲得豐富的秋收，所有甘美果實由自己收割品嘗，這是值得鼓勵與讚美的。然而无妄六二以柔爻處中得位，象徵人臣盡於臣道。所談既為臣道，人臣聽命於君王，只能被動接受號令，不敢為首耕，只敢在後刈；不敢發新田，只敢治熟田。順從盡命，如此則能免除君王疑慮而招禍，故利於前往。是以不必如張立文所謂「不耕而獲，不菑而畬，本為悖理之行為，何言『利有攸往』？俞樾群經賸義以為此句為反語，釋『則』為『豈』也，於義可通。」〔註642〕

今本「六二：不耕穫，不菑畬，則利有攸往。」意思是：六二處中得位，盡於臣道而不敢創首，只有守成，有如不敢首發耕作，只敢在後隨人收穫；不敢率先開墾，只敢在後隨人種植熟地，這是有利前往的。

上博本作「六二：不㻸而穫，不畜之（？），則利有攸往。」意思是：六二處中得位，盡於臣道而不敢創首，只有守成，象徵不敢首發耕作，只敢在後隨人收穫；不畜……，這是有利於前往的。

阜陽本作「六二：不耕獲，不菑畬，則利有攸往。」帛書本作「六二：

〔註640〕高亨：《周易古經今注》（台北：文笙書局，1981年3月），頁88。

〔註641〕廖名春：〈楚簡《周易》校釋記（二）〉，簡帛網站2004年4月23日。

〔註642〕張立文（張憲江）：《周易帛書今注今譯》（台北：臺灣學生書局，1991年），頁121。

不耕穫，不菑畬，利有攸往。」其意皆與今本同。

1. 上博《周易》：六三：无妄之災。或繫之牛，行人之㝛，邑人之炎。
2. 阜陽《周易》：六三：无妄之災。或繫之牛，行人之得，邑人之災。
3. 帛書《周易》：六三：无妄之災。或擊之牛，行人之得，邑人之茲。
4. 今本《周易》：六三：无妄之災。或繫之牛，行人之得，邑人之災。

【文字考釋】

上博本、阜陽本、帛書本六三爻辭殘，皆據今本補。

（一）今本「邑人之災」，上博本作「炎」，帛書本作「茲」。

濮茅左以爲：

「炎」，從火，才聲。《說文・火部》：「烖，天火曰烖。從火，𢦏聲。𤈕，或從宀、火。災籀文從𡿧。𥸨，古文從才。」《古文四聲韻》引《古尚書》「災」作「𥸨」，從火，才聲。〈象〉曰：「行人得牛，邑人災也。」指繫其牛於道，路人牽得，邑人無辜受連累遭禍事。〔註643〕

陳惠玲《《上海博物館藏戰國楚竹書（三）・周易》研究》：

惠玲案：甲骨文表「災」義之字有三：以構字原理而言，「𡿧」字當爲水災、「𢦏」字當爲兵災、「宀」、「炎」字則爲火災。〔註644〕「炎」，從火，才聲，和今本作「災」同，皆爲形聲字。〔註645〕

玉姍案：陳惠玲之說可從。甲骨文表「災」義之字有三，分別爲代表火災的「宀」、代表水災的「𡿧」與代表兵災的「𢦏」，現今則皆以「災」字表示之。上博本「炎」從火、才聲，屬形聲字，初義應爲火災。

【爻辭釋讀】

〈象〉曰：

「行人」得牛，「邑人」災也。（頁67）

王弼《注》：

以陰居陽，行違謙順，是「无妄」之所以爲災也。牛者，稼穡之資

〔註643〕馬承源主編：《上海博物館藏戰國楚竹書（三）》（上海：上海古籍出版社，2003年12月），頁166。

〔註644〕季師旭昇：《說文新證・下》（台北：藝文印書館，2004年11月），頁111。

〔註645〕陳惠玲：《《上海博物館藏戰國楚竹書（三）・周易》研究》（臺灣師範大學國文教學所碩論，2005年8月），頁285。

也。二以不耕而穫，「利有攸往」，而三爲不順之行，故「或繫之牛」，是有司之所以爲獲，彼人之所以爲災也，故曰「行人之得，邑人之災」也。（頁 67）

孔穎達《正義》：

「无妄」之世，邪道不行。六三陰居陽位，失其正道，行違謙順而乖臣範，故「无妄」之所以爲災矣。牛者，稼穡之資。六三僭爲耕事，行唱始之道，而爲不順王事之行，故有司或繫其牛，制之使不妄造，故曰「或繫之牛」也。「行人」者，有司之義也。有司繫得其牛，是「行人」制之得功，故曰「行人之得」。彼居三者，是處邑之人僭爲耕事，受其災罰，故曰「行人之得，邑人之災」也。（頁 67）

朱熹《易本義》：

卦之六爻，皆无妄者也。六三處不得正，故遇其占者，无故而有災。如行人牽牛以去，而居者反遭詰捕之擾也。（頁 114）

南懷瑾、徐芹庭《周易今註今譯》：

六三有無虛妄而得災害的象徵。比如説，或有人繫牛於此，卻被過路之人所牽走，而繫牛於此的鄰邑之民，則有失牛的災害。（頁 174）

陳惠玲《《上海博物館藏戰國楚竹書（三）·周易》研究》：

王、孔「行人」不知所據，似引伸太過。朱熹以爲六三不得其位，有無故之災，有如「行人牽牛以去，而居者反遭詰捕之擾也」。高亨以爲此爲火災，有牛驚而逃逸，行人得之，因此是邑人之災。〔註 646〕南、徐之説亦可通。本文以爲朱熹之説較切爻義，故從之。〔註 647〕

　　玉姍案：陳惠玲分析可從。六三以柔居陽，因不得位，雖不虛妄卻遭遇災禍。有如行人牽牛以去，居住此地的邑人卻反遭詰捕之禍。

　　今本「六三：无妄之災，或繫之牛，行人之得，邑人之災。」意思是：六三不得其位，象徵不虛妄卻遭遇災難。好比有人繫了一頭牛，被路上的行人牽走了，卻使邑人遭受被詰捕的无妄之災。

　　上博本作「六三：无妄之災。或繫之牛，行人之复，邑人之炎。」帛書本作「六三：无妄之災。或撃之牛，行人之得，邑人之茲。」其意皆與今本

〔註 646〕高亨：《周易古經今注》（台北：文笙書局，1981 年 3 月），頁 88。
〔註 647〕陳惠玲：《《上海博物館藏戰國楚竹書（三）·周易》研究》（臺灣師範大學國文教學所碩論，2005 年 8 月），頁 286～287。

同。

1. 上博《周易》：九四：可貞，亡咎。
2. 阜陽《周易》：九四：可 貞 ，无 咎 。
3. 帛書《周易》：九四：可貞，无咎。
4. 今本《周易》：九四：可貞，无咎。

【爻辭釋讀】

〈象〉曰：

「可貞，无咎」，固有之也。（頁 67）

《周易集解》引虞翻云：

動得正，故「可貞」。承五應初，故「无咎」也。（頁 274）

孔穎達《正義》：

以陽居陰，以剛乘柔，履于謙順，上近至尊，可以任正，固有所守
而无咎，故曰「可貞，无咎」也。（頁 67）

朱熹《易本義》：

陽剛乾體，下无應與，可固守而无咎，不可以有爲之占也。（頁 114）

南懷瑾、徐芹庭《周易今註今譯》：

九四有可以守著正道，而沒有災咎的象徵。（頁 175）

玉姍案：九四以陽居陰，以剛乘柔，象徵可以任正固守，而沒有災咎。

今本「九四：可貞，无咎。」意思是：九四以陽居陰，以剛乘柔，象徵
可以固守正道，而且沒有災咎。

阜陽本作「九四：可 貞 ，无 咎 。」上博本作「九四：可貞，亡咎。」帛
書本作「九四：可貞，无咎。」其意皆與今本同。

1. 上博《周易》：九五：亡忘又疾，勿藥又菜。
2. 阜陽《周易》：九五：无妄之疾，勿藥有喜。
3. 帛書《周易》：九五：无孟之疾，勿樂有喜。
4. 今本《周易》：九五：无妄之疾，勿藥有喜。

【文字考釋】

阜陽本九五爻辭殘，皆據今本補。

（一）今本「无妄之疾」之「之」，上博本作「又」。

玉姍案：帛書本、今本皆作「无妄之疾」，只有上博本作「又」，可能爲抄手筆誤，或受到下一句「勿藥又菜」的引響，而將「之」寫爲「又」。

（二）今本「勿藥有喜」之「喜」，上博本作「菜」。

玉姍案：「菜」上古音清紐之部，「喜」上古音曉紐之部。兩字同爲之部，但聲紐不同，張俊新、陳惠玲〔註648〕皆舉例證明清紐和曉紐可相通假的例子。若二字可通假，「菜」、「喜」何字爲正字，何字爲通假，學者也各自提出不同看法。

一、廖名春以爲「喜」疑讀爲「譆」。《說文·言部》：「譆，痛也。」楚簡之「菜」，疑讀爲「恜」。《玉篇·心部》：「恜，恨也。」「无妄之疾，勿藥有喜」是說得了絕症，有無藥可治之痛，無藥可治之恨。是以二字皆爲假借字。〔註649〕

二、徐在國以爲應從上博本作「菜」。「勿藥有菜」則依濮茅左解作「有疾不一定用藥攻治，不忘用菜也可治癒」。〔註650〕〔註651〕

三、黃錫全以爲「菜」、「喜」二字，均爲「治」之借字。「无妄之疾，勿藥有喜（菜）」意即「无妄之人既使有病，不用藥也能治好」。〔註652〕

四、季師旭昇、陳惠玲以爲上博本「菜」可讀作「怡」，〔註653〕「怡」與「喜」義近。

五、張俊新以爲應從今本作「喜」。上博簡《周易》中的「勿藥又菜」和馬王堆帛書本、今本《周易》所表達的意思是完全相同的。〔註654〕

筆者以爲上述說法中，張俊新、黃錫全及季師說法在聲韻及文義上較合理，但筆者在此也提出第六種想法以爲續貂之論：筆者以爲，上博本「菜」即「瘥」之假借字。《說文》：「瘥，癒也。」（頁356）袁枚〈祭妹文〉：「後雖

〔註648〕陳惠玲：《《上海博物館藏戰國楚竹書（三）·周易》研究》（臺灣師範大學國文教學所碩論，2005年8月），頁288～291。

〔註649〕廖名春：〈楚簡《周易》校釋記（二）〉，簡帛網站2004年2月23日。

〔註650〕馬承源主編：《上海博物館藏戰國楚竹書（三）》（上海：上海古籍出版社，2003年12月），頁166。

〔註651〕徐在國：〈上博三《周易》釋文補正〉，簡帛研究網站2004年4月24日。

〔註652〕黃錫全：〈讀上博《戰國楚竹書（三）》箚記六則〉，簡帛研究網站2004年4月29日。

〔註653〕陳惠玲：《《上海博物館藏戰國楚竹書（三）·周易》研究》（臺灣師範大學國文教學所碩論，2005年8月），頁289。

〔註654〕張俊新〈說饎〉，簡帛研究網站2004年4月29日。

小差，猶尙殗殜。」「差」即「瘥」，病癒之義也。「茦」古音清紐之部，「瘥」古音初紐歌部，初紐爲清紐之變聲，可通轉；如《詩‧曹風‧蜉蝣》：「衣裳楚楚」，《說文‧黼部》引「楚楚」（初鈕魚部）作「黼黼」（從且得聲，清紐魚部）。之、歌旁轉，故可相通假。

「藥」，上述學者皆釋爲「藥物」之「藥」。許師學仁指出，「藥」應爲動詞，作治療之義。〔註655〕回歸於典籍中，《說文》：「藥，治病艸。」（頁42）後泛指能治病之物，如《周禮‧天官‧疾醫》：「以五味、五穀、五藥養其病。」〔註656〕又引申有動詞醫療之義，如《詩‧大雅‧板》：「匪我言耄，爾用憂謔，多將熇熇，不可救藥。」〔註657〕《荀子‧富國》：「彼得之不足以藥傷補敗。」楊倞注：「藥，猶醫也。」可知「藥」可釋爲名詞「藥物」亦可釋爲動詞「醫療」。那麼，於此處究竟釋「藥物」或「醫療」之義較佳呢？

筆者以爲，依古文慣例，「勿」之後必加動詞，以易而言，如乾卦初九：「潛龍勿用。」晉卦六五：「失得勿恤。」睽卦初九：「喪馬勿逐。」益卦九五：「勿問，元吉。」豐卦卦辭：「勿憂。」皆無例外。孔穎達《正義》：「勿須藥療而有喜也。」之「藥療」亦爲動詞，即以藥治療。故此處「藥」字當釋爲治療之義，作動詞。

假設上博本「茦」即「瘥」之假借字，「九五：亡忘又疾，勿藥又茦（瘥）」則可解讀爲「九五居得尊位，象不虛妄而遭致的疾害，不必治療也能痊癒。」今本作「九五：无妄之疾，勿藥有喜」，「喜」字亦可視爲引伸義，即「痊癒之喜」，更加強調不必治療也能痊癒（不藥而癒）的「歡喜」；如此，今本之「喜」與上博本之「茦（瘥）」二字皆能扣緊九五爻辭中的「疾」、「藥」等字，「茦（瘥）」也比「治」字更能明顯傳達出「痊癒」之意，並呼應王弼「非妄之災，勿治自復」之說。因此將上博本「茦」視爲「瘥」之假借字，或許亦可成爲另一種思考的方向。

【爻辭釋讀】

〈象〉曰：

〔註655〕許師學仁於民國九十九年一月十五日論文口試中提出。
〔註656〕（漢）鄭玄注，（唐）賈公彥疏：《周禮注疏》，台北：藝文印書館，1989，頁73。
〔註657〕（漢）毛亨傳，（唐）孔穎達正義：《毛詩正義》，台北：藝文印書館，1989，頁634。

无妄之藥，不可試也。（頁 67）

王弼《注》：

非妄之災，勿治自復，非妄而藥之則凶，故曰「勿藥有喜」。（頁 67）

孔穎達《正義》：

凡禍疾所起，由有妄而來。今九五居得尊位，爲无妄之主，下皆「无妄」，而偶然有此疾害，故云「无妄之疾」也。若疾自己招，或寒暑飲食所致，當須治療。若其自然之疾，非己所致，疾當自損，勿須藥療而「有喜」也。此假病象以喻人事，猶若人主而剛正自修，身无虛妄，下亦无虛妄，而遇逢凶禍，若堯、湯之厄，災非己招，但順時修德，勿須治理，必欲除去，不勞煩天下，是「有喜」也。然堯遭洪水，使鯀、禹治之者，雖知災未可息，必須順民之心。鯀之不成，以災未息也。禹能治救，災欲盡也，是亦自然之災，「勿藥有喜」之義也。（頁 67）

朱熹《易本義》：

乾剛中正以居尊位，而下應亦中正，无妄之至也。如是而有疾，勿藥而自愈矣。故其象占如此。（頁 114）

南懷瑾、徐芹庭《周易今註今譯》：

九五有本身無虛妄，而得疾痛的象徵，因本身沒有虛妄，所以他的疾患，不必藥即自止，而後必有喜。（頁 175）

玉姍案：王弼以爲九五爻居尊位，爲无妄之主，比喻人主不虛妄，臣下亦無虛妄，順時修德，偶有災眚，亦能平息而有喜。有如偶然染了疾病，不須治療就可以痊癒。後世學者多從此說，此亦從之。

今本「九五：无妄之疾，勿藥有喜。」意思是：九五居尊位，象徵不虛妄而遭災禍，終能平息無礙。有如偶然感染的疾病，不須治療也能有痊癒之喜。

上博本作「九五：亡忘又疾，勿藥又桼。」帛書本作「九五：无孟之疾，勿樂有喜。」其意皆與今本同。

1. 上博《周易》：上九：亡忘，行又眚，亡卣稱。

2. 阜陽《周易》：┌上九：无妄，行有眚，无攸利。┐

3. 帛書《周易》：尚九：无孟之行有省，无攸利。

4. 今本《周易》：上九：无妄，行有眚，无攸利。

【文字考釋】

阜陽本上九爻辭殘，據今本補。

（一）今本「无妄，行有眚」，帛書本作「无孟之行有省」，多一「之」字。

玉姍案：上博本、今本皆無「之」字，帛書本「之」極可能為衍文。

【爻辭釋讀】

〈象〉曰：

「无妄」之行，窮之災也。（頁 67）

孔穎達《正義》：

處不可妄之極，唯宜靜保其身。若動行，必有災眚，无所利也。位
處窮極，動則致災。故〈象〉云「无妄之行，窮之災也。」（頁 67）

朱熹《易本義》：

上九非有妄也，但以其窮極而不可行耳。故其象占如此。（頁 114）

南懷瑾、徐芹庭《周易今註今譯》：

上九處於无妄的極點，應該靜守，以保其身，如果動而有行，必有
災咎，無所利的，因位處窮極，動必致災，所以不能有行。（頁 175）

玉姍案：陳惠玲之說可從。上九處於无妄之極，只有虛靜才能慎保其身。
所以不可以貿然而行。若衝動行事，則必有災眚而無所利。

今本「上九：无妄，行有眚，无攸利。」意思是：上九處无妄之極，此時
宜靜保身，若衝動行事就會招致災眚，而無所利。

上博本作「上九：亡忘，行又眚，亡卣称。」帛書本作「尚九：无孟之
行有省，无攸利。」其意皆與今本同。

第二十六節　大畜卦

一、卦名釋義

《說文》：「畜，田畜也。」段玉裁《注》：「田畜謂力田之蓄積也。」（頁
704）「畜」，甲骨文作𧰧，從𤰭（象胃之形，中有草穀），幺聲，有蓄積的意
思。因此「大畜」二字，應是指「大的積蓄」。賴師貴三則提出「畜」應為牲

畜之義，本卦爻辭「良馬」、「童牛」、「豶豕」均爲體積龐大之牲畜，故曰「大畜」，後引申爲「大的積蓄」。可從。

〈序卦〉曰：「有无妄然後可畜，故受之以大畜。」（頁187）《周易集解》引崔覲云：「有誠實則可以『中心藏之』，故言『有无妄然後可畜』也。」（頁275）因无妄則誠，誠則實，因此可以畜積深厚。故大畜在无妄卦之後。

大畜卦，今本卦畫作「☰☶」，上艮山，下乾天。〈象〉曰：「天在山中，大畜。君子以多識前言往行，以畜其德。」（頁67）天包藏在山中，有大畜的象徵。君子能多記識前代之言，學習先賢言行，以畜積己德。〈彖〉曰：「大畜，剛健篤實，輝光日新其德。剛上而尚賢，能止健，大正也。『不家食吉』，養賢也。『利涉大川』，應乎天也。」（頁67）大畜卦剛健篤實，所以能輝耀光榮，日日增新其德。上九以剛爻在位而不拒賢人，止於剛健，所以德能大正。不使賢者在家自食，而能食祿於朝廷。如此貴尚賢人，大正應天，則可逾越險難，利於涉水過大川。所以大畜卦有尚賢、止健、新其德之象。

二、卦爻辭考釋

（一）卦辭考釋

1. 上博《周易》：大坔：秒貞。不豪而飤，吉，利涉大川。
2. 阜陽《周易》：┌─────────────────────────────┐
   │大畜：利貞。不家食，吉，利涉大川。│
   └─────────────────────────────┘
3. 帛書《周易》：泰蓄：利貞。不家食，吉，利涉大川。
4. 今本《周易》：大畜：利貞。不家食，吉，利涉大川。

【文字考釋】

阜陽本卦辭殘，據今本補。

（一）今本「大畜」之「畜」，上博本作「坔（坔）」，帛書本作「蓄」。

玉姍案：「坔」字，上古音端紐覺部，帛書本作「蓄」、今本作「畜」上古音透紐覺部，同爲舌音覺部，故可通假。如《睡虎地秦簡・爲吏之道》：「犀角象齒，皮革囊突。」整理者釋「囊（透紐）突」即「蠹（端紐）突」，指皮革被蟲齒穿。廖名春以爲「坔」應隸定爲「『竺』。此字當爲『築』字異文……讀若 （篤）」，「篤」和今本大畜卦作「畜」通假。〔註658〕陳惠玲則以爲：「簡

〔註658〕廖名春：〈楚簡《周易・大畜》卦再釋〉，簡帛研究網站2004年4月24日。

文坴字，上古音端紐覺部，帛書本作『蓄』、今本作『畜』上古音透紐覺部，同為舌音覺部，可通假。」〔註659〕廖說太過曲折，故從陳惠玲之說。

（二）帛書本、今本「不家食」，上博本作「不豪而飤」。

廖名春認為上博本多一「而」字為衍文：

> 楚簡「而」字王弼本、帛書《易經》本皆無。當為衍文。……簡文「而」，只能說是抄手的誤增。〔註660〕

吳辛丑以為「不家而食」即為「不稼而食」，「而」為連詞：

> 這個「而」字並非衍文，而是一個把隱性語法關係變為顯性語法關係的重要虛詞。……（家）當讀為「稼」。……「家」字本可表「耕稼、種植」義，與「稼」聲韻相同，例可通假。楚簡「不家而食」，意指不耕而食，與《無妄》卦「不耕而穫」寓意相近。〔註661〕

「而」，廖名春以為衍詞，吳辛丑視為連詞。筆者以為上博本「不家而食」應讀為「不『家而食』」，與今本「不家食」同解，即「不求食於自家（而食祿於朝廷）」。「而」不應視為衍文。

【卦辭釋讀】

〈彖〉曰：

> 大畜，剛健篤實，輝光日新其德，剛上而尚賢，能止健，大正也。「不家食吉」，養賢也。「利涉大川」，應乎天也。（頁67）

〈象〉曰：

> 天在山中，大畜。君子以多識前言往行，以畜其德。（頁67）

孔穎達《正義》：

> 乾健上進，艮止在上，止而畜之，能畜止剛健，故曰「大畜」。〈彖〉云「能止健，大正」也。是能止健，故為大畜也。……「利貞」者，人能止健，非正不可，故利貞也。「不家食吉」者，己有大畜之資，當須養贍賢人，不使賢人在家自食，如此乃吉也。「利涉大川」者，豐則養賢，應于天道，不憂險難，故「利涉大川」。（頁67）

〔註659〕陳惠玲：《《上海博物館藏戰國楚竹書（三）・周易》研究》（臺灣師範大學國文教學所碩論，2005年8月），頁299～300。

〔註660〕廖名春：〈楚簡《周易・大畜》卦再釋〉，簡帛研究網站2004年4月24日。

〔註661〕吳辛丑：〈楚簡《周易》「不家而食」新解〉，簡帛研究網站2004年7月18日。

朱熹《易本義》：

> 大，陽也。以艮畜乾，又畜之大者也。又以內乾剛健，外艮篤實輝光，是以能日新其德而爲畜之大也。……不家食，謂食祿於朝，不食於家也。（頁 115）

南懷瑾、徐芹庭《周易今註今譯》：

> 大畜卦居畜積很多之地，須利於守正，以保其多。它有不求食於家，而食祿於朝廷的象徵，它是吉利的，並且利於勇往前進的，雖過大川也可以。（頁 177）

玉姍案：大畜卦上爲艮止，下爲乾健，象山中能容天，有廣大畜積的象徵，引申有蓄養賢人的意思，故〈象〉云：「『不家食，吉』，養賢也。」故艮能止乾健，曰大畜。己有大畜之資，當須養賢人，所以不使賢人在家自食，如此可得吉。此時應於天道，不憂險難，故曰「利涉大川」。孔穎達以下學者多由此立說，此亦從之。上博本「不家而食」應讀爲「不『家而食』」，與今本「不家食」同解，即「不求食於自家（而食祿於朝廷）」。王弼《注》：「有大畜之實，以之養賢，令賢者不家食，乃吉也。」上博本「不家而食」應讀爲「不『家而食』」，與今本「不家食」同解，即「不求食於家（而食祿於朝廷）」。吳辛丑以爲「不家而食」即爲「不稼而食」，「意指不耕而食，與《無妄》卦『不耕而獲』寓意相近。不家而食」，〔註 662〕不符合大畜卦養賢之卦義，故不從之。

今本「大畜：利貞。不家食，吉，利涉大川。」意思是：大畜下爲乾健，艮止在上，有大畜之資，故能利於貞正自守。象徵賢人不宜就食於家，而應爲官受朝廷俸祿。這是吉利的，猶如利於涉水渡過大川。

上博本作「大坴：秌貞。不豪而飤，吉，利涉大川。」帛書本作「泰蓄：利貞。不家食，吉，利涉大川。」其義與今本同。

（二）爻辭考釋

1. 上博《周易》：初九：又礜，秌巳。

2. 阜陽《周易》：<u>初九：有厲，利巳。</u>

3. 帛書《周易》：初九：有厲，利巳。

〔註 662〕吳辛丑：〈楚簡《周易》「不家而食」新解〉，簡帛研究網站 2004 年 7 月 18 日。

4. 今本《周易》：初九：有屬，利已。

【文字考釋】

阜陽本初九爻辭殘，據今本補。

（一）今本「利己」之「己」，上博本、帛書本皆作「巳」

陳惠玲《〈上海博物館藏戰國楚竹書（三）・周易〉研究》：

「巳」當讀爲「已」，「已」爲「巳」之假借分化字，「已」有過止的
意思。楚簡本「巳」，原考釋讀作「祀」不妥，〔註663〕「利巳」疑
作「停下來是有利的」。……楚文字中有「巳」而無「已」，二字爲
同源，早期不分。廖名春以爲「已」由「巳」出，同源通用，此說
是合理的。……「巳」字，在商代、西周早期，地支第六位假爲「子」
字，字像蛇虫之形或胎兒之形，至唐以後才區分爲「已」、「巳」二
字。〔註664〕故楚文字無「已」字原因於此。〔註665〕

玉姍案：陳惠玲之說可從。「巳」字至唐以後才區分爲「已」、「巳」二字。
〔註666〕故戰國文字無「已」字。今本「利已」之「已」，上博本、帛書本「利
巳」之「巳」，皆當從王、孔之說爲「止」義。因初九陽剛激進，不宜冒險躁
進，否則會有災咎。故〈子夏傳〉云：「居而待命則利，往而違上則屬。」

【爻辭釋讀】

〈象〉曰：

「有屬，利已」，不犯災也。（頁67）

王弼《注》：

四乃畜已，未可犯也。故進則有屬，已則利也。（頁67）

孔穎達《正義》：

初九雖有應于四，四乃抑畜于己。己今若往，則有危屬。唯利休已，
不須前進，則不犯禍凶也。故〈象〉云「不犯災也。」（頁67）

朱熹《易本義》：

〔註663〕馬承源主編：《上海博物館藏戰國楚竹書（三）》（上海：上海古籍出版社，2003
　　　　年12月），頁167。
〔註664〕參季師旭昇：《說文新證・下》（台北：藝文印書館，2004年11月），頁290。
〔註665〕陳惠玲：《〈上海博物館藏戰國楚竹書（三）・周易〉研究》（臺灣師範大學國
　　　　文教學所碩論，2005年8月），頁309～311。
〔註666〕參季師旭昇：《說文新證・下》（台北：藝文印書館，2004年11月），頁290。

初九爲六四所止，故其占往則有危，而利於止也。（頁 117）

南懷瑾、徐芹庭《周易今註今譯》：

初九有危屬的象徵，利於停止而不前。（頁 178）

玉姍案：初九以陽剛居大畜之始，有剛強激進之象，此時不宜冒險躁進，否則會有災咎。〈子夏傳〉云：「居而待命則利，往而違上則屬。」王弼《注》：「四乃畜已，未可犯也。故進則有屬，巳則利也。」皆此之謂也。

今本「初九：有屬，利巳。」意思是：初九剛強激進，若貿然躁進則有危屬之象，故利於停止不前。

上博本作「初九：又礓，秒巳。」帛書本作「初九：有屬，利巳。」其義皆與今本同。

1. 上博《周易》：九二：車敓复。
2. 阜陽《周易》：九二：輿說輹。
3. 帛書《周易》：九二：車說緮。
4. 今本《周易》：九二：輿說輹。

【文字考釋】

阜陽本九二爻辭殘，據今本補。

（一）今本「輿說輹」，上博本作「車敓复」，帛書本作「車說緮」。

濮茅左以爲「車」通「輿」，「敓」讀爲「脫」，「复」讀爲「輹」：

「車」，亦通「輿」。今本《周易・困》「困于金車」，《經典釋文》：「金車本亦作金輿。」……「敓」，讀爲「脫」。「复」，讀爲「輹」，縛車身與車軸的繩。《說文・車部》：「輹，車軸縛也。从車，复聲。易曰：「輿說輹。」」「車敓复」，即《說文》「輿說（脫）輹」、《左傳・僖公十五年》所謂「車說（脫）其輹」，車、輪失聯，無法運行。〈象〉曰：「『輿說輹』，中无尤也。」〔註667〕

玉姍案：上博本作「車」，今本作「輿」。《說文》：「輿，車輿也。」引申泛指車子。「車」、「輿」二字義近可通。

上博本「敓」，帛書本、今本作「說」。「敓」上古音定紐月部，「說」上

〔註667〕馬承源主編：《上海博物館藏戰國楚竹書（三）》（上海：上海古籍出版社，2003年 12 月），頁 167。

古音透紐月部，二字同爲舌頭音月部，可通假。如《楚辭・天問》、《大戴禮・帝繫》「簡狄（定紐錫部）」，《路史・發揮・稷契考》作「簡逖（透紐錫部）」。

上博本作「复」，帛書本作「緮」，今本作「輹」。「輹」、「緮」皆以复爲聲符，「复」、「緮」、「輹」三字可通假。

【爻辭釋讀】

〈象〉曰：

「輿說輹」，中无尤也。（頁 67）

王弼《注》：

居得其中，能以其中不爲馮河，死而无悔，遇難能止，故「无尤」也。（頁 67）

孔穎達《正義》：

九二雖與六五相應，「五處畜盛，未可犯」也。若遇斯而進，則輿說其輹，車破敗也。以其居中，能遇難而止，則无尤過，故〈象〉云「中无尤」也。以其居中能自止息，故「无尤」也。此「輿說輹」，亦假象以明人事也。」（頁 67）

朱熹《易本義》：

九二亦爲六五所畜，以其處中，故能自止而不進，有此象也。（頁 117）

于省吾《易經新證》：

自來解輿說輹者，皆以之變或對象爲言，皆求諸本象而不得其解者也。輻通輹，不待言矣。左傳十五年傳，晉獻公筮嫁伯姬於秦，遇歸妹之睽，史蘇占之曰，車說其輹，是以震爲車爲輹，下兌爲說，故云車說其輹。凡易言悅也說也脫也，皆兌之滋乳字，故說卦兌說也。悅脫古並與說通，然則易之言脫，其爲兌象無可疑。」並云：「震爲輿爲輹，兌脫爲毀傷，一例相貫，無可疑也。〔註668〕

南懷瑾、徐芹庭《周易今註今譯》：

九二有車子脫去車輹，不能行走的象徵。（頁 179）

陳惠玲《《上海博物館藏戰國楚竹書（三）・周易》研究》：

「輹」，《說文》：「車軸縛也。」段注：「謂以革若絲之類纏束於軸，

〔註668〕于省吾：《易經新證》（台北：藝文印書館，1975 年 9 月），頁 65〜66。

以固軸也。」〔註 669〕另一說法是指車廂下和軸相勾連的伏兔。《左傳・僖公十五年》：「車說其輹，火焚其旗。」楊伯峻注：「輹音服，車下伏兔，輕車曰轐，大車曰輹……轐與輹異名而同實，俱在輿底軫下，爲半規形，與軸同銜，狀似伏兔，又與屐齒相類，亦謂之鉤心。」〔註 670〕……朱熹以爲九二能自止不進，所以有「輿說輹」的現象。朱說可疑，九二能止而不進，當爲沒有災過，又如何會「輿說輹」？于省吾以爲大畜卦三至五互《震》，爲車爲輹，二至四互《兌》，爲脫，因此有「輿說輹」的現象，可參。〔註 671〕

玉姍案：「輹」有二義，一爲《說文》：「輹，車軸縛也。」段《注》：「謂以革若絲之類纏束於軸，以固軸也。」（頁 731）另一說法是《左傳・僖公十五年》：「車說其輹。」楊伯峻《注》：「輹音服，車下伏兔，輕車曰轐，大車曰輹……在輿底軫下，爲半規形，與軸同銜，狀似伏兔，又與屐齒相類，亦謂之鉤心。」不論哪種說法，「輹」都是連結車軸的重要器具，若「輹」脫離，則有崩車之禍。

九二以陽爻居內卦之中，上應六五而不可犯六五，否則將如車輿脫輹，有崩車之禍。九二須能遇難而止，才能避免災尤。學者多由此立說，此亦從之。

今本「九二：輿說輹。」意思是：九二若前行不止而上犯六五，則有車子脫輹破敗的危險之象。

上博本作「九二：車敓复。」帛書本作「九二：車說緮。」其義皆與今本同。

1. 上博《周易》：九晶：良馬由，秒蓳貞；曰班車，戔，秒又卣造。
2. 阜陽《周易》：九三：良馬遂，利艱貞；曰閑輿，衛，利有攸往。
3. 帛書《周易》：九三：良馬遂，利根貞；曰闌車，衛，利有攸往。
4. 今本《周易》：九三：良馬逐，利艱貞；曰閑輿，衛，利有攸往。

【文字考釋】

〔註 669〕（漢）許慎著，（清）段玉裁注：《圈點段注說文解字》（台北：書銘出版社，1992 年 9 月），頁 731。
〔註 670〕王力：《王力古漢語字典》（北京：中華書局，2002 年 11 月），頁 1406。
〔註 671〕陳惠玲：《《上海博物館藏戰國楚竹書（三）・周易》研究》（臺灣師範大學國文教學所碩論，2005 年 8 月），頁 314。

阜陽本、帛書本九三爻辭殘，皆據今本補。

（一）今本「良馬逐」之「逐」，上博本作「由」，阜陽本、帛書本作「遂」。

玉姍案：今本「良馬逐」之「逐」，上博本作「由」，阜陽本、帛書本作「遂」。

今本作「逐」，上博本作「由」。「逐」上古音定紐覺部，「由」上古音定紐幽部，聲紐同，韻則對轉。如《大戴禮・保傅》：「靈公造然失容」，《賈子新書・胎教》：「造」（從紐幽部）作「戚」（清紐覺部）。《馬王堆帛書・老子甲》：「六親不合，案（安）有畜茲」，「絕仁棄義，民復畜茲」，乙本作「孝茲」，通行本作「孝慈」。故「逐」、「由」二字可相通假。又，「遂」上古音邪紐物部，「逐」上古音定紐覺部，邪紐為定紐之變聲，但物、覺二韻太遠，可能無法通假。張立文以為「帛書『逐』作『遂』，疑為形近而訛。」〔註672〕張說可從。

（二）今本「利艱貞」，上博本作「物堇貞」，帛書本作「利根貞」。

陳惠玲《《上海博物館藏戰國楚竹書（三）・周易》研究》：

> 「堇」、「艱」、「囏」皆從「莫」聲（「堇」從火，莫聲），「艱」字亦從艮聲，故與帛書本作「根」相通。甲骨初文「艱」字作（《鐵》272.2），從卩（或女）守壴（鼓），其後改義符卩、女為莫，莫亦聲，莫（曉／元）、艱（見／諄）二字聲韻俱近。漢文字作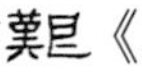《石門頌》改從艮（見／諄）聲。〔註673〕故「艱」可作「莫」及「艮」聲。〔註674〕

玉姍案：上博本作「堇」，帛書本作「根」、今本作「艱」。陳惠玲以為「艱」字的「堇」（曉紐元部）、「艮」（見紐諄部）皆為聲符，故從艮之「根」可與「囏」、「堇」、「艱」互用。可從。

（三）今本「曰閑輿，衛」，上博本作「曰班車，戔」，帛書本作「曰闌車，衛」。

玉姍案：「曰閑輿衛」之「曰」字，上博本、帛書本皆作「曰」，朱熹以為「『日（曰）』當為『日月』之『日』」。濮茅左以為：「『曰』，或作『日』。」

〔註672〕張立文（張憲江）：《周易帛書今注今譯》（台北：臺灣學生書局，1991年），頁157。

〔註673〕參季師旭昇：《說文新證・下》（台北：藝文印書館，2004年11月），頁236。

〔註674〕陳惠玲：《《上海博物館藏戰國楚竹書（三）・周易》研究》（臺灣師範大學國文教學所碩論，2005年8月），頁316。

〔註675〕但先秦「曰」形與「日」形有明顯區別，如上博《周易》「曰」作日（上.周.22）與「日」作日（上.周.47），不似隸楷字之「曰」、「日」形近而易混。由上博本、帛書本皆作「曰」可知「曰」當為正確字，不須改為「日」。

今本「曰閑輿，衛」之「閑」，上博本作「班」，帛書本作「闌」。「闌」、「閑」義同而通。「班」上古音幫紐元部，「闌」、「閑」上古音匣紐元部，幫、匣有相通之例，如阜陽《詩經》067「柄矢弗告」，今本《詩·衛風·考槃》：「永矢弗諼」；阜陽《詩經》075「非報也，柄（幫紐陽部）以為好」，今本《詩·衛風·木瓜》：「匪報也，永（匣紐陽部）以為好也」。故「班」、「闌」、「閑」可通假。

今本「曰閑輿，衛」之「衛」，上博本作「戔」，「戔」字音義為何，學者意見各異，今整理如下

1. 廖名春以為「戔」字疑從「乂」得聲，「乂」與「衛」同屬月部，音近通用。「閑輿衛」就是「闌輿之衛」，也就是「偃武修文」的「衛國」之道。〔註676〕

2. 黃錫全以為「戔」從戈、爻聲，可能是「效」字異體，讀作「較」或「較」，和「衛」同為雙聲。「班車較」當謂閒置車馬，偃武修文，以德服人。〔註677〕

3. 何琳儀、程燕以為簡文「戔」字从戈，爻聲，讀為「殺」。〔註678〕

4. 秦樺林以為簡文「戔」字實為「歲」（從「戌」省，從二「止」的訛變字），與「衛」皆為匣母月部字，屬同音通假。〔註679〕

5. 季師以為「戔」字可能為從「歲」從「乂」的會意字，「歲」「乂」皆兼聲。後世從「歲」的「劌」字義為「刺傷」；「乂」即「刈」之初文，義為「斷也」、「殺也」，有「斷」、「殺」義，「戔」字當與「劌」、「刈」字意義相近，未必與「衛」完全同字。〔註680〕

6. 陳惠玲以為可能有二種情況：其一是「戚」字，上古音清紐覺部。楚

〔註675〕馬承源主編：《上海博物館藏戰國楚竹書（三）》（上海：上海古籍出版社，2003年 12 月），頁 167。

〔註676〕廖名春：〈楚簡《周易·大畜》卦再釋〉，簡帛研究網站 2004 年 4 月 24 日。

〔註677〕黃錫全〈讀上博《戰國楚竹書（三）》箚記六則〉，簡帛研究網站 2004 年 4 月 29 日。

〔註678〕何琳儀、程燕〈滬簡《周易》選釋〉，簡帛研究網站 2004 年 5 月 16 日。

〔註679〕秦樺林〈釋"戔""戔"〉，簡帛研究網站 2004 年 9 月 10 日。

〔註680〕季師旭昇主編：《上海博物館藏戰國楚竹書（三）讀本》（台北：萬卷樓，2005年 10 月），頁 63。

簡「蔎」有作𢧵形（《包》2.166）者,「戚」和「越」可能有音韻上的關係。「越」上古音匣紐月部,和「衛」聲韻畢同,可相通假。其二爲「越」字,上古音匣紐月部。「戉」變爲「戈」形,「越」與「衛」聲韻畢同,可通假。〔註681〕

　　關於上述1～5種意見優劣之分析,陳惠玲整理詳盡,請詳參陳氏論文,〔註682〕此不再贅敍。筆者以爲諸說中秦樺林以爲「𢧵」實爲「歲」或季師以爲「𢧵」爲從「歲」從「乂」的會意字說法最佳。「歲」(心紐月部)與「衛」(匣紐月部)可通假,於形音義亦詳盡合理。

【爻辭釋讀】

　　〈象〉曰:

　　　利有攸往,上合志也。(頁68)

王弼《注》:

　　　凡物極則反,故畜極則通。初二之進,值于畜盛,故不可以升。至于九三,升于上九,而上九處天衢之亨,途徑大通,進无違距,可以馳騁,故曰「良馬逐」也。履當其位,進得其時,在乎通路,不憂險厄,故「利艱貞」也。閑,閡也。衛,護也。進得其時,雖涉艱難而无患也,輿雖遇閑而故衛也。與上合志,故「利有攸往」也。(頁68)

孔穎達《正義》:

　　　「九三良馬逐」者,「初二之進,值于畜盛」,不可以升。「至于九三,升于上九,而上九處天衢之亨,途徑大通,進无違距」,故九三可以良馬馳逐也。「利艱貞」者,「履當其位,進得其時,在乎通路,不憂險厄」,故宜利艱難而貞正也。若不值此時,雖平易守正,而尚不可,況艱難而欲行正乎?「曰閑輿衛」者,進得其時,涉難无患,雖曰有人欲閑閡車輿,乃是防衛見護也,故云「曰閑輿衛」也。「利有攸往」者,與上合志,利有所往,故〈象〉曰「上合志」也。(頁68)

朱熹《易本義》:

　　　三以陽居健極,上以陽居畜極,極而通之時也。又皆陽爻,故不相

〔註681〕陳惠玲:《《上海博物館藏戰國楚竹書(三)·周易》研究》(臺灣師範大學國文教學所碩論,2005年8月),頁323。
〔註682〕陳惠玲:《《上海博物館藏戰國楚竹書(三)·周易》研究》(臺灣師範大學國文教學所碩論,2005年8月),頁316～323。

畜而俱進，有良馬逐之象焉，然過剛銳進，故其占必戒以艱貞。閑習，乃利於有往也。「日」當爲「日月」之「日」。（頁 117）

南懷瑾、徐芹庭《周易今註今譯》：

九三有良馬馳逐的象徵，雖遇艱難，猶利於守正。天天閑習於車輿防衛之事，如此，就可以利有所往了。（頁 179）

陳惠玲《《上海博物館藏戰國楚竹書（三）‧周易》研究》：

惠玲案：「曰閑輿，衛，利有攸往」，此句歷來說法有四種：

1. 「日閑輿衛」：如馬融、鄭玄、程頤、朱熹等，「閑」作「習」，意思是說「天天練習輿衛的技術」。

2. 「曰閑輿衛」：如王弼、孔穎達、陸德明等，「閑」與楚簡本作「班」可相通，有「排列」義，此句意思是說「有人排列了兵車，其實是要保衛九三」。

3. 「四閑輿衛」，本作「日」爲「四」之訛，「四」即「駟」字，「衛」作「嘉」：如高亨，意思是說「有駕馬車的閑習，因而善於駕車，故有輿車之嘉喜」。〔註683〕

4. 廖名春以爲「曰」當語氣詞，釋作「以閑置車輿的方式來防衛」。卦象九三剛健，可以馳騁於天衢之道，故 3 與 4 說較不佳。楚簡本作「曰閑輿衛」，則「曰」字不須改讀爲「日」，從王、孔作「有人說」即可通讀。……帛書《昭力》篇引孔子的話，說明治理國家的三種層次，最上等的衛國以德，次一等的衛國以力，下等衛國以兵。季師旭昇以爲文中提到「城郭弗修，五兵弗實」即是「衛國以德」；而「闌輿之衛」則是「衛國以兵」。與王弼說相同。簡本作「曰班車，戔」，意思是「雖然遇到有人把車輿排列在前方，看似阻隔，其實是要保衛九三」，與今本義同。「班」當釋爲「列」，見《左傳‧昭公二年》「送從逆班」注，此作動詞用。〔註684〕季師之說較合九三之象，如良馬馳逐，因此「曰閑輿衛」是有人排列兵車保衛，此說合理。〔註685〕

〔註683〕高亨：《周易古經今注》（台北：文笙書局，1981 年 3 月），頁 90～91。

〔註684〕季師旭昇主編：《上海博物館藏戰國楚竹書（三）讀本》（台北：萬卷樓，2005 年 10 月），頁 64。

〔註685〕陳惠玲：《《上海博物館藏戰國楚竹書（三）‧周易》研究》（臺灣師範大學國文教學所碩論，2005 年 8 月），頁 324～326。

　　玉姍案：歷代學者對「曰閑（班）輿，衛」一詞意漸有歧，陳惠玲已條列分析，故不再贅敘。由於上博本與帛書本出土，故知「曰」字不須改讀爲「日」或「四」。此接受陳惠玲結論，九三以陽爻得位，可上應於上九，上九處天衢之亨，途徑大通，因此可如良馬馳騁而不憂險厄，故曰「良馬逐，利艱貞」。「闌輿之衛」，此從王弼釋爲「排列兵車以保衛九三」。

　　今本「九三：良馬逐，利艱貞；曰閑輿，衛，利有攸往。」意思是：九三履當其位，能進於上九天衢之亨，有如良馬馳逐，利於馳騁，不畏艱難，這是貞正的；好比說：有人排列了兵車以保衛九三，所以更加利於九三向前。

　　上博本作「九晶：良馬由，秒堇貞；曰班車，戔，秒又卤迮。」阜陽本作「九三：良馬遂，利艱貞；曰閑輿，衛，利有攸往。」帛書本作「九三：良馬遂，利根貞；曰闌車，衛，利有攸往。」其義皆與今本同。

　　1. 上博《周易》：六四：僮牛之㮙，元吉。

　　2. 阜陽《周易》：六四：童牛之牿，元吉。

　　3. 帛書《周易》：六四：童牛之鞠，元吉。

　　4. 今本《周易》：六四：童牛之牿，元吉。

【文字考釋】

　　阜陽本六四爻辭殘，據今本補。

（一）今本「童牛之牿」，上博本作「僮牛之㮙」，帛書本作「童牛之鞠」。

　　張立文《周易帛書今注今譯》：

> 爾雅釋言：「鞠究窮也。」釋文：「鞠，本又做鞫。」……詩采芑：「陳師鞫旅。」毛傳：「鞫，告也。」漢書劉向傳：「日月鞠凶。」顏師古注曰：「鞠，告也。」……則「鞠」、「鞫」、「告」、「牿」古通假。
>
> 〔註686〕

濮茅左隸作「㮙」，讀爲「牿」：

> 「㮙」，從木、從睪，會意，桎梏，讀爲「牿」，加於牛角上的橫木；福設於角，衡設於鼻，止其觝觸。〔註687〕

〔註686〕張立文（張憲江）：《周易帛書今注今譯》（台北：臺灣學生書局，1991年），頁121。

〔註687〕馬承源主編：《上海博物館藏戰國楚竹書（三）》（上海：上海古籍出版社，2003年12月），頁168。

玉姍案：今本作「牿」，帛書本作「鞫」。「牿」、「鞫」上古音皆爲見紐覺部，聲韻皆同可以相通。上博簡文「（欅）」，從木，從睪，「睪（欅）」上古音端紐緝部，「牿」上古音見紐覺部，戰國燕方足布面文有「韓刀（端紐宵部）」者，何琳儀《燕國布幣考》說即「韓皋（見紐幽部）」，可見見紐與端紐可通；緝、覺二部旁轉，故「睪（欅）」、「牿」可以通假。陳惠玲以爲「『睪（睪）』何琳儀以爲『卒』之繁文，即象手桍之形。〔註688〕『睪』字，見於《郭店・成之聞之》簡三十六『言語睪之』，李零以爲楚簡『桍』字所從、〔註689〕趙平安以爲即『桍』之初文，〔註690〕又見《上博三・容成氏》簡四十四『桎睪』，李零釋爲『桍』。〔註691〕」〔註692〕「睪（欅）」與「桍」爲異體字，均爲手桍之義。今本作『牿』，爲縛於牛角以防觸人的橫木，均爲限制行動之物，義近相通。

【爻辭釋讀】

〈象〉曰：

六四「元吉」，有喜也。（頁68）

王弼《注》：

柔以止剛，剛不敢犯。抑銳之始，以息強爭，豈唯獨利？乃將「有喜」也。（頁68）

孔穎達《正義》：

「童牛之牿」者，處艮之始，履得其位，能抑止剛健之初。距此初九，不須用角，故用童牛牿止其初也。「元吉」者，柔以止剛，剛不敢犯，以息強爭，所以大吉而有喜也，故〈象〉云「元吉，有喜」也。（頁68）

朱熹《易本義》：

童者，未角之稱。牿，施橫木於牛角以防其觸，詩所謂楅衡者也。

〔註688〕何琳儀：《戰國古文字典》（北京：中華書局，1998年9月），頁1380。

〔註689〕李零：《郭店楚簡校讀記－增訂本》，（北京：北京大學出版社，2002），頁124。

〔註690〕趙平安：〈釋鞫及相關諸字〉，《第一屆中國語言文字國際學術研討會論文》，（香港：中文大學，2003年）。

〔註691〕馬承源主編：《上海博物館藏戰國楚竹書（二）》（上海：上海古籍出版社，2002年12月），頁284。

〔註692〕陳惠玲：《《上海博物館藏戰國楚竹書（三）・周易》研究》（臺灣師範大學國文教學所碩論，2005年8月），頁327。

止之於未角之時，爲力則易，大善之吉也。故其象占如此。學記曰，
禁於未發之謂豫，正此意也。（頁117）

南懷瑾、徐芹庭《周易今註今譯》：

六四有施牿於幼牛角上，非常容易的象徵，它是元有吉利的。（頁
180）

玉姍案：王弼以爲六四爻處於外卦艮之初，得其位，且能拒止初九之剛；
如同用橫木施於幼牛的牛角上，是在初始時就做措施，以免傷人。如此可以
平息強爭，所以大吉有喜。孔穎達以下學者多從此說，此亦從之。

今本「六四：童牛之牿，元吉。」意思是：六四能止初九之剛；有如初
始就將橫木固定於幼牛角上，以免日後傷人。因能免除禍端，因此是大吉的。

上博本作「六四：僮牛之樫，元吉。」帛書本作「六四：童牛之鞠，元
吉。」其義皆與今本同。

1. 上博《周易》：六五：芬豕之䶒，吉。
2. 阜陽《周易》：六五：豶豕之牙，吉。
3. 帛書《周易》：六五：嬰豨之牙，吉。
4. 今本《周易》：六五：豶豕之牙，吉。

【文字考釋】

阜陽本六五爻辭殘，據今本補。

（一）今本「豶豕之牙」之「豕」，帛書本作「豨」：

玉姍案：張立文引《廣雅・釋獸》：「楚人謂豕爲豨。」〔註693〕帛書《周
易》出土於長沙馬王堆，古屬楚地，故今本作「豕」，帛書本作「豨」，二字
義同，張說可從。

（二）今本「豶豕之牙」之「豶」，上博本作「芬」，帛書本作「𢇻（嬰）」：

濮茅左以爲「芬」，讀爲「豶」：

「芬」，讀爲「豶」，同韻部。「䶒」，《說文繫傳》：「牙，壯齒也。象
上下相錯之形。䶒，古文牙。」〔註694〕

〔註693〕張立文（張憲江）：《周易帛書今注今譯》（台北：臺灣學生書局，1991年），
頁161～162。
〔註694〕馬承源主編：《上海博物館藏戰國楚竹書（三）》（上海：上海古籍出版社，2003

玉姍案：今本「豶豕之牙」之「豶」，上博本作「芬」，帛書本作「」，馬王堆漢墓帛書整理小組、張立文隸定爲「哭」。〔註695〕「哭」上古音溪紐屋部，「豶」上古音爲並紐文部，「芬」上古音滂紐文部，「哭」與「豶」、「芬」聲韻俱遠，字形亦無相似之處，故廖名春認爲帛書本「哭」乃整理者隸定之誤，「哭當作哭」，「帛書《易經》之『哭』也當讀爲『隱』。……『豶豕之牙』即『隱豕之牙』。」〔註696〕雖然「隱」是影母文部字，韻部與「哭」相合，聲母稍遠。但李學勤指出：「來母或明母文部的字，每每與喉部曉、匣、影一系同韻的字相關。比如『侖』字來母文部，『睔』字則是匣母文部。……所以『哭』字既可借爲來母文部的『各』，也就可以和影母文部的『晉』相通了。」〔註697〕是以「哭當作哭」之說是相當合理的，帛書本「」當隸作「哭」較佳，「哭」假借爲「隱」。今本作「豶」，《說文》：「豶，羠豕也。」段注：「去勢之謂也。」（頁459）可引申出「隱去」之義。上博本作「芬」，「芬」上古音滂紐文部，「豶」上古音爲並紐文部，和簡文「芬」同爲唇音文部，可相通假。如師克盨：「匐（並紐魚部）有四方」，《尙書金縢》作「敷（滂紐魚部）佑四方」。

【爻辭釋讀】

〈象〉曰：
六五之「吉」，有慶也。（頁68）

孔穎達《正義》：

「豶豕之牙」者，豕牙謂九二也。二既剛陽，似豕牙之橫猾。九二欲進，此六五處得尊位，能豶損其牙，故云「豶豕之牙」。柔能制剛，禁暴抑盛，所以「吉」也。非唯獨吉，乃終久有慶。故〈象〉云「六五之吉，有慶也」。「能豶其牙」者，觀《注》意則「豶」是禁制損去之名。褚氏云「豶，除也，除其牙也」。然豶之爲除，《爾雅》无訓。案《爾雅》云「墳，大防。」則「墳」是隄防之義。此「豶其牙」，謂防止其牙。古字假借，雖豕傍土邊之異，其義亦通，「豶其牙」，謂止其牙也。（頁68）

年12月），頁168。

〔註695〕張立文（張憲江）：《周易帛書今注今譯》（台北：臺灣學生書局，1991年），頁161。

〔註696〕廖名春：〈楚簡《周易‧大畜》卦再釋〉，簡帛研究網站2004年4月24日。

〔註697〕李學勤：〈談《詩論》『詩無隱志』章〉，《清華簡帛研究》第二輯（中國北京清華大學思想文化研究所，2002年3月），頁26～27。

朱熹《易本義》：

> 陽已進而止之，不若初之易矣。然以柔居中而當尊位，是以得其機
> 會而可制，故其象如此，占雖吉而不言元也。（頁 117）

南懷瑾、徐芹庭《周易今註今譯》：

> 六五有以繩繫走豕於代牙的象徵。它是吉利的。（頁 181）

玉姍案：六五處尊位，能以陰柔制九二豕牙之陽剛橫暴，故能得吉有慶，有如能防止野豬以利牙傷人。孔穎達《正義》引褚氏：「豶，除也，除其牙也。」之解釋較高亨「去勢之豬」〔註698〕或南、徐「奔走之豕」更能表達出「六五處尊以『克制』九二陽剛」的完整意義，故採孔說。

今本「六五：豶豕之牙，吉。」意思是：六五以陰柔克九二之剛，有如能防止野豬以利牙傷人，這是吉兆。

上博本作「六五：芬豕之㐩，吉。」帛書本作「六五：嬰㹠之牙，吉。」其義皆與今本同。

1. 上博《周易》：上九：阿？天之㫬，鄉。
2. 阜陽《周易》：上九：何？天之衢，亨。
3. 帛書《周易》：尚九：何？天之瞿，亨。
4. 今本《周易》：上九：何？天之衢，亨。

【文字考釋】

阜陽本上九爻辭殘，據今本補。

（一）今本「何」，上博本作「阿」。

玉姍案：上博簡「𣲣（阿）」今已不傳，但「阿」、「何」二字應皆從「可」得聲，故可相通假。

（二）今本「天之衢」之「衢」，上博本作「𣲣（㫬）」，帛書本作「瞿」。

玉姍案：今本「天之衢」之「衢」，帛書本作「瞿」。「衢」以「瞿」為聲符，二字同聲系，故可通假。

上博本作「𣲣」，學者對此字之釋形釋義有下列幾種意見：

1. 濮茅左以為字待考，疑兵器。〔註699〕

〔註698〕高亨：《周易古經今注》（台北：文笙書局，1981年3月），頁91～92。
〔註699〕馬承源主編：《上海博物館藏戰國楚竹書（三）》（上海：上海古籍出版社，2003

2. 季師以爲「柒」從「丘」聲，隸定爲「呆」應先讀爲「逵」，秦漢後改成音義俱近的「衢」。〔註700〕

3. 徐在國以爲上從羊角。柒當釋爲「羌（異體作釪）」，後寫爲「鐉」。釪爲匣紐魚部，瞿、衢爲群紐魚部。釪與瞿、衢的關係當屬於通假。〔註701〕

4. 廖名春以爲此字以「丘」爲聲符，古音之部溪母；「衢」、「瞿」古音魚部群母。聲母同爲牙音，之、魚合韻。〔註702〕

陳惠玲以爲：「丘字，楚系文字作屰（《包》2.188）、坴（《包》2.237）……，「丷」字，楚系文字作等（（善）《包》2.54）、羕（（羔）《曾》212）、銛（（殺）《包》2.202）、……從『丘』的字和從『丷』的字，二字的差別是：『丘』上半部筆劃多分開，而『丷』形相靠攏，因此判斷楚簡本此字上半部件疑較似『丘』形。……簡文上半疑作『丘』形，徐在國以爲上從羊角之形可再商。」〔註703〕「柒」字上半明顯爲「丘」而非「丷」，故濮茅左隸定爲「呆」，從木、丘聲，可從。季師以爲「呆」與「衢」聲紐相近，韻部爲之侯旁轉，故「呆」、「衢」通假是可能的；另一種可能是「呆」讀爲「逵」，二字聲近韻部同，可通假。漢代以後音變入侯部而選音義皆近的「衢」代替，因此本作「逵」，通假爲「呆」，再通假作「衢」。季師於音、義之分析合理，此從之。

【爻辭釋讀】

〈象〉曰：

「何天之衢」，道大行也。（頁68）

王弼《注》：

處畜之極，畜極則通，大畜以至于大亨之時。何，辭也，猶云何畜，乃天之衢亨也。（頁68）

孔穎達《正義》：

「何天之衢亨」者，何謂語辭，猶云「何畜」也。處畜極之時，更何所畜？乃天之衢亨，无所不通也。故〈象〉云「何天之衢，道大

年12月），頁168。

〔註700〕季師旭昇：〈《上博三·周易》簡23「何天之逵」說〉，簡帛研究網站2004年4月18日。

〔註701〕徐在國：〈上博三《周易》釋文補正〉，簡帛研究網站2004年4月24日。

〔註702〕廖名春：〈楚簡《周易·大畜》卦再釋〉，簡帛研究網站2004年4月24日。

〔註703〕陳惠玲：《《上海博物館藏戰國楚竹書（三）·周易》研究》（臺灣師範大學國文教學所碩論，2005年8月），頁332～335。

行也」。何氏云「天衢既通，道乃大亨」。（頁 68）

朱熹《易本義》：

> 何天之衢，言何其通達之甚也。畜極而通，豁達无礙，故其象占如
> 此。（頁 117）

南懷瑾、徐芹庭《周易今註今譯》：

> 上九有擔當天衢的象徵。它是可以亨通暢達的。（頁 181）

　　玉姍案：「何天之衢」，王、孔斷句爲「何？天之衢」《周易集解》引虞翻斷句爲「何天之衢」（頁 281），二說都可通，此暫從王、孔之說，以爲「衢，大道也」，上九處大畜卦之終，象徵畜積滿盈而能無所不達，有如天道般亨通無阻。賴師則提出可讀爲「何天之衢」與《詩・商頌・長發》「何天之休」、「何天之龍」句型相同。「何」通「荷」，「衢」讀爲休，即鄭《箋》云：「休，美也。」〔註 704〕意謂承荷天之美譽庇祐，在大畜卦中，有「六畜興旺」之義。〔註 705〕與高亨「受上天之庇蔭，故曰何天之衢」〔註 706〕之說類似，此應爲較原始之義，後衍伸爲更廣義之畜積滿盈而能無所不達，有如天道般亨通無阻。

　　今本「上九：何？天之衢，亨。」意思是：上九處大畜之極，已經如此充盈，還須要何所畜積呢？此時已如天上大道，能夠亨通無阻了。

　　上博本作「上九：阿？天之枭，鄉。」帛書本作「尙九：何？天之瞿，亨。」其義皆與今本同。

第二十七節　頤　卦

一、卦名釋義

　　《說文》：「𦣝，顄也，象形。頤，篆文𦣝。」段玉裁《注》：「此文當橫視之。橫視之則口上、口下、口中之形俱見矣。」（頁 599）根據《說文》說法「𦣝」當爲「頤」之初文，爲面頰和下巴之統稱。「頤」應爲後起字，從頁、

〔註 704〕（漢）毛亨傳，（唐）孔穎達正義：《毛詩正義》（台北：藝文印書館，1989年），頁 802。

〔註 705〕賴師貴三於 2009 年 12 月 17 日博士論文發表會中提出。

〔註 706〕高亨：《周易古經今注》（台北：文笙書局，1981 年 3 月），頁 92～93。

從臣，臣亦聲。〈象〉曰：「『觀頤』，觀其所養也。『自求口實』，觀其自養也。天地養萬物，聖人養賢以及萬民，頤之時大矣哉！」（頁69）凡人以飲食自養時必然牽動口頤，故「頤」引伸作「頤養」之義。

〈序卦〉曰：「物畜然後可養，故受之以頤。頤者，養也。」（頁187）凡物有蓄積然後可以頤養，故頤卦在大畜卦之後。

頤卦今本卦畫作「䷚」。〈象〉曰：「山下有雷，頤。君子以慎言語，節飲食。」（頁69）孔穎達《正義》：「山止於上，雷動於下，頤之為用，下動上止，故曰『山下有雷』。頤人之開發言語，咀嚼飲食，皆動頤之事，故君子觀此頤象，以謹慎言語，裁節飲食。先儒云：『禍從口出，患從口入』。故於頤養而慎節也。」（頁69）頤卦上艮山，下震雷，象徵上靜下動，與咀嚼言語時大多只有活動下顎的現象相符。君子聖賢觀之而領悟頤養萬民之道，而頤卦之養包括了「養生」以及「慎言」，口是飲食之器，言語需謹慎小心，二者兼顧，才是君子養身之法。

二、卦爻辭考釋

（一）卦辭考釋

1. 上博《周易》：頤：貞吉。觀頤，自求口實。
2. 阜陽《周易》：頤：貞吉。觀頤，自求口實。……吉。
3. 帛書《周易》：頤：貞吉。觀頤，自求口實。
4. 今本《周易》：頤：貞吉。觀頤，自求口實。

【文字考釋】

阜陽本、帛書本卦辭殘，皆據今本補。

【卦辭釋讀】

〈彖〉曰：

頤，「貞吉」，養正則吉也。「觀頤」，觀其所養也。「自求口實」，觀其自養也。天地養萬物，聖人養賢以及萬民，頤之時大矣哉！（頁69）

孔穎達《正義》：

「頤，貞吉」者，于頤養之世，養此貞正，則得吉也。「觀頤」者，頤，養也，觀此聖人所養物也。「自求口實」者，觀其自養，求其口

中之實也。（頁 69）

朱熹《易本義》：

> 頤，口旁也。口食物以自養，故爲養義。爲卦上下二陽內含四陰，
> 外實內虛，上止下動，爲頤之象，養之義也。貞吉者，占者得正則
> 吉。觀頤，謂觀其所養之道。自求口實，謂觀其所以養身之術，皆
> 得正則吉也。（頁 119）

南懷瑾、徐芹庭《周易今註今譯》：

> 頤卦有養正就吉利的象徵。觀所以養物的道理，並自求他口中自養
> 的道理，這是頤養之道。（頁 182）

濮茅左以爲

> 「自求口實」，觀其自養，飲食不當易患。「實」，或作「食」。〔註707〕

玉姍案：「自求口實」，目前所見之石經、岳本、宋本、古本、足利本作「實」
以及閩本、明監本、毛本作「食」兩種版本。就字面意義而言，頤卦和「口食」、
「頤養」有關，因此「食」與「實」似乎都可通讀。然而本世紀帛書《周易》
與上博《周易》陸續出土，二本皆作「實」，可以證明「實」字爲較古版本。陳
惠玲以爲「『實』義比『食』佳。『實』有充實、保實之義。『自求口實』除了觀
察飲食自養之道外，還隱含著其人的養修美德是否充實」。〔註708〕陳惠玲之說
可從。

頤卦象「頤養」之義，若能養此貞正，則能得吉。孔穎達以爲「觀頤者，
觀此聖人所養物也。自求口實者，觀其自養，求其口中之實也。」此從之。

今本「頤：貞吉。觀頤，自求口實。」意思是：頤卦象徵貞正吉祥。觀
察聖人養物之理，也反觀自己口中之實。二方兼顧，這就是頤養之道。

上博本作「頤：貞吉。觀頤，自求口實。」其義與今本同。

（二）爻辭考釋

1. 上博《周易》：初九：餘介靈龜，觀我敥頤，凶。

2. 阜陽《周易》：初九：舍而靈龜，觀我端頤，兇。濟……吏。

〔註707〕馬承源主編：《上海博物館藏戰國楚竹書（三）》（上海：上海古籍出版社，2003
　　　　年 12 月），頁 169。
〔註708〕陳惠玲：《《上海博物館藏戰國楚竹書（三）·周易》研究》（臺灣師範大學國
　　　　文教學所碩論，2005 年 8 月），頁 341。

3. 帛書《周易》：初九：舍而靈龜，觀我掀頤，凶。

4. 今本《周易》：初九：舍爾靈龜，觀我朵頤，凶。

【文字考釋】

（一）今本「舍爾靈龜」之「舍」，上博本作「🔲（餘）」。

陳惠玲《《上海博物館藏戰國楚竹書（三）·周易》研究》：

惠玲案：「豫」，楚系文字作🔲（《包》2.11）、🔲（《包》2.52）、🔲
（《包》2.171），《說文》：「豫，象之大者，賈侍中說，不害於物。
从象，予聲。」楚簡本作「餘」，陳偉、廖名春以爲即是「豫」，可
從。「豫」上古音從「予」聲，「予」上古音爲定紐魚部，今本、帛
書本作「舍」上古音爲審紐魚部，同爲舌音，聲近韻同。《合集·
6053》：「乙未卜，宁貞。令□🔲子央于南。」林小安云「🔲」（定
紐魚部）當通「舍」（審紐魚部），是爲例。故「豫」可通假爲「舍」。

〔註 709〕

玉姍案：楚簡文字中的「豫」作🔲（包 2.7）、🔲（包 2.11）、🔲（包
2.72）、🔲（包 2.163）、🔲（郭.12.33）等寫法。何琳儀《戰國古文字典》：「春
秋金文作🔲（穌🔲簋），從呂，八爲分化符號，呂亦聲。春秋金文豫作🔲（蔡
侯鐸），左上爲🔲，是其佐證。」〔註 710〕楚系「予」字可作🔲、🔲、🔲 等形。
上博本簡文作🔲，與🔲（包 2.163）形同，故「🔲（餘）」即「豫」字。「豫」
上古音從「予」聲，「予」上古音爲定紐魚部，今本「舍」上古音爲審紐魚部，
聲近韻同，可通假。

（二）今本「觀我朵頤」之「朵」，上博本作「🔲（敓）」，阜陽本作「端」，帛
書本作「掀」。

陳惠玲《《上海博物館藏戰國楚竹書（三）·周易》研究》：

「耑」字，甲骨文作🔲（《前》4.42.1），金文作🔲（義楚耑），楚系
文字作🔲（《郭·老甲》16），……「敓」字，甲骨文作🔲（《陳》23），
金文作🔲（牆盤），……「耑」與「敓」二字形確實有相似之處，徐
鉉以爲「敓」疑從端省（玉姍案：應爲從「耑」省），是有可能的。

〔註 709〕陳惠玲：《《上海博物館藏戰國楚竹書（三）·周易》研究》（臺灣師範大學國
文教學所碩論，2005 年 8 月），頁 318～320。

〔註 710〕何琳儀：《戰國古文字典》（北京：中華書局，1998 年），頁 567～568。

另外，也不排除陳偉所云，「𢼠」應是「𢻳」之誤。季師旭昇以爲「二家隸作『𢼠』」，可從。簡文此字作「𰀲」，應視爲從『耑』省、從『攴』；但楚系『𢻳』字作「𰀲」（《郭‧老甲》15），二者確實同形。〔註711〕

玉姍案：今本「觀我朵頤」之「朵」，上博本作「𰀲（𢼠）」，阜陽本作「端」，帛書本作「掘」。濮茅左將「𰀲」隸定爲「𢼠」，然因「𢼠」古音明紐微部，無法與「掘」（上古音端紐元部），「朵」（上古音端紐歌部），「端」（上古音端紐元部）建立聲韻上的通假關係，大徐本《說文‧𢼠》：「疑從耑省。耑，物初生之題尚𢼠也。」〔註712〕或陳偉「𢼠應是𢻳字形之誤。」〔註713〕皆爲解決之道。「耑」之字上古音端紐元部，可以與「朵」、「掘」、「端」字相通假，於聲韻理論上較隸定爲「𢼠」更合理。

【爻辭釋讀】

〈象〉曰：

　　「觀我朵頤」，亦不足貴也。（頁69）

王弼《注》：

　　「朵頤」者，嚼也。以陽處下而爲動始，不能令物由己養，動而求養者也。夫安身莫若不競，脩己莫若自保。守道則福至，求祿則辱來。居養賢之世，不能貞其所履以全其德，而舍其靈龜之明兆，羨我朵頤而躁求，離其致養之至道，闚我寵祿而競進，凶莫甚焉。

　　（頁69）

孔穎達《正義》：

　　「靈龜」，謂神靈明鑒之龜。「兆」以喻己之明德也。「朵頤」謂朵動之頤以嚼物，喻貪婪以求食也。初九「以陽處下而爲動始」，不能使物賴己而養，而更自動求養，是舍其靈龜之明兆，觀我朵頤而躁求。是損己廉靜之德，行其貪竊之情，所以「凶」也。不足可貴，故〈象〉云「亦不足貴」也。（頁69）

朱熹《易本義》：

　　靈龜，不食之物。朵，垂也。朵頤，欲食之貌。初九陽剛在下，足以

〔註711〕陳惠玲：《《上海博物館藏戰國楚竹書（三）‧周易》研究》（臺灣師範大學國文教學所碩論，2005年8月），頁312。

〔註712〕大徐本《說文解字》（北京：中國書店，1995年）卷八上頁3。

〔註713〕陳偉：〈楚竹書《周易》文字試釋〉，簡帛研究網站2004年4月18日。

不食，乃上應六四之陰而動於欲，凶之道也。故其象占如此。（頁 119）

南懷瑾、徐芹庭《周易今註今譯》：

> 初九有捨棄它（爾：你，指初九）靈龜的明兆，而觀我朵頤的象徵。
> 這是凶的。（頁 184）

玉姍案：初九以陽爻處頤卦之始，有初動而求他養之兆。若此時捨棄靈龜明鑒之兆而發揚己之明德，反而陷入自我貪婪求食、大快朵頤之躁求，背離了養身之至道，則結果必凶。陳惠玲以爲「初九爲震之始，應本爲動，朱說以爲初九是應六四才動，其說較不妥。」〔註714〕可從。

今本「初九：舍爾靈龜，觀我朵頤，凶。」意思是：初九以陽爻處頤之始，初動而求養。若捨棄靈龜發揚德業之明兆，反而陷入貪婪求食、大快朵頤的躁求，則遠離養身之道，結果必凶。

上博本作「初九：餘尒靁龜，觀我歂頤，凶。」阜陽本「初九：舍而靈龜，觀我端頤，兇。濟……史。」帛書本作「初九：舍而靈龜，觀我掘頤，凶。」其義均與今本同。

1. 上博《周易》：六二：曰遺頤，顝經，于北沍，征凶。
2. 阜陽《周易》：六二：奠頤，弗經，于丘頤，政兇。求不得……。
3. 帛書《周易》：六二：曰顛頤，梻經，于北頤，正凶。
4. 今本《周易》：六二：顛頤，拂經，于丘頤，征凶。

【文字考釋】

（一）今本「顛頤」，上博本作「曰遺頤」，帛書本作「曰顛頤」，阜陽本作「奠頤」。上博本、帛書本有「曰」字，阜陽本、今本則無。

濮茅左以爲疑同「遺」字，讀爲「填」：

> 「遺」，从辵，眞聲，疑同「遺」，讀爲「填」，《説文》：「填，塞也。」
> 「填頤」，餉口。〔註715〕

玉姍案：今本「顛頤」，上博本作「曰遺頤」，阜陽本作「奠頤」，帛書本作「曰顛頤」。上博本、帛書本有「曰」字，阜陽本、今本則無。張立文以爲

〔註714〕陳惠玲：《《上海博物館藏戰國楚竹書（三）・周易》研究》（臺灣師範大學國文教學所碩論，2005 年 8 月），頁 347。

〔註715〕馬承源主編：《上海博物館藏戰國楚竹書（三）》（上海：上海古籍出版社，2003 年 12 月），頁 170。

「『日』爲衍文」，〔註716〕但上博本、帛書本均有「日」字，廖名春以爲「『日』字屬語助辭，不應視作衍字」，〔註717〕此從之。

今本「顛」，上博本「遉」皆以「眞」爲聲符，上古音皆爲端紐眞部；「奠」上古音爲定紐文部，眞、文二部旁轉，定紐、端紐可通，如《墨子‧節葬下》：「楚之南，有談人國者。」《魯問》「談」（定紐談部）作「啖」（端紐談部）。

（二）今本「拂經」之「拂」，上博本作「**𢏜**（愻）」，阜陽本作「弗」，帛書本作「柫」。

濮茅左以爲「愻」字，讀爲「弗」，但無釋：

「愻」，《說文》所無，馬王堆漢墓帛書《周易》作「柫」，今本《周易》作「拂」，阜陽漢簡《周易》作「弗」，讀爲「弗」。〔註718〕

玉姍案：今本「拂經」之「拂」，上博本作「**𢏜**（愻）」，上爲「弔」，下爲「惟」。陳惠玲指出「殷墟甲骨文《合集》33533：『壬王弔田，其雨。』張宗騫《釋弔》一文，說『弔』讀同『弗』，義爲『不』。」〔註719〕此說可參。徐在國以爲「『**𢏜**』作者隸作從『弔』、『隹』、『心』，是正確地。……『**𢏜**』當是一個雙聲符的字，『弔』、『惟』均是聲符，與『柫』、『弗』、『拂』爲通假關係。」〔註720〕指出「愻」也可能從「惟」聲，「弗」上古音爲幫紐物部字，「惟」爲喻紐微部字，聲紐稍遠，但「筆」（幫紐質部）從「聿」得聲（喻紐質部），於聲韻原理上亦有所據，徐說可從。

阜陽本作「弗」，帛書本作「柫」。「柫」、「拂」均以「弗」爲聲符，故可通。

（三）阜陽本、今本「于丘頤」，上博本作「于北沶」，帛書本作「于北頤」。

玉姍案：阜陽本與今本作「丘」，上博本及帛書本皆作「北」，張立文以爲「『北』爲『丘』之誤，形近而訛。」〔註721〕陳惠玲以爲：「楚系文字『北』

〔註716〕張立文（張憲江）：《周易帛書今注今譯》（台北：臺灣學生書局，1991年），頁212。

〔註717〕廖名春：〈楚簡《周易‧頤》卦試釋〉，簡帛研究網站2004年4月24日。

〔註718〕馬承源主編：《上海博物館藏戰國楚竹書（三）》（上海：上海古籍出版社，2003年12月），頁170。

〔註719〕陳惠玲：《《上海博物館藏戰國楚竹書（三）‧周易》研究》（臺灣師範大學國文教學所碩論，2005年8月），頁350～351。

〔註720〕徐在國：〈上博三《周易》釋文補正〉，簡帛研究網站2004年4月24日。

〔註721〕張立文（張憲江）：《周易帛書今注今譯》（台北：臺灣學生書局，1991年），

作 𠔼（本簡），『丘』作 𠀠（《包》2.90），『丘』字字形似從『北』從『一』，因此戰國時代『丘』、『北』訛混，極有可能。」〔註722〕但陳惠玲未說明何字當為正字。筆者以為較早版本之上博本作「北」，故可以大膽推測「北」應為正字，「丘」則為訛字。上博簡作 𠔼（北），帛書本作 𠁁（北），阜陽本作 𠀠（丘），帛書本「北」字與阜陽本「丘」字形體相似，「𠀠（丘）」僅於「𠁁（北）」下方多一橫筆。這種現象在秦漢之後十分常見，例如：

北	𠁁（縱橫家書 67）	𠁁（縱橫家書 137）	𠁁（天文書占 3.6）
丘	𠀠（定縣竹簡）	𠀠（縱橫家書 157）	𠀠（老子甲後）

　　其中 𠁁（縱橫家書 67）字下方寫的極為靠近，筆者以為，馬王堆帛書中偶見因滲墨而使原本分開書寫的筆畫看似連成一線，如《說文》：「禁，吉凶之忌也。從示林聲。」（頁 9）「禁」小篆作禜，兩個「木」形分開書寫，馬王堆帛書中標準寫法如 禁（周.049），可看出兩個「木」形也是分開書寫，但亦見因滲墨而使原本分開書寫的「木」形看似連成一線者，如 禁（陰.甲176），故筆者推測「北」之訛為「丘」或許是因：𠁁（縱橫家書 67）→𠁁（下方因為滲墨等理由而有如一橫筆）→𠀠（老子甲後）這樣就能夠解釋「北」訛為「丘」字的軌跡。

【爻辭釋讀】

〈象〉曰：

六二「征凶」，行失類也。（頁 69）

《周易集解》引王肅云：

養下曰「顛」。拂，違也。經，常也。丘，小山，謂六五也。二宜施五，反下養初，豈非「顛頤」？違常于五也，故曰「拂經于丘」矣。拂丘雖阻常理，養下故謂養賢。上既無應，征必凶矣，故曰「征凶」。

（頁 286）

孔穎達《正義》：

顛，倒也。拂，違也。經，義也。丘，所履之常處也。六二處下體

頁 212。

〔註722〕陳惠玲：《《上海博物館藏戰國楚竹書（三）‧周易》研究》（臺灣師範大學國文教學所碩論，2005 年 8 月），頁 352。

之中，无應于上，反倒下養初，故曰「顛頤」。下當奉上，是義之常
處也，今不奉于上，而反養于下，是違此經義于常之處，故云「拂
經于丘」也。「頤，征凶」者，征，行也，若以此而養，所行皆凶，
故曰「頤，征凶」也。（頁69）

朱熹《易本義》：

求養於初，則顛倒而違於常理，求養於上，則往而得凶。丘，土之
高者，上之象也。（頁94）

南懷瑾、徐芹庭《周易今註今譯》：

六二有養于下，顛倒頤養的法則，違背養道奉養於上的常理，所以
征，便會遭到凶災。（頁185）

　　玉姍案：王、孔舊說以為「拂經」即違於常義。廖名春以為「愳經」就
是「弼經」，即努力經營；[註723] 二說正好相反。筆者以為〈象〉：「六二征凶，
行失類也。」點明六二爻的行為違反常理及違背頤養之道，廖名春也接受〈象〉
的說法，故在〈楚簡《周易・頤》卦試釋〉一文中又曰：「『行失類』，其『行』
違反了常理，違背了頤養之道，故『征』而有『凶』。」[註724] 因此廖名春「愳
頤」作「弼頤（努力經營）」之說將使六二爻辭陷入前後矛盾，因為既已努力
經營，何以又會導致違反頤養之道的後果呢？！是以廖說不如王、孔舊說將
「拂經」釋為違於常道，而能與「于丘（北）頤」（違反頤養之道）之說前後
相應，故此從王、孔之說。本卦六三爻辭「愳頤」，六五爻辭「愳經」，「愳」
皆釋為「違反」，以下不再贅敘。

　　今本「拂經于丘」，由於「北」字在傳抄被訛寫為「丘」，造成爻辭解釋
的困難，因此關於這段爻辭歷代以來的斷句和釋讀出現相當多種版本，但本
世紀出土的上博《周易》及帛書《周易》還原了真相，原來「丘」是「北」
字訛寫，故正確爻辭應為「六二：顛頤，拂經，于北頤，征凶。」廖名春以
為「『北』當讀為『背』，『背頤』，也就是違反頤養之道；違反頤養之道，不
能成就大事，『征』自然就有『凶』。」[註725] 此說切合於爻辭，可從。

　　假設「丘」是訛字，正確之字為「北」，今本「六二：顛頤，拂經，于丘
〈北京〉頤，征凶。」意思是：六二處中，無應於上，反養於初九，象顛倒

[註723] 廖名春：〈楚簡《周易・頤》卦試釋〉，簡帛研究網站 2004 年 4 月 24 日。
[註724] 廖名春：〈楚簡《周易・頤》卦試釋〉，簡帛研究網站 2004 年 4 月 24 日。
[註725] 廖名春：〈楚簡《周易・頤》卦試釋〉，簡帛研究網站 2004 年 4 月 24 日。

頤養之道，違背經常之理，而往相反的方向行頤養之道，以此行之則有凶災。

　　若「丘」非訛字，則從王弼斷句作「六二：顚頤，拂經于丘。頤，征凶。」意思是：六二處內卦之中位，無應於上，只能反養於初九。象徵顚倒頤養之道，違反常道。以此頤養，行則有凶災。

　　上博本作「六二：日遺頤，懇經，于北沍，征凶。」帛書本作「六二：日顚頤，柫經，于北頤，正凶。」意思是：六二處中，無應於上，反養於初九，象顚倒頤養之道，違反經常之理，往相反的方向行頤養之道，以此行之則有凶災。

　　阜陽本「六二：奠頤，弗經，于丘頤，政兇。求不得……。」其義與今本同。

1. 上博《周易》：六晶：懇頤，貞凶。十年勿用，亡卣称。
2. 阜陽《周易》：六三：弗頤，貞兇。十年勿用，无攸利。……十年之後乃復。
3. 帛書《周易》：六三：柫頤，貞凶。十年勿用，无攸利。
4. 今本《周易》：六三：拂頤，貞凶。十年勿用，无攸利。

【文字考釋】

（一）阜陽本比它本多出「……十年之後乃復」異文。

　　玉姍案：阜陽《周易》在「卦、爻辭的後邊，保存了許多卜問具體事項的卜辭。」〔註726〕僅存「……十年之後乃復」，可能是延續爻辭中「十年勿用」一語，認爲十年之內皆不被用，所求之事要到十年之後才有成就之希望。

【爻辭釋讀】

　　〈象〉曰：

　　　　「十年勿用」，道大悖也。（頁 69）

孔穎達《正義》：

　　　　「拂頤，貞凶」者，拂，違也。履夫不正，以養上九，是自納于上，
　　　　以諂媚者也。違養正之義，故曰「拂頤，貞而有凶」也。爲行如此，
　　　　雖至十年，猶勿用而見棄也，故曰「十年勿用」。立行于此，故无所

〔註726〕韓自強：《阜陽漢簡《周易》研究》（上海：上海古籍出版社，2004 年 7 月），
　　　　頁 45。

利也。（頁 69）

朱熹《易本義》：

> 陰柔不中正，以處動極，拂於頤矣。既拂於頤，雖正亦凶，故其象
> 占如此。（頁 119）

濮茅左以爲：

> 「懸（弗）頤」，違背頤養的正道，不以道養生。「十」，數之終，也
> 是足數，「十年勿用」，指終不可用。〔註 727〕

南懷瑾、徐芹庭《周易今註今譯》：

> 六三有違背頤養之常理的象徵，雖正，亦凶，至於十年之久，還是
> 被捨棄而無可任用，這是無所利的。（頁 185）

　　玉姍案：頤卦六三以陰爻居陽位，有其位不正之象，以此頤養則違反頤養之道，所以雖正亦凶。因此以此行，則十年被棄，無所利。王、孔以下學者多由此立論，此亦從之。

　　「勿用」一詞，於乾卦初九「潛龍勿用」爻辭中已經探討過，《周易》中「勿用」皆爲「不宜用」，「十年勿用，无攸利」乃指六三不正，眾叛親離，以此窘境，十年都不宜有所作爲，亦無所得利。

　　今本「六三：拂頤，貞凶。十年勿用，无攸利。」意思是：六三其位不正，違反養正之義，雖正而有凶。十年都不宜有所作爲，亦無所得利。

　　上博本作「六晶：懸頤，貞凶。十年勿用，亡卣秒。」帛書本作「六三：梻頤，貞凶。十年勿用，无攸利。」其義均與今本同。

1. 上博《周易》：六四：遺頤，吉。虎視矗＝，丌猷攸＝，亡咎。

2. 阜陽《周易》：六四：顛頤，吉。虎視眈，其容逐＝，无咎。卜此大……。

3. 帛書《周易》：六四：顛頤，吉。虎視沈沈，其容笛笛，无咎。

4. 今本《周易》：六四：顛頤，吉。虎視眈眈，其欲逐逐，无咎。

【文字考釋】

（一）今本「虎視眈眈」之「眈」，上博本作「軐（矗）」，阜陽本作「眈」，帛書本作「沈」。

〔註 727〕馬承源主編：《上海博物館藏戰國楚竹書（三）》（上海：上海古籍出版社，2003年 12 月），頁 170。

玉姍案：「🔣」，徐在國以爲「當釋爲融。包山簡 237、望山簡 1‧237、楚帛書『融』字形體可證。融、由二字古通。」〔註 728〕孟蓬生以爲「此字實即『矗』字，從壴，蛊（蟲之省）聲。右上之口當爲附加的裝飾符號。……長沙子彈庫帛書有『祝矗』，即傳世文獻中的『祝融』。」〔註 729〕上博本「🔣（矗）」字，與金文 🔣（癲鐘）、🔣（邾公釛鐘），楚系文字 🔣（《望》1.18）、🔣（《包》2.237）、🔣（《帛》乙 6）一脈相承。何琳儀以爲：「矗，從壴（庸），蟲省聲。……當據釋文引司馬云讀若融。」〔註 730〕可從。「🔣」釋爲「矗（融）」上古音定紐冬部，「眈」上古音端紐侵部，「沈」上古音澄紐侵部，陳師新雄《古音學發微》以爲「古無舌上音……知徹澄三母以古音讀之，則於端透定無異。」〔註 731〕聲母皆爲舌音，冬、侵旁轉，可通假。

（二）今本「其欲逐逐」之「欲」，上博本作「歓」，阜陽本作「猌」，帛書本作「容」。

玉姍案：阜陽本相對於今本「欲」之字殘損嚴重，韓自強雖隸定爲「猌」，實則未有如此清楚筆劃，依圖版殘存筆畫觀之，釋爲「猌」似乎亦可，但韓自強親見簡牘，或許簡牘筆劃較書中圖版更清晰可辨，故此暫從韓說隸定爲「猌」，即古文「狢」，「《廣雅》：『狢，獸如赤豹，五尾，又音欲』……『狢』（『猌』）、『欲』、『容』皆從谷聲，故得通假。」〔註 732〕帛書本「容」上古音喻四東部，今本「欲」爲喻四屋部，兩字聲紐相同，韻部則陽入對轉，可以相通。上博本「歓」古音爲喻四幽部，與「欲」聲紐相同，幽、屋旁對轉，可以相通。

（三）今本「其欲逐逐」之「逐逐」，上博本作「攸=」，阜陽本作「遂=」，帛書本作「笛笛」。「=」爲重文符號，「攸=」即「攸攸」，「遂=」即「遂遂」。

韓自強《阜陽漢簡《周易》研究》：

「笛」，《一切經音義》：「古文篴同。」《釋名‧釋樂器》：「篴，滌也，

〔註 728〕徐在國：〈上博三《周易》釋文補正〉，簡帛研究網站 2004 年 4 月 24 日。

〔註 729〕孟蓬生：〈上博竹書（三）字詞考釋〉，簡帛研究網站 2004 年 4 月 26 日。

〔註 730〕何琳儀：《戰國古文字典》（北京：中華書局，1998 年 9 月），頁 276。

〔註 731〕陳師新雄：《古音學發微》（台北：文史哲出版社，1996 年 10 月），頁 1142。

〔註 732〕韓自強：《阜陽漢簡《周易》研究》（上海：上海古籍出版社，2004 年 7 月），頁 126。

其聲滌滌然也。」……《詩・雲漢》:「滌滌山川。」,《太平廣記》
卅五作:「悠悠山川」,「滌」通「悠」,故《釋文》引各家以「逐逐」
作「攸攸」。……「篠」、「逐」「笛」、「悠」均爲覺部字,故通。阜
易作「遂遂」,蓋由「篠」字變來。〔註733〕

玉姍案:「逐」上古音定紐覺部,「攸」上古音喻四幽部,「笛」上古音定
紐覺部。「逐」、「笛」聲韻皆同,可以通假。上博本作「攸＝」與〈子夏傳〉
同,喻四爲定紐之變聲,覺部與幽部雖遠,但從「條」(定紐幽部)得聲的「滌」
爲定紐覺部,是以「逐」、「攸」可以通假。

阜陽本作「遂＝」,「遂」上古音邪紐物部,陳師新雄以爲邪紐古歸定紐,
〔註734〕但覺部與物部韻遠,不符通假條例,「遂」應爲「逐」之訛寫。

【爻辭釋讀】

〈象〉曰:
「顛頤」之吉,上施光也。(頁70)

孔穎達《正義》:

「顛頤,吉」者,體屬上體,居得其位,而應于初,以上養下,得
養之宜,所以吉也。「虎視眈眈」者,以上養下,不可褻瀆,恒如虎
視眈眈,然威而不猛也。「其欲逐逐」者,既養于下,不可有求,其
情之所欲逐逐然,尚于敦實也。「无咎」者,若能「虎視眈眈,其欲
逐逐」,雖復「顛頤」養下,則得吉而「无咎」也。「觀其自養則履
正」者,以陰處陰,四自處其身,是觀其自養,則能履正道也。「察
其所養則養陽」者,六四下養于初,是觀其所養。初是陽爻,則能
養陽也。(頁70)

朱熹《易本義》:

柔居上而得正,所應又正,而賴其養以施於下,故雖顛而吉。虎視眈
眈,下而專也,其欲逐逐,求而繼也。又能如是,則无咎矣。(頁120)

南懷瑾、徐芹庭《周易今註今譯》:

六四有頤養於下(指初)的象徵,它是吉利的,如老虎眈眈而視,

〔註733〕韓自強:《阜陽漢簡《周易》研究》(上海:上海古籍出版社,2004年7月),
頁126。
〔註734〕陳師新雄:《古音學發微》(台北:文史哲出版社,1996年10月),頁1205。

它的欲望逐逐而敦厚，這是沒有災咎的。（頁 186）

玉姍案：今本「其欲逐逐」，《周易集解》引虞翻「逐逐，心煩貌。」（頁 288）與文義難相合，孔穎達以為「其情之所欲逐逐然」之解釋含糊不清；其餘學者亦多未就「逐逐」一詞多所著墨，筆者以為《周易音義》：「良馬逐。鄭本作『逐逐』，云兩馬疋也。姚云『逐逐，疾並驅之』。」〔註 735〕「逐逐，疾並驅之」應可解釋；頤卦談頤養之道，養德施賢，應當積極如疾而驅之。高亨以為「逐逐當讀為悠悠……虎其視眈，其欲遠，將求食以塡頤也」〔註 736〕不如姚說。

六四以柔爻居陰位，得其位而下應初九，象徵以上養下之吉兆。以上養下，應如虎視眈眈，威嚴而不猛不惡。養德施賢，應當積極如疾而驅之，並崇尚敦實。修此二者，然後乃得全其吉而能无咎。

今本「六四：顛頤，吉。虎視眈眈，其欲逐逐，无咎。」意思是六四得位應初，是以上養下的吉兆。故應如虎視眈眈，威嚴而不兇猛。養德施賢，應當積極如驅，然後乃得无咎。

上博本作「六四：遺頤，吉。虎視疆=，丌猷攸=，亡咎。」阜陽本「六四：顛頤，吉。虎視眈，其台逐=，无咎。卜此大……。」帛書本作「六四：顛頤，吉。虎視沈沈，其容笛笛，无咎。」其義均與今本同。

1. 上博《周易》：六五：戀經，尻貞，吉。不可涉大川。
2. 阜陽《周易》：六五：不經，居貞，吉。不可涉大川
3. 帛書《周易》：六五：柫經，居貞，吉。不可涉大川
4. 今本《周易》：六五：拂經，居貞，吉。不可涉大川。

【文字考釋】

阜陽本、帛書本六五爻辭殘，皆據今本補。

（一）今本「居貞」之「居」，上博本作「尻」。

玉姍案：見本論文第二章第十七節隨卦六三【文字考釋】

【爻辭釋讀】

〔註 735〕（魏）王弼、（晉）韓康伯注，（唐）孔穎達疏：《周易正義》（台北：藝文印書館，1989 年），頁 211。
〔註 736〕高亨《周易古經今注》，（台北：文笙書局，1981 年 3 月），頁 95。

〈象〉曰：

「居貞」之吉，順以從上也。（頁 70）

王弼《注》：

以陰居陽，「拂頤」之義也。行則失類，故宜「居貞」也。无應于下
而比于上，故可守貞從上，得頤之吉。雖得居貞之吉，處頤違謙，
難未可涉也。（頁 70）

孔穎達《正義》：

拂，違也。經，義也。以陰居陽，不有謙退，乖違于「頤養」之義，
故言「拂經」也。「居貞吉」者，行則失類，「居貞吉」也。「不可涉
大川」者，處頤違謙，患難未解，故「不可涉大川」，故「居貞吉」
也。（頁 70）

朱熹《易本義》：

六五陰柔不正，居尊位而不能養人，反賴上九之養，故其象占如此。
（頁 120）

南懷瑾、徐芹庭《周易今註今譯》：

六五有違背頤養的常道，不養下，而自己保守留居不養下的象徵，
它是正而且吉的。不過不可渡過大川（意即不能行大事也）。（頁 186）

玉姍案：六五以陰居陽，象徵失位而違背頤養之常道，此時宜居貞守上，
才能得吉。但因違反頤養之道，故不可涉難。王弼以下學者多由此立說，此
亦從之。

今本「六五：拂經，居貞，吉。不可涉大川。」意思是：六五以陰居陽，
象違反頤養之道，但若能堅守貞正就可獲吉。此時不可涉水過大川。

上博本作「六五：艷經，尻貞，吉。不可涉大川。」帛書本作「六五：
㹤經，居貞，吉。不可涉大川。」其義均與今本同。

1. 上博《周易》：上九：䌛頤，礪，吉，秎涉大川。
2. 阜陽《周易》：上九：由頤，厲，吉，利涉大川。
3. 帛書《周易》：尚九：由頤，厲，吉，利涉大川。
4. 今本《周易》：上九：由頤，厲，吉，利涉大川。

【文字考釋】

阜陽本、帛書本上九爻辭殘，皆據今本補。

-483-

（一）今本「由頤」之「由」，上博本皆作「繇」。

玉姍案：上博本皆作「繇」，大徐本《說文》：「繇，隨從也。從系、𩵋聲」徐鉉曰：「今俗从䍃。」〔註737〕故「繇」、「繇」異體字也。「繇」（「繇」）上古音喻四宵部，「由」上古音喻四幽部，聲紐相同，韻部旁轉，二字可通假。《荀子・禮論》「是以繇其期，足之日也」，楊倞注：「繇讀爲由，從也。」《漢書・武帝紀》「五帝、三王所繇昌也」，顏師古注：「繇讀與由同。」

【爻辭釋讀】

〈象〉曰：

「由頤，厲吉」，大有慶也。（頁70）

孔穎達《正義》：

「由頤」者，以陽處上而履四陰，陰不能獨爲其主，必宗事于陽也。眾陰莫不由之以得其養，故曰「由頤」也。「厲吉」者，爲眾陰之主，不可褻瀆，嚴厲乃吉，故曰「厲吉」也。「利涉大川」者，爲養之主，无所不爲，故「利涉大川」而有慶也。故〈象〉云「大有慶也」。（頁70）

朱熹《易本義》：

六五賴上九之養以養人，是物由上九以養也。位高任重，故厲而吉。陽剛在上，故利涉川。（頁120）

南懷瑾、徐芹庭《周易今註今譯》：

上九有群下皆由他而養的象徵，雖然很艱難，但以陽剛而能博施濟眾，這是吉利的。並且利於涉大川，做大事。（頁187）

玉姍案：上九以陽爻居上位，率下之四陰爻，爲頤養之主，象徵位高而有民，吉而利涉大川。而上九爲眾陰之主，位高任重，不可褻瀆，嚴厲乃吉，故曰「厲吉」。

今本「上九：由頤，厲，吉，利涉大川。」意思是：上九爲頤養之主，眾陰由而從之，位高任重，不可褻瀆，故嚴厲乃能得吉，並且利於涉水過大川。

上博本作「上九：繇頤，礪，吉，𣲗涉大川。」其義與今本同。

〔註737〕大徐本《說文解字》（北京：中國書店，1995年）卷十二下頁10。